Institut für
Sozialökologie

ISÖ-Text 2019-1

# Zukunftslabor Schleswig-Holstein

Demographie und Digitalisierung #ZLabSH

AF186516

Herausgegeben von Michael Opielka

Schleswig-Holstein
Ministerium für Soziales,
Gesundheit, Jugend, Familie
und Senioren

ISÖ – Institut für Sozialökologie gemeinnützige GmbH

ISÖ – Institute for Social Ecology non-profit company

Bibliographische Information der Deutschen Nationalbibliothek:

Die Deutsche Nationalbibliothek verzeichnet diese Publikation in der Deutschen Nationalbibliographie; detaillierte bibliographische Daten sind im Internet unter http://dnb.dnb.de abrufbar.

Herstellung und Verlag:

BoD – Books on Demand, Norderstedt

ISBN: 978-3-74945-405-1

# Zukunftslabor Schleswig-Holstein

Demographie und Digitalisierung #ZLabSH

Mit Beiträgen von Bruno Kaltenborn, Alexander Spermann, Kathrin Ehmann, Sophie Peter und Michael Opielka

Herausgegeben von Michael Opielka

Siegburg, 16. April 2019

SH
Schleswig-Holstein
Ministerium für Soziales,
Gesundheit, Jugend, Familie
und Senioren

ISÖ - Institut für Sozialökologie gemeinnützige GmbH

Ringstraße 8, 53721 Siegburg

Tel.: +49 (0) 2241 1457073, Fax: +49 (0) 2241 1457039, E-Mail: info@isoe.org, Web: www.isoe.org

Coverabbildung: ISÖ – es handelt sich um ein Photo der Fähre „Kiel", das bearbeitet wurde: „Landeshauptstadt Kiel" wurde gestrichen, „Kiel" ebenfalls und „Zukunftslabor Schleswig-Holstein" wurde eingefügt.

Weitere Informationen zum Zukunftslabor finden sie auf der Homepage
des ISÖ – Institut für Sozialökologie gGmbH:

http://www.zlabsh.de

# Inhaltsverzeichnis

Vorwort ............................................................................................................... 4

1   Ein Zukunftslabor für die Soziale Sicherung ........................................... 5
    *Michael Opielka*

2   Wirkungen des anstehenden demographischen Wandels auf die sozialen
    Sicherungssysteme in Deutschland................................................... 24
    *Bruno Kaltenborn*

3   Auswirkungen der Digitalisierung auf die Soziale Sicherung........................... 111
    *Alexander Spermann*

4   Zukunftsszenarien und Reformszenarien – Die morphologische Matrix als Instrument im
    Zukunftslabor ............................................................................... 137
    *Kathrin Ehmann, Michael Opielka, Sophie Peter*

5   Auftaktveranstaltung am 2.5.2019 in Kiel ............................................ 149
    *Programm*

6   Literatur .................................................................................. 150

7   Autorinnen und Autoren.................................................................. 159

ISÖ
Institut für
Sozialökologie

# Tabellenverzeichnis

Tabelle 1: Ablaufplanung Zukunftslabor Schleswig-Holstein ....................................................... 17

Tabelle 2: Eckdaten aktueller amtlicher Bevölkerungsvorausberechnungen............................... 25

Tabelle 3: Annahmen verschiedener Bevölkerungsvorausberechnungen.................................... 37

Tabelle 4: Implizite und explizite Staatsschulden nach Bahnsen/Manthei et al. (2018).............. 47

Tabelle 5: Nachhaltigkeitslücke und Konsolidierungsbedarf in Abhängigkeit von der Zuwanderung nach Bonin (2014)................................................................................................. 50

Tabelle 6: Annahmen verschiedener Vorausberechnungen für die sozialen Sicherungssysteme ............. 51

Tabelle 7: Demographieabhängige Ausgabenquoten der Basis- bzw. Referenzvarianten verschiedener Tragfähigkeitsanalysen im Zeitverlauf.................................................. 59

Tabelle 8: Demographieabhängige Ausgabenquoten bis 2060 nach Werding (2016a) ............... 60

Tabelle 9: Sensitivitätsanalysen für die demographieabhängige Ausgabenquoten im Zeitverlauf nach Werding/Läpple (2019) ................................................................................. 61

Tabelle 10: Unterschiede zwischen der pessimistischen und optimistischen Basisvariante der Tragfähigkeitsanalyse von Werding (2016a) ........................................................ 63

Tabelle 11: Sensitivitätsanalysen für die Tragfähigkeit der öffentlichen Finanzen nach Werding (2016a) ............................................................................................................. 65

Tabelle 12: Sensitivitätsanalysen für die Tragfähigkeit der öffentlichen Finanzen nach Aretz et al. (2016) und Werding (2016b)................................................................................ 67

Tabelle 13: Summe der Beitragssätze zur Sozialversicherung nach verschiedenen Tragfähigkeitsanalysen im Zeitverlauf................................................................... 69

Tabelle 14: Durchschnittliche Beitragssätze zur Sozialversicherung während eines idealtypischen Erwerbslebens nach Werding/Läpple (2019) ....................................................... 69

Tabelle 15: Eckdaten zur gesetzlichen Rentenversicherung ..................................................... 73

Tabelle 16: Vorausberechnungen für das Rentenniveau netto vor Steuern ............................... 82

Tabelle 17: Vorausberechnungen für den Beitragssatz zur gesetzlichen Rentenversicherung.............. 83

Tabelle 18: Annahmen und Ergebnisse der Vorausberechnung von Türk et al. (2018) für die Alterssicherung.................................................................................................... 84

Tabelle 19: Annahmen verschiedener Vorausberechnungen für die gesetzliche Rentenversicherung......89

Tabelle 20: Eckdaten zur gesetzlichen Krankenversicherung .................................................... 93

Tabelle 21: Annahmen verschiedener Vorausberechnungen für den Beitragssatz zur gesetzlichen Krankenversicherung........................................................................................... 97

Tabelle 22: Vorausberechnungen für den Beitragssatz zur gesetzlichen Krankenversicherung.............. 99

Tabelle 23: Eckdaten zur sozialen Pflegeversicherung ........................................................... 101

Tabelle 24: Annahmen verschiedener Vorausberechnungen für den Beitragssatz zur sozialen Pflegeversicherung............................................................................................. 104

Tabelle 25: Vorausberechnungen für den Beitragssatz zur sozialen Pflegeversicherung...................... 106

Tabelle 26: Eckdaten aktueller amtlicher Bevölkerungsvorausberechnungen........................... 107

Tabelle 27: Anwendungsbeispiel einer Morphologischen Matrix im Projekt ZLabSH (Zeithorizont 2030+) ............................................................................................................... 142

ISÖ
Institut für
Sozialökologie

# Abbildungsverzeichnis

Abbildung 1: Zustimmung Grundeinkommen im europäischen Vergleich (in %)..........................................9

Abbildung 2: Geburtenrate 1954 bis 2017.............................................................................................29

Abbildung 3: Lebenserwartung bei Geburt 1871/81 bis 2015/17.............................................................31

Abbildung 4: Außenwanderungen 1950 bis 2017 ..................................................................................32

Abbildung 5: Annahmen zum jährlichen Außenwanderungssaldo nach Geschlecht und Altersgruppen in den Jahren 2021 bis 2060 nach der 13. koordinierten Bevölkerungsvorausberechnung (2015)..............................................................................................................................34

Abbildung 6: Bevölkerung bis 2060 nach verschiedenen aktuellen amtlichen Vorausberechnungen .......40

Abbildung 7: Altenquotient bis 2060 nach verschiedenen amtlichen Bevölkerungsvorausberechnungen.......................................................................................................................................42

Abbildung 8: Amtliche Vorausberechnungen von Rentenniveau und Beitragssatz zur gesetzlichen Rentenversicherung........................................................................................................77

Abbildung 9: Verteilung der Anwartschaften bei inländischen Altersicherungssystemen nach Kohorte und Geschlecht 2016............................................................................................................86

Abbildung 10: Leistungsausgaben der gesetzlichen Krankenversicherung nach Alter und Geschlecht 2017.............................................................................................................................94

Abbildung 11: Pflegequote nach Alter und Geschlecht Ende 2017 ......................................................102

Abbildung 12: Verteilung der Pflegegrade Ende 2017 ........................................................................103

Abbildung 13: Produktivitätsentwicklung in Deutschland (1991-2015) .................................................116

Abbildung 14: Job-Polarisierung in den USA und der Europäischen Union...........................................119

Abbildung 15: Automatisierungspotential auf dem deutschen Arbeitsmarkt...........................................120

Abbildung 16: Entwicklung der sozialversicherungspflichtigen Beschäftigung (1998-2018).................123

Abbildung 17: Entwicklung der Einkommensungleichheit in Deutschland (1991-2015).......................126

Abbildung 18: Entwicklung der Solo-Selbstständigkeit in Deutschland (1991-2014)............................131

# Vorwort

Die Auseinandersetzung über die Zukunft des Sozialstaats handelt von der Nachhaltigkeit des Sozialstaats. Können wir Bürgerinnen und Bürger darauf vertrauen, in den Phasen unseres Lebens, in denen wir für uns selbst nicht gut sorgen können, bei Krankheit, bei Arbeitslosigkeit, vor allem im Alter, von der Gemeinschaft gut versorgt zu werden? Welche Gemeinschaft soll das sein, alle Bürgerinnen und Bürger, oder meine Berufsgruppe? Auf welchem Niveau will ich versorgt werden, genügt ein gutes Basisniveau oder soll der Sozialstaat den früheren Lebensstandard sichern? Die sozialpolitische Diskussion um Nachhaltigkeit hat mit der ökologischen Nachhaltigkeitsdiskussion fast keine Berührung. Das wird sich künftig ändern. Die Zukunftsforschung weiß das, die Weltgemeinschaft auch: mit der „Agenda 2030" der Vereinten Nationen hat sie 17 Nachhaltigkeitsziele aufgestellt, die Ökologie, Ökonomie und Soziales eng verknüpfen. Das erste der 17 „Sustainable Development Goals" (kurz: SDGs) lautet: „Keine Armut". Das ist eine klare Aussage. Denn damit begann der Sozialstaat, er sollte Armut verhindern und die Aufgabe ist bis heute noch nicht abgeschlossen.

Die Landesregierung Schleswig-Holstein hat im Jahr 2017 ein „Zukunftslabor" auf den Weg gebracht, das für die Zukunft der Sozialen Sicherung neben systemimmanenten Reformen die Reformideen Grundeinkommen und Bürgergeld untersuchen und diskutieren soll. Die vorliegende Literaturstudie dokumentiert die Ergebnisse der ersten Arbeitsphase, einer Bestandsaufnahme der Herausforderungen von Demographie und Digitalisierung an die Soziale Sicherung. Auf ihr sollen die Zukunftsszenarien und dann die konkreten Reformszenarien aufbauen, die später berechnet werden und die sozialpolitische Diskussion nach vorne bringen sollen.

Ich danke der Geschäftsstelle Zukunftslabor im Sozialministerium Schleswig-Holstein, Astrid Mackeprang und Volker Behlau, für die hilfreiche Unterstützung, den Forschungspartnern des ISÖ, hier zunächst Bruno Kaltenborn und Alexander Spermann, aber auch Stefan Bach und Hermann Buslei vom DIW Berlin, für kritischen Input, und dem ISÖ-Team, Sophie Peter und Kathrin Ehmann als Mitautorinnen, Michaela Schwarzbach und Wolfgang Strengmann-Kuhn für die Begleitung, und Philipp Herbrich für die Layout-Unterstützung.

Michael Opielka

# 1 Ein Zukunftslabor für die Soziale Sicherung

*Michael Opielka*

Die Einrichtung eines Zukunftslabors für die Soziale Sicherung ist nicht nur originell und in dieser Form in der deutschen Geschichte der Sozialpolitik einzigartig. Sie ist zugleich ein Versuch, eine immer verworrenere Diskussion um die Reformstrategien des Sozialstaats aufzuklären, Verständnis für unterschiedliche Ansätze auch dadurch herzustellen, dass die Beteiligten – wir sprechen heute auch von Stakeholdern – sie überhaupt erst einmal in ihrer Verschiedenheit und ihren Begründungen verstehen. In diesem Beitrag soll in vier Schritten die Besonderheit des Zukunftslabors Schleswig-Holstein skizziert werden: Im ersten Schritt werden die Projektintentionen beschrieben, im zweiten Schritt wird die vorliegende Literaturstudie eingeordnet, im dritten Schritt wird der Projektablauf mit Arbeitsplanung vorgestellt, im vierten und letzten Schritt werden die engeren und weiteren Projektbeteiligten gewürdigt. Da sich das Zukunftslabor während der Erstellung und Veröffentlichung dieser Literaturstudie in einem frühen Stadium befindet, handelt es sich bei dieser analytischen Darstellung um ein „Work in Progress". Zum Ansatz eines Zukunftslabors gehört das Experiment, der Versuch, aber eben auch der Irrtum.

## 1.1 Vorgeschichte des Zukunftslabors

Im Koalitionsvertrag für die 19. Wahlperiode des Landtags von Schleswig-Holstein, der im Juni 2017 von den regierungsbildenden Parteien geschlossen wurde, haben sich die Regierungsparteien der sogenannten „Jamaika-Koalition" (CDU, Bündnis90/Die Grünen, FDP) auf ein „Zukunftslabor" verständigt: „Wir werden daher ein Zukunftslabor mit den Akteurinnen und Akteuren der Arbeitsmarktpolitik und aus der Wissenschaft ins Leben rufen, in deren Rahmen die Umsetzbarkeit neuer Absicherungsmodelle, z.B. ein Bürgergeld, ein Grundeinkommen oder die Weiterentwicklung der sozialen Sicherungssysteme, diskutiert und bewertet werden sollen. Ebenso wichtig wie die soziale und ökonomische Flexibilisierung des Arbeitslebens soll dabei auch die Entbürokratisierung der Arbeits- und Sozialverwaltung sein. Die Ergebnisse dieses Prozesses wollen wir in die bundespolitische Debatte tragen, um unser Land fit für die

Herausforderungen der Zukunft zu machen und um Existenzängste von den Bürgerinnen und Bürgern fern zu halten." (Koalitionsvertrag 2017, S. 31)

Die Landesregierung antwortete am 15.12.2017 (Drs. 19/393) auf die Frage „Welche Personen und Institutionen werden an dem Zukunftslabor teilnehmen?" wie folgt: „Mit Beschluss vom 25. September 2017 wurde in der Staatssekretärsbesprechung der Einrichtung einer Interministeriellen Arbeitsgruppe (IMAG) zugestimmt und die Federführung auf das Ministerium für Soziales, Gesundheit, Jugend, Familie und Senioren übertragen. Die IMAG besteht aus dem Chef der Staatskanzlei sowie den Staatssekretären des Finanzministeriums, des Ministeriums für Bildung, Wissenschaft und Kultur, des Ministeriums für Wirtschaft, Verkehr, Arbeit, Technologie und Tourismus sowie des Ministeriums für Soziales, Gesundheit, Jugend, Familie und Senioren. Die IMAG hat am 12. Dezember 2017 erstmalig getagt und sich auf die grundsätzliche Arbeitsstruktur verständigt. Es wird ein Beirat gegründet, der das Projekt ‚Zukunftslabor SH' begleiten soll." Auf die zweite Frage: „Wie wird die finanzielle Ausstattung des Zukunftslabors für die nächsten Jahre aussehen?" antwortete die Landesregierung: „Für die Jahre 2018, 2019, 2020 sollen für das ‚Zukunftslabor SH' jeweils 250.000 € zur Verfügung gestellt werden. Diese Angaben stehen unter Parlamentsvorbehalt. Es ist beabsichtigt, wissenschaftliche Expertisen zu den verschiedenen sozialen Sicherungsmodellen auszuschreiben." Schließlich die dritte Frage: „Wird es eine Modellregion geben, in der die entwickelten Modelle erprobt werden sollen? Wenn ja, anhand welcher Kriterien wird diese Modellregion ausgewählt und mit welchen Mitteln soll die Modellregion ausgestattet werden?" Hier war die Antwort deutlich und ohne eine Vorfestlegung: „Diese Frage wird am Ende des Diskurses erörtert werden, wenn die wissenschaftliche und politische Bewertung vorliegt."

Im August 2018 erfolgte die „Auftragsbekanntmachung" für die „Wissenschaftliche Begleitung und Koordinierung des Projektes ‚Zukunftslabor Schleswig-Holstein'"[1] für ein zweistufiges Verfahren, bestehend aus Teilnahmeantrag und späterem Angebot, sofern die Anbieter zu einem Angebot aufgefordert wurden. Das ISÖ – Institut für Sozialökologie beteiligte sich mit einem Teilnahmeantrag, wurde auf Grund einer Leistungsbeschreibung zu einem Angebot aufgefordert und erhielt im Dezember 2018 den Auftrag, das Zukunftslabor Schleswig-Holstein wissenschaftlich zu begleiten und zu koordinieren.

---

[1] https://ausschreibungen-deutschland.de/469977_Wissenschaftliche_Begleitung_und_Koordinierung_des_Projektes_Zukunftslabor_Schleswig-Holstein_2018_Kiel

ISÖ
Institut für
Sozialökologie

Die Vorgeschichte des Zukunftslabors Schleswig-Holstein ließe sich zeithistorisch noch weiter zurückverfolgen, einerseits in Schleswig-Holstein bei den die „Jamaika-Koalition" tragenden Parteien, andererseits in diesem Bundesland, und weit darüber hinaus, in der Stimmung der Zivilgesellschaft. Der Wunsch nach sozialpolitischer Zukunftsorientierung ist breit verankert (Druyen 2018). Es ist sicher kein Zufall, dass im partizipativ angelegten Prozess „Zukunftsszenario Altenhilfe Schleswig-Holstein 2030-2045", den das Diakonische Werk Schleswig-Holstein mit dem ISÖ – Institut für Sozialökologie von 2016 bis 2018 durchführte, mit einer großen Zukunftskonferenz im Februar 2018, die Forderung nach einem Grundeinkommen eine wesentliche Rolle spielt. Der „Zukunftspfad 1" (von vier Pfaden) lautet: „Grundsicherung durch Begegnung und Grundeinkommen!" und es heißt dann weiter: „Auf politischer Ebene wird das Konzept eines ‚Grundeinkommens' vorangetrieben. Die Wohlfahrtspflege ist dabei ein Akteur als Stimme der schutzbedürftigen Gruppen" (Opielka/Peter 2018, S. 109f.).

Andere Beiträge machen deutlich, dass ein Grundeinkommen nicht aus Perspektive aller der favorisierte Ansatz für die Zukunft der Sozialen Sicherheit ist. So sieht der Zeithistoriker Andreas Rödder in seinem Buch „Konservativ 21.0" die Diskussion zum Grundeinkommen kritisch: „Die Dominanz verteilungspolitischer Themen zeigt sich auch in der Debatte um das ‚bedingungsloses Grundeinkommen'. Diese Idee verfolgt ein ehrbares Ziel: ein würdiges, nicht stigmatisiertes Leben unabhängig vom Arbeitsplatz und vor allem dann, wenn dieser unverschuldet durch den Strukturwandel verloren geht und die Betroffenen abgehängt zu werden drohen. Auch gibt es ganz unterschiedliche Modelle eines bedingungslosen Grundeinkommens, die von der Addition bereits existierender Sozialleistungen bis zu einem echten Gehaltsersatz reichen. Die zugrunde liegende These von einem Ende der klassischen Arbeitsgesellschaft ist allerdings nicht neu, sie hat sich freilich bislang nicht bewahrheitet, und sie ist auch für das Zeitalter der Digitalisierung zumindest nicht evident." (Rödder 2019, S. 93) Ob „dem" Grundeinkommen die These vom Ende der Arbeit „zugrunde" liegt, werden andere Autoren wiederum bestreiten. Klar ist, dass die Debatte auch durch politische und weltanschauliche Hintergründe geprägt ist. Eine Betrachtung vor dem Hintergrund der relevanten gesellschaftsprägenden Faktoren Demographie und Digitalisierung erscheint daher umso dringender.

Es ist daher bemerkenswert, dass eine Landesregierung ein solch anspruchsvolles Projekt in Angriff nimmt und dafür beachtliche Ressourcen einsetzt. Hinzu kommt, dass die Landespolitik für einen Großteil der im Zukunftslabor zu bearbeitenden Fragen gar nicht primär zuständig erscheint, die Sozialpolitik ist, zumindest was die großen Geldleistungssysteme (monetäre

Systeme) betrifft, im Wesentlichen das Gebiet der Bundespolitik und, hinsichtlich der EU-Harmonisierung, teils in Zuständigkeit der Europäischen Union beziehungsweise der sogenannten „Offenen Methode der Koordinierung" (OMK), mit der sich die Mitgliedstaaten in einem komplexen Prozess untereinander abstimmen. Obwohl es sich also bei den im Zukunftslabor diskutierten Perspektiven ganz überwiegend um Regelungen handelt, die in die Gesetzgebungskompetenz des Bundes fallen, betreffen die Fragestellungen in politischer Hinsicht sowohl die Bundes- als auch die Landespolitik, was sich in einer Vielzahl verschiedener Bundesratsinitiativen zeigt. Landtag und Landesregierung sind vor diesem Hintergrund für den Mut zu loben, das Zukunftslabor eingerichtet zu haben. Es fehlt seit langer Zeit an einem umfassenden „Sozialplan für Deutschland" (Auerbach et al. 1957), einer Reflexion der Zusammenhänge, der Interdependenzen der sozialen Sicherungssysteme. Nur dann sind abgewogene Urteile im aktuellen Reformdiskurs zu Grundeinkommen und Bürgergeld möglich. Das war der Beginn des Zukunftslabors. Einige Akteure wollten, dass das Land hier ein Vorreiter wird, andere waren und sind sehr skeptisch. Bevor im folgenden Unterabschnitt der unmittelbare Kontext der vorliegenden Literaturstudie erläutert wird, sollen an dieser Stelle drei größere gesellschaftliche Diskurse zum Thema des Zukunftslabors kurz skizziert werden, die Debatten um Grundeinkommen, um Wachstum und um Soziale Nachhaltigkeit.

Sobald die Grundeinkommens-Diskussion ein gewisses Niveau erreicht hat, stellen alle Beteiligten fest, dass wir mehr wissen müssen, um nicht nur zu meinen. So irritiert die derzeit häufige Verwendung des Präfixes „bedingungslos" in der Diskussion um ein Grundeinkommen schon deshalb, weil Sozialleistungen immer an Bedingungen geknüpft sein werden, als Minimum die Zugehörigkeit zu einer konkreten politischen Gemeinschaft. Daher sind Ergebnisse der Einstellungsforschung vorsichtig zu betrachten, wie jüngst des DIW mit einer Auswertung des European Social Survey über die recht hohe Zustimmung zur Einführung eines Grundeinkommens im europäischen Vergleich (Abbildung 1): „Die hier ermittelten Zustimmungsraten zum bedingungslosen Grundeinkommen sind aber nicht mit einer Reformbereitschaft in diese Richtung gleichzusetzen. Sie bedeuten nämlich noch lange nicht, dass die Bürgerinnen und Bürger ein solches Vorhaben auch dann noch begrüßen würden, wenn die Finanzierung und ihre Konsequenzen transparent gemacht würden. Dazu wären weitere Befragungen nötig, die differenziertere Verfahren der empirischen Sozialforschung nutzen und beispielsweise Szenarien (und damit verbundene Finanzierungssysteme) offenlegen." (Adriaans et al. 2019, S. 269) Das soll das Zukunftslabor in angemessener Weise leisten.

Abbildung 1: Zustimmung Grundeinkommen im europäischen Vergleich (in %)

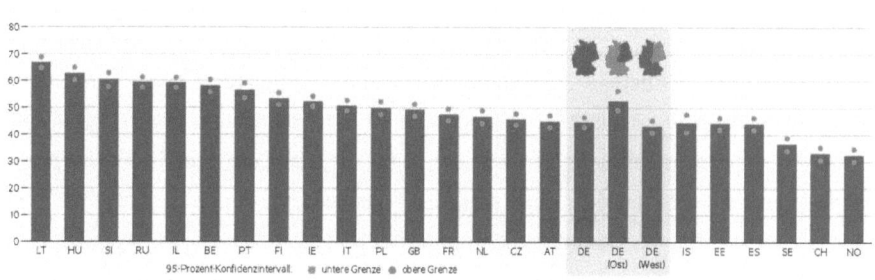

Quelle: European Social Survey (ESS), Welle 8 (n=44 387), gewichtete Angaben.

Quelle: Adriaans et al. 2019, S. 265. Die Abbildungsüberschrift lautet dort: „Zustimmung
zur Einführung eines bedingungslosen Grundeinkommens im europäischen Vergleich."

Das Zukunftslabor wird auch deshalb neben dem Diskurs um Grundeinkommen und Bürgergeld in zwei weitere Kontexte eingebettet: in die Diskussion um die Krise und Zukunft des Sozialstaats seit den späten 1970er Jahren und in die Diskussion um Zukunft und Nachhaltigkeit,
wie sie mit der „Agenda 2030" der Vereinten Nationen und ihren „Sustainable Development
Goals" unterdessen zum Pflichtenheft aller Gebietskörperschaften gehört.

Mit der ersten Wachstumskrise der westlichen Industrienationen im Anschluss an den „Öl-
preisschock" geriet auch der Sozialstaat in den späten 1970er Jahren unter heftige Kritik. Das
sogenannte „Lambsdorff-Papier", das „Konzept für eine Politik zur Überwindung der Wachs-
tumsschwäche und zur Bekämpfung der Arbeitslosigkeit" war eine wirtschaftspolitische Pro-
grammschrift, die in der Endphase der sozialliberalen Koalition im Jahr 1982 im Bundeswirt-
schaftsministerium unter Leitung des Wirtschaftsministers Otto Graf Lambsdorff (FDP) und
der Mitarbeit seines Staatssekretärs Otto Schlecht sowie des damaligen Leiters der Abteilung
Wirtschaftspolitik Hans Tietmeyer ausgearbeitet und in einem Schreiben an Bundeskanzler
Helmut Schmidt am 9. September 1982 vorgestellt wurde. Es brach der „Deregulierung" eine
Lanze und forderte eine „Eindämmung der explodierenden Sozialstaatskosten"[2]. Durch die Autoren selbst wie den intensiven öffentlichen Diskurs wurde jenes Papier in den Kontext einer
„neoliberalen" Erneuerung der Gesellschaft gestellt, wie sie in jenen Jahren durch den US-Prä-
sidenten Reagan und die britische Premierministerin Thatcher repräsentiert wurde. Schon damals allerdings blieb der Aufruf zum Abbau des Sozialstaats nicht unwidersprochen und

---

[2]  https://liberalesinstitut.wordpress.com/2012/09/11/30-jahre-lambsdorff-papier-entscheidende-wendemarke-in-der-wirt-
schafts-und-gesellschaftspolitik/

Institut für
Sozialökologie

diskutierten durchaus einflussreiche Publikationen eine „Zukunft des Sozialstaats", einen „Umbau des Sozialstaats" oder erkannten eine neue Verbindung von sozialer und ökologischer Frage, die „ökosoziale Frage".[3] Auch bald vierzig Jahre später beklagen Autoren wie Christoph Butterwegge einen seit damals durchgängigen Abbau des Sozialstaats. Die empirische Evidenz dafür ist allerdings dünn. Zwar stagnierte die Sozialleistungsquote in den letzten Jahrzehnten in Deutschland zeitweise, ein Rückgang lässt sich jedoch nicht beobachten.[4] Es sollte allerdings zu denken geben, dass der erste große Krisendiskurs in der Sozialpolitik die Folge einer durch Rohstoffprobleme verursachten wirtschaftlichen Wachstumskrise war.

Dies lenkt den Blick auf den dritten Kontext, die Diskussion um Soziale Nachhaltigkeit (Opielka 2017). Derzeit scheint es noch möglich, die erheblichen Transferkosten hin zu einer klimafreundlichen, nachhaltigen Wirtschaft und Gesellschaft aus den Überschüssen eines robusten Wirtschaftswachstums aufzubringen, ob es sich um den Verzicht auf die Nutzung der Atomkraft, um den Ausstieg aus der Kohleverstromung oder um die Reduzierung von Verkehrs-Emissionen handelt. Zunehmend wird jedoch thematisiert, besonders heftig von Seiten eines erstarkenden Rechtspopulismus, dass Klima- und Zukunftsfragen gegenüber gegenwärtigen Verteilungsfragen nachgeordnet seien, ohnehin sei fraglich, ob menschliches Handeln für den Klimawandel verantwortlich sei (Probst/Pelletier 2017). Uns scheint, dass der Konflikt um die Prioritätenentscheidung zwischen sozialen und ökologischen Folgekosten des Industriesystems künftig weiter zunehmen wird, möglicherweise sogar im dramatischen Umfang. Dies wird den Sozialstaat unter Druck setzen und wirft die Frage auf, ob seine Architektur unter Druck eher den bereits Benachteiligten zusätzliche Nachteile aufbürdet oder ob eventuell geringere Verteilungsspielräume vor allem denjenigen zugutekommen, die benachteiligt sind.


## 1.2    Die Gegenwart: Literaturstudie Demographie und Digitalisierung

Landen wir, mit dieser Studie, in der Gegenwart. Hier werden die ersten Forschungsergebnisse der Wissenschaftlichen Begleitung und Koordination des Zukunftslabors vorgestellt. Eine systematische Literaturstudie setzt in ganzheitlicher Betrachtung die Megatrends Demographie und Digitalisierung in Beziehung zu den sozialen Sicherungssystemen und ihrer nachhaltigen Entwicklung. Ergeben sich aus diesen Megatrends – wir sprechen im Folgenden zumeist von

---

[3]    Fohmann-Ritter et al. 1983, Opielka 1985, Opielka/Ostner 1986

[4]    Dazu Opielka 2008 und auf Grundlage von Angaben des Bundesministeriums für Arbeit und Soziales: http://www.sozialpolitik-aktuell.de/tl_files/sozialpolitik-aktuell/_Politikfelder/Finanzierung/Datensammlung/PDF-Dateien/abbII1a.pdf

ISÖ
Institut für
Sozialökologie

„Schlüsselfaktoren" – spezifische Herausforderungen? Können sie national, nur EU-weit oder nur global politisch bearbeitet werden? Wie steht Schleswig-Holstein in Bezug zu diesen Megatrends? Die vorliegende Veröffentlichung ist zugleich Bestandteil eines komplexen Prozesses, der den Namen Zukunftslabor trägt. Sie wird in einer partizipativen Auftaktveranstaltung im Mai 2019 der Öffentlichkeit präsentiert und diskutiert. Die Veranstaltung wird durch den Offenen Kanal Schleswig-Holstein dokumentiert. Methodisch wird bereits die Auftaktveranstaltung die Grundprinzipien des Zukunftslabors offenlegen und realisieren: wissenschaftliche Expertise trifft auf interessierte BürgerInnen, der so entstehende Diskurs wird öffentlich dokumentiert und zurückgespiegelt. Neben analogen Kommunikationen wird das Zukunftslabor durch digitale Formate geprägt, dazu gehört die Software (App) „Mentimeter".

Die vorliegende Literaturstudie besteht zentral aus zwei Teilstudien, die im Rahmen der wissenschaftlichen Begleitung von zwei angesehenen Experten erstellt wurden. Die Teilstudie zu den Auswirkungen der demographischen Entwicklung auf die Soziale Sicherung wurde von Bruno Kaltenborn verfasst, der seit den 1990er Jahren zahlreiche Expertisen für Ministerien und Stiftungen zu arbeitsmarkt-, familien- und sozialpolitischen Fragen erarbeitete.[5] Im Jahr 2006-7 wirkte er an einem Gutachten des ISÖ im Auftrag der Konrad-Adenauer-Stiftung mit, das das Modell „Solidarisches Bürgergeld" des damaligen Thüringer Ministerpräsidenten Dieter Althaus unter finanz- und sozialpolitischen Gesichtspunkten analysierte und breite Beachtung fand.[6] Die Teilstudie zur Auswirkung der Digitalisierung auf die Soziale Sicherung erstellte Alexander Spermann, der sich gleichfalls seit den 1990er Jahren einen Namen als Politikberater zum Schnittfeld Arbeitsmarkt und Sozialpolitik gemacht hat.[7] Beide Teilstudien werden ergänzt durch die vorliegende Darstellung und Reflexion auf die Idee des Zukunftslabors selbst. Abgeschlossen wird die Literaturstudie im letzten Kapitel mit der Vorstellung und Diskussion der sogenannten „Morphologischen Matrix". Sie ist ein wichtiges methodisches Element der Zukunftsforschung und wird im Zukunftslabor dafür genutzt, nachvollziehbar den Schritt von der Bestandsaufnahme möglicher Zukünfte in Form von Zukunftsszenarien hin zur Entwicklung konkreter Reformszenarien für die Zukunft der Sozialpolitik zu entwickeln. Das ISÖ hat dabei – nicht zuletzt aufgrund zahlreicher früherer, zumindest in Teilen vergleichbarer Projekte – die Erwartung, dass komplexe und widersprüchliche Probleme und Diskurse durch

---

[5]   Unter www.wipol.de finden sich vielfältige Hinweise zu seiner Expertise.

[6]   https://www.isoe.org/projekte/abgeschlossene-projekte/finanz-und-sozialpolitische-analyse-eines-solidarischen-buerger-geldes/

[7]   Unter https://www.alexander-spermann.de/ finden sich umfassende Hinweise zu seiner Arbeit.

wissenschaftliche Aufbereitung und Analyse einer besseren Lösung zugeführt werden können. Wir gehen davon aus, dass Politik rational, vernünftig gestaltet werden kann und muss, trotz unterschiedlicher Normen und Werte, oder wie man heute sagt: trotz unterschiedlicher Normative.

Beide Teilstudien liefern interessante und teils überraschende Ergebnisse. Die Teilstudie zur Demographie macht deutlich, wie sozial nachhaltig – im konservativen Sinn von Sozialer Nachhaltigkeit (Opielka 2017) – das deutsche Sozialversicherungssystem des Bismarck-Typ institutionalisiert wurde. Vor allem die 1889 eingeführte Gesetzliche Rentenversicherung erweist sich auch nach gut 130 Jahren als lebendiges und lebensfähiges Ergebnis sozialen Ingenieurgeistes. Die Kombination aus lohnbezogenen Beiträgen mit Beitragsbemessungsgrenze, Umlageverfahren und einem Bundeszuschuss zum Ausgleich „versicherungsfremder Leistungen", sowie dem Verzicht auf die Integration von Beamten, Freiberuflern und gut verdienenden Selbständigen bewegte im Jahr 2018 Ausgaben und Einnahmen im Umfang von etwa 307 Milliarden Euro.[8] Bruno Kaltenborn kann in seiner differenzierten und luziden Analyse zeigen, wie vielfältig und umfassend die Projektionen bis weit in die zweite Hälfte des 21. Jahrhunderts reichen. Immerhin sind die Neu-RentnerInnen des Jahres 2083 bereits geboren, sollte das Renteneintrittsalter dann bei 65 Jahren liegen. Versicherungsmathematik und demographische Forschung zeigen deutlich, dass die Alterung der Gesellschaft die Sozialsysteme unter erheblichen Druck setzt. Einfache Lösungen sind nicht in Sicht, solange das Bismarck-System in seiner Grundstruktur nicht verändert wird.

Die Teilstudie zu den Auswirkungen der Digitalisierung auf die Sozialsysteme ist auch deshalb kürzer und datenärmer, weil es sich um ein sehr bewegliches und unsicheres Forschungsfeld handelt. Wie das Zukunftslabor insgesamt konzentriert sie sich nicht auf die sehr langfristigen, sondern eher auf mittelfristige Zeithorizonte (2030+). Doch selbst dafür sind die Projektionen riskant. Alexander Spermann verbindet seine Analyse mit einer Methodenkritik der bisherigen Projektionen der Arbeitsmarkteffekte der Digitalisierung. Seine Ergebnisse sind einerseits beruhigend, wir müssen in Deutschland nicht mit einem Kollaps des Arbeitsmarktes rechnen. Andererseits sind teils erhebliche soziale Spaltungen zu erwarten, die nahe legen, die Architektur des deutschen Sozialstaats einer gründlichen Inspektion zu unterziehen.

---

[8]  https://www.deutsche-rentenversicherung.de/Allgemein/de/Navigation/6_Wir_ueber_uns/02_Fakten_und_Zahlen/02_kennzahlen_finanzen_vermoegen/2_rechnungsergebnisse_rentenbestand/ausgaben_letzten_2_jahre_node.html

ISÖ
Institut für
Sozialökologie

Im vierten Teil dieser Literaturstudie geht der Blick nach vorne. Das ISÖ-Team präsentiert und diskutiert die im Zukunftslabor für die Entwicklung der Zukunftsszenarien und schließlich der Reformszenarien zur Anwendung kommende Methode der „Morphologischen Matrix". Der Beitrag der Literaturstudie im Zukunftslabor ist die Bestandsaufnahme der zentralen sozialen Probleme, auf die sozialpolitische Reformen antworten sollen. Zugleich stellt die Fokussierung auf Herausforderungen von Demographie und Digitalisierung, die am Beginn des Zukunftslabors steht, eine auf den ersten Blick willkürliche Auswahl dar, bei der die Gefahr besteht, dass andere wesentliche Herausforderungen an die Soziale Sicherung übersehen werden, vom Wertewandel bis hin zum Klimawandel. Mit der Methode der Morphologischen Matrix wird daher versucht, andere Megatrends über Variablen und Indikatoren in die Analyse zu integrieren.

Die Reformszenarien, die schließlich das Ergebnis des Zukunftslabors bilden werden, lassen sich jedoch nicht unmittelbar aus einer solchen Bestandsaufnahme entwickeln. Als Zwischenschritt soll die Bestandsaufnahme daher in Zukunftsszenarien verdichtet werden, in komplexen Beschreibungen möglicher – sowohl wünschenswerter wie befürchteter – Zukünfte. Damit die wissenschaftliche Logik der Arbeitsschritte deutlicher wird, erscheint es sinnvoll, den gesamten Projektablauf an dieser Stelle zu skizzieren. Ziel des Zukunftslabors ist es, möglichst viele Stakeholder zu beteiligen. Das erfordert Transparenz, denn im Verlauf des Projektes werden Entscheidungen getroffen, werden bestimmte Diskussions- und damit Ideenstränge nicht mehr weiterverfolgt, andere stehen im Zentrum.

## 1.3   Der Ablauf des Zukunftslabors

Der Ablauf des Projektes Zukunftslabor bestimmt sich einerseits aus den Vorgaben und Erwartungen der Landesregierung Schleswig-Holstein als Auftraggeber, andererseits aus den Vorstellungen und Ideen des mit der Umsetzung beauftragten Wissenschaftlerteams. In einem ersten Schritt soll im Interesse der Transparenz aus der Leistungsbeschreibung für die Wissenschaftliche Begleitung und Koordination ausführlich zitiert werden. Im zweiten Schritt wird der bisherige Stand der Ablaufplanung vorgestellt und diskutiert.

### Leistungsbeschreibung

Die zunehmende Digitalisierung wird die Rahmenbedingungen in der Arbeitswelt verändern. Wenn auch die Prognosen zur Auswirkung der Digitalisierung differieren, ist sicher, dass mehr Flexibilität bei der Ausübung der Arbeit, schneller wechselnde Qualifikationsanforderungen und die möglicherweise sinkende Nachfrage nach menschlicher Arbeitskraft ein Neudenken in Kernbereichen der sozialen Sicherungssysteme und des Arbeitsmarktes erfordern.

Es stellt sich die Frage, wie sichergestellt werden kann, dass die Menschen in Deutschland in Zukunft sozial ausreichend abgesichert sind.

Eine weitere Herausforderung für die sozialen Sicherungssysteme ist der demografische Wandel. Die Geburtenrate sinkt, die Bevölkerung wird zunehmend älter. Dadurch stehen immer mehr Rentner immer weniger Berufstätigen gegenüber, die in die Sozialversicherungssysteme einzahlen. In einigen Branchen herrscht Fachkräftemangel.

Im Koalitionsvertrag für die 19. Wahlperiode des schleswig-holsteinischen Landtages haben sich die Regierungsparteien darauf geeinigt, ein „Zukunftslabor" mit den Akteurinnen und den Akteuren der Arbeitsmarktpolitik und aus der Wissenschaft ins Leben zu rufen. Im Rahmen dieses Projektes soll die Umsetzbarkeit neuer Absicherungsmodelle, z.B. ein Bürgergeld, ein Grundeinkommen oder die Weiterentwicklung der sozialen Sicherungssysteme diskutiert und bewertet werden. Die Ergebnisse sollen die bundespolitische Debatte anregen bzw. ergänzen.

Zwischenzeitlich wurde eine interministerielle Arbeitsgruppe (IMAG) bestehend aus dem Chef der Staatskanzlei sowie den Staatssekretären des Finanzministeriums, des Ministeriums für Bildung, Wissenschaft und Kultur, des Ministeriums für Wirtschaft, Verkehr, Arbeit, Technologie und Tourismus sowie des federführenden Ministeriums für Soziales, Gesundheit, Familie, Jugend und Senioren eingerichtet.

Darüber hinaus wurde ein Beirat gegründet, der sich aus Vertretern der Arbeitgeber- und Arbeitnehmerverbände, der Landesarbeitsgemeinschaft der Wohlfahrtsverbände, der Kranken- und Rentenversicherungsträger, der Bundesagentur für Arbeit, der Kommunalen Landesverbände, des Landes Schleswig-Holstein, der im Landtag vertretenen politischen Parteien zusammensetzt.

Der Beirat soll die veränderten Bedingungen einer digitalisierten und dem demografischen Wandel unterworfenen Gesellschaft und der damit einhergehenden Herausforderungen an die sozialen Sicherungssysteme mit Unterstützung wissenschaftlicher Expertisen offen erörtern. Er hat Beratungs- und Unterstützungsfunktion und gibt hierzu einvernehmliche Empfehlungen ab.

Der Auftrag beinhaltet
1. die Bestandsanalyse bestehender sozialer Sicherungssysteme vor dem Hintergrund der demografischen Entwicklung und der fortschreitenden Digitalisierung sowie eine Prognose zu den Auswirkungen auf die sozialen Sicherungssysteme,
2. die Darstellung verschiedener alternativer Modelle sowie der Entwicklungsmöglichkeit bestehender sozialer Sicherungssysteme,
3. die Aufbereitung und Auswertung der Erfahrungen auf Bundes- und EU-Ebene.

Die Umsetzung erfolgt durch schriftliche Gutachten, Stellungnahmen, Vorträge und Teilnahme an Diskussionsrunden, teilweise aufgrund von Einzelanforderungen aus der IMAG und dem Beirat. Anforderungen und Umsetzung müssen koordiniert werden. Veranstaltungen sollen moderiert, vor- und nachbereitet werden. Das Gesamtprojekt soll dokumentiert werden.

A. Ermittlung der Grundlagen und deren Vermittlung an IMAG und Beirat

° Zusammenstellung und Darlegung der fortschreitenden Digitalisierung sowie des demografischen Wandels im Kontext mit ihren Auswirkungen auf die Leistungsfähigkeit der sozialen Sicherungssysteme – in Form von schriftlichen Gutachten und Vorträgen

ISÖ
Institut für
Sozialökologie

° Darstellung alternativer sozialer Sicherungsmodelle, insbesondere Bürgergeld und Grundeinkommen – in Form von schriftlichen Gutachten, Stellungnahmen, Vorträgen, Teilnahme an Diskussionsveranstaltungen
(insbesondere
- zum erfassten bzw. zu erfassenden Personenkreis
- zur Ableitung der Höhe der Sicherung
- zum Finanzbedarf, Finanzierung
- zur institutionellen Ausformung, Verwaltung
- zur Berücksichtigung von Sonderbedarfen
- zu den Auswirkungen auf steuerfinanzierte Sozialtransfers
- zu den Auswirkungen auf Sozialversicherungen
- zu den Auswirkungen auf öffentliche Infrastrukturen, Dienstleistungen
- zu den Auswirkungen auf die Gestaltung der Arbeitsmarktpolitik
- zur Sicherung von Selbständigen
- zu den gesellschaftspolitischen Ansätzen)
sowie der Entwicklungsmöglichkeit bestehender sozialer Sicherungssysteme – schriftliche Gutachten, Vorträge, Teilnahme an Diskussionsveranstaltungen
- (Rentenversicherung
- Kranken- und Pflegeversicherung
- Unfallversicherung
- Arbeitslosenversicherung)
° Zusammenstellung der Erfahrungen im In- und im europäischen Ausland (privates Projekt in Berlin/öffentliche Projekte in den Niederlanden, in Finnland, in der Schweiz) – in Form von schriftlichen Gutachten, Stellungnahmen, Vorträgen, Teilnahme an Diskussionsveranstaltungen

B. <u>Bearbeitung von Einzelbedarfen</u> (Fragestellungen) der Gremien IMAG und Beirat, Rückkopplungen (Vorträge), Beratungen
Zurzeit stehen folgende Einzelfragen an:
- Ist eine umlagefinanzierte Sozialversicherung noch allein zukunftsfähig oder bedarf es eines Wechsels hin zu einer teilweisen Steuerfinanzierung?
- Liegen Erkenntnisse über die Wirkungen von „Lebensarbeitskonten" entsprechend den Regelungen in Frankreich vor und wäre dieses Modell auch in Deutschland umsetzbar?
- Müsste das Sozialversicherungsrecht für den Fall der Schaffung ergänzender Modelle (z.B. Grundeinkommen) angepasst werden?

C. <u>Berichte, Dokumentation</u>

° Zwischenberichte an die IMAG über den Diskussionstand im Beirat: Es sind Zwischenberichte zu fertigen, die die Fragestellungen, die Einschätzungen und Bewertungen innerhalb des Beirates wiedergeben. Die Zwischenberichte werden jeweils innerhalb der von der IMAG gesetzten Frist erstellt. Die Rückkopplung wird mit der IMAG abgestimmt.
° Das Projekt insgesamt ist zu dokumentieren und ein Abschlussbericht über die wesentlichen Ergebnisse der Diskussion und Bewertung durch den Beirat nach Beendigung des Projektes innerhalb von drei Monaten zu erstellen.

D. <u>Moderation, Koordinierung</u>

° Moderation der Sitzungen des Beirates und ggf. anderer Diskussionsveranstaltungen
° Koordinierung der Sitzungen des Beirates, anderer Diskussionsveranstaltungen, Vorträgen in Abstimmung mit der IMAG (zeitlich, inhaltlich)

ISÖ
Institut für
Sozialökologie

Es handelt sich offensichtlich um einen höchst anspruchsvollen Leistungskatalog, den das Zukunftslabor in seiner Ablaufplanung in einem Zeitraum von etwas mehr als zwei Jahren – gerechnet vom Beginn der Wissenschaftlichen Begleitung und Koordination – zu berücksichtigen hat. In Abstimmung mit dem Auftraggeber entwickelte die Wissenschaftliche Begleitung und Koordination für die Umsetzung eine Ablaufplanung, die in Tabelle 1 vorgestellt wird (ohne die Termine mit IMAG und Beirat). Sie soll zunächst inhaltlich erläutert werden, bevor an einer wichtigen Schnittstelle – dem Übergang zu den Reformszenarien (im Schaubild: „Szenarioentwicklung (SE)") – die wissenschaftliche Strategie erörtert wird.

Im Zentrum des Zukunftslabors steht die Entwicklung von Reformszenarien für die Zukunft der Sozialen Sicherung in Deutschland und ihre Folgenabschätzung, indem durch ein Team des DIW (Deutsches Institut für Wirtschaftsforschung) in Berlin (Stefan Bach, Herman Buslei, Peter de Haan) die Aufkommens- und Verteilungswirkungen sowie die Arbeitsmarktwirkungen von grundlegenden Reformen der sozialen Sicherungssysteme quantifiziert werden. Die Analysen sollen auf Grundlage des *Sozio-oekonomischen Panels (SOEP)* sowie eines darauf aufbauenden Mikrosimulationsmodells durchgeführt werden, das die wesentlichen monetären Sozialleistungen abbildet und mit dem Reformszenarien simuliert werden können. Die Entwicklung und damit auch die Auswahl möglicher Reformszenarien ist voraussetzungs- und anspruchsvoll. Sie geschieht damit in einem mehrstufigen Prozess (Phasen 1 bis 7).

Im ersten Schritt werden die beiden in dieser Literaturstudie dokumentierten Teilstudien zu den Auswirkungen von Demographie und Digitalisierung auf die Soziale Sicherung in Deutschland erstellt, eingeordnet und in einer öffentlichen Veranstaltung am 2. Mai 2019 in Kiel diskutiert.

Im zweiten Schritt werden unter Einbeziehung der Stakeholdergruppen Beirat und IMAG aus den Befunden der Literaturstudie Zukunftsszenarien generiert, mögliche – sowohl wünschenswerte wie problematische – Zukünfte. Da die Literaturstudie auf Deutschland fokussiert, die Reformszenarien jedoch im EU-Rahmen gedacht werden müssen und internationale Erfahrungen reflektieren sollen, wird parallel zur Entwicklung der Zukunftsszenarien eine sogenannte „Erfahrungsstudie (ES)" erstellt. Vorgesehen sind Expertisen zu Finnland (KELA), UK (Universal Credit), Italien (Bürgereinkommen), sowie ein historisch-systematischer Überblick zu Grundeinkommens-Experimenten. Zukunftsszenarien und Erfahrungsstudie werden wie die vorliegende Literaturstudie veröffentlicht und stehen damit dem fachlichen Austausch wie der Kritik zur Verfügung.

ISÖ
Institut für
Sozialökologie

Tabelle 1: Ablaufplanung Zukunftslabor Schleswig-Holstein

| Zeit | Teilstudien | | Diskurse | | |
|------|-------------|---|----------|---|---|
| | | | analog | Partner | digital |
| 1-2019 | Literaturstudie (LS) | | | | |
| 2-2019 | LS | | | | |
| 3 | LS | | | | |
| 4 | Zukunftsszenarien (ZS) | Erfahrungsstudie (ES) | | | |
| 5 | ZS | ES | 2.5.19 (LS) | | |
| 6 | ZS | ES | | | |
| 7 | Reformszenarien (RS) | | | | MM |
| 8 | RS | | | | MM |
| 9 | RS | | ZW (RS) | | MM |
| 10 | Vertiefung Reformen (VR) | | | | |
| 11 | VR | | | | |
| 12 | Folgenabschätzung (FA) | | | | |
| 1-2020 | VR | FA | | | |
| 2 | ES | FA | ZW (FA) | | |
| 3 | VR/ES | FA | | | |
| 4 | FA | | | | |
| 5 | FA | | | | |
| 6 | Entwurf Abschlussbericht (EAB) | | ZK? | | |
| 7 | EAB | | | | |
| 8 | Öffentliche Diskurse | | X | | |
| 9 | Öffentliche Diskurse | | X | | |
| 10 | Öffentliche Diskurse | | X | | |
| 11 | Abschlussbericht (AB) | | X | | |
| 12 | Abschlussbericht | | ZK | | |
| 1-2021 | Veröffentlichung AB | | | | |

Anmerkungen zur Zeitplanung:
Analoge Diskurse: Zukunftsworkshops (ZW) (öffentlich bzw. mit Stakeholdergruppen, d.h. teilöffentlich oder geschlossen) zur Literaturstudie (LS), Zukunftsszenarien (ZS) usf.; Zukunftskonferenz (ZK) (groß, öffentlich)
Diskurse mit Partnern: Hierzu gehören Veranstaltungen mit Partnern des Zukunftslabors (minimal: die Organisationen im Projektbeirat, optimal: relevante gesellschaftliche Stakeholder, Bildungseinrichtungen, Medien)
Digitale Diskursplattform: Hierzu gehören Veröffentlichungsformate für Teilstudien und eingeladene Kommentare (z.B. aus Projektbeirat), regelmäßige kurze Videoclips zu Themen des Zukunftslabors, Unterstützer und Paten des Zukunftslabors, Livestreaming von Zukunftsworkshops und -konferenzen, Mitwirkung an der Identifikation von Schlüsselfaktoren (mit Morphologischer Matrix – MM), evtl. Facebook-Gruppe Zukunftslabor
Anmerkungen zu den Teilstudien:
Erfahrungsstudie: Vorgesehen sind Expertisen zu Finnland (KELA), UK (Universal Credit), Italien (Bürgereinkommen), sowie ein historisch-systematischer Überblick zu Grundeinkommens-Experimenten
Zukunftsszenarien: Identifikation und Operationalisierung von Schlüsselfaktoren (morphologische Matrix)

Die Auswahl der drei exemplarischen Erfahrungen mit Grundeinkommen bzw. grundeinkommensähnlichen Modellen folgt dabei der theoretischen Überlegung, die drei klassischen Typen des Wohlfahrtsregimes – konservativ (Italien), liberal (UK), sozialdemokratisch (Finnland) – in der Typologie von Gøsta Esping-Andersen zu berücksichtigen (Opielka 2008).[9] Zudem spielen die Verfügbarkeit von Daten und die Aktualität der Experimente eine wesentliche Rolle. Da der Datenzugang im Forschungsprozess nicht einfach kalkuliert werden kann, gehen wir davon aus, dass die Erfahrungsstudie im Verlauf des Zukunftslabors mehrfach aktualisiert wird. So ist zum aktuellen Projektzeitpunkt noch nicht klar, ob eine wissenschaftliche Evaluation des italienischen Bürgereinkommens erfolgt. In der Projektphase „Folgenabschätzung" wird der Erfahrungsstudie als Blaupause beziehungsweise als Referenz für die Auswirkung der favori-sierten Reformszenarien eine wichtige Rolle zukommen.

Besonders kritisch ist die dritte Projektphase, der Übergang von Zukunftsszenarien zu Reform-szenarien (RS). Dies soll am Beispiel der bisherigen Diskussion im Zukunftslabor erläutert wer-den. Nach Vorstellung der Landesregierung sollen im Zukunftslabor beispielsweise drei Re-formalternativen untersucht werden: Grundeinkommen, Bürgergeld und die Weiterentwicklung des existierenden Sozialversicherungssystem. Diese drei Alternativen wurden intuitiv mit den drei Partnern der Regierungskoalition assoziiert: die Grünen als Vertreter eines Grundeinkom-mens, die FDP als Vertreterin des Bürgergeldes, die CDU als Vertreterin einer Weiterentwick-lung des Sozialversicherungssystems. In der Realität zeigt sich jedoch, dass die Grünen kei-neswegs einhellig für ein Grundeinkommen plädieren, ebenso wenig wie die FDP einvernehm-lich ein Bürgergeld favorisiert. Aus der CDU wiederum stammt der Vorschlag „Solidarisches Bürgergeld", für den vor einigen Jahren sogar eine Kommission des CDU-Parteivorstandes ein-gerichtet wurde. Außerhalb der Regierungskoalition plädiert die SPD in einem Strategiepapier aus dem Frühjahr 2019 für ein Bürgergeld, auch wenn das dort angedeutete Konzept mit den üblicherweise als Bürgergeld bezeichneten Modellen wenig gemein zu haben scheint.

Möglicherweise liegen die Linien für Reformalternativen daher quer zu den Parteien. Dieser individualisierten Perspektive soll das Zukunftslabor Rechnung tragen. Es wird daher versucht, die Entwicklung der Reformszenarien mithilfe der sogenannten „Morphologischen Matrix" zu

---

[9] Die Auswahl der Untersuchungsregionen für die Erfahrungsstudie folgt, wie oben beschrieben, der Theorie der Wohlfahrtsre-gime von Esping-Andersen, die ich in Opielka (2008) um einen Wohlfahrtsregime-Typus („Garantismus") erweitert habe. Wir werden auf die Begründung dieser Auswahl in der Erfahrungsstudie detaillierter eingehen. An dieser Stelle soll zur Erläuterung der Wohlfahrtsregimetheorie ausreichen, dass es sich bei Wohlfahrtsstaatssystemen um einen Komplex aus rechtlichen und organisatorischen Merkmalen handelt, die systematisch miteinander verwoben sind. Dabei können drei Modelle oder Ideal-typen von Wohlfahrtsstaaten identifiziert werden: konservativ, liberal und sozialdemokratisch. Es existieren allerdings keine eindimensionalen Nationen im Sinne eines reinen Falles. Heute präsentiert jedes Land einen Systemmix, wobei fast immer ein Idealtyp dominiert. Deutschland gilt in allen seriösen Analysen noch immer als Prototyp des konservativen Wohlfahrtsre-gime, vor allem aufgrund seines nach Berufsgruppen (also korporatistisch) gegliederten Sicherungssystems und der hohen Relevanz familien- und unterhaltszentrierter Regeln.

ISÖ
Institut für
Sozialökologie

versachlichen und damit transparent auf gute Gründe zurückzuführen. Vorgesehen ist dafür ein Zukunftsworkshop mit den zentralen Stakeholdern des Zukunftslabors, für die sowohl die IMAG als Koordinationsgremium der Landesregierung wie der Beirat als Vertretung der relevanten gesellschaftlichen Gruppen des Landes stehen. In diesem Zukunftsworkshop, für den sich die Akteure mindestens einen Tag Zeit einräumen müssen, soll die vom Forschungsteam im zweiten Projektschritt vorbereitete Verdichtung auf Zukunftsszenarien zum einen nachvollzogen und gegebenenfalls neu akzentuiert werden. Zum anderen soll eine Auswahl und zumindest erste Konkretion von Reformalternativen mit Hilfe der Morphologischen Matrix erfolgen. Ziel ist es, dass sich die Beteiligten nicht primär als VertreterInnen ihrer Stakeholder-Gruppen wahrnehmen, sondern als „Zukunftslaboranten", die das überparteiliche (im englischen: „nonpartisan") Wohl im Blick haben. Gleichwohl wird die Vielzahl an Selektionen sowohl bei Wirklichkeitsdeutungen wie bei Wunschvorstellungen Subjektivität und Gruppenzugehörigkeit nicht außer Kraft setzen. In der Aggregation der im Zukunftsworkshop vertretenen Positionen wird erkennbar, wo die grundlegenden Entscheidungslinien verlaufen, so dass die Entscheidung für bestimmte Reformszenarien nachvollziehbar und begründet gelingen kann. Darüber hinaus sollen die Reformszenarien in geeigneter Weise öffentlich diskutiert werden können, beispielsweise über eine Online-Plattform oder in digitalen wie analogen Diskussionsveranstaltungen.

Im vierten Projektschritt werden die generierten Reformszenarien einer wissenschaftlichen Vertiefung unterzogen („Vertiefung Reformen (VR)"), in der auch die sozial- und EU-rechtliche Dimension untersucht wird. Auch hier soll ein Beispiel die Komplexität der Abstimmung verdeutlichen. Angenommen, ein Reformszenario sieht ein Grundeinkommensmodell vor, möchte dies aber mit einem „Bürgerjahr" oder „Republikanischem Jahr" in Form einer allgemeinen Dienstpflicht verbinden. Ein solches Reformszenario muss dann auf seine verfassungsrechtliche wie EU-rechtliche Realisierbarkeit überprüft werden, die Arbeitsmarkteffekte müssen diskutiert werden, die Relevanz für die Migrations- ebenso wie für die Jugendpolitik und so weiter. Ein anderes Beispiel wäre die Weiterentwicklung des deutschen Sozialversicherungssystems zu einer „Grundeinkommensversicherung" in Form einer Bürgerversicherung nach dem Modell der Schweizer Rentenversicherung AHV. Hier würden sich zahlreiche rechtliche aber auch ökonomische wie technische Probleme ergeben, von Niveaufragen bis hin zur Gestaltung von Überleitungsregeln, die zumindest grundsätzlich geklärt werden müssen, bevor eine Folgenabschätzung in Form einer Mikrosimulation sinnvoll geschehen kann. Die Vertiefung erfordern aber auch systemimmanente Reformen wie sie beispielsweise aus einer Zusammenlegung und Koordination vorhandener Mindestsicherungsleistungen resultieren, eine Erfahrung, die derzeit im Vereinigten Königreich bei der Einführung des „Universal Credit" nicht ohne Verwerfungen beobachtet werden kann.

Der fünfte Projektschritt wird im Ablaufplan als „Folgenabschätzung (FA)" bezeichnet. Er besteht im Wesentlichen aus der bereits beschriebenen ökonomischen Mikrosimulation, die gleichwohl auch Folgen bedenken muss, die nicht im engeren Sinn ökonomisch sind, sondern beispielsweise rechtliche, politikwissenschaftliche und soziologische Gesichtspunkte beinhalten können. Auch hier soll ein Beispiel zur Veranschaulichung dienen. So könnte eines der Reformszenarien die Einführung eines Bürgergeldes oder Grundeinkommens in Form einer „Negativen Einkommensteuer" sein, einer Verlängerung des Einkommensteuertarifs „nach links", in den Bereich der Ansprüche auf eine „negative" Steuer, sofern das jeweilige verfügbare Einkommen unterhalb des Niveaus der Grundsicherung liegt. Üblicherweise wird bei Modellen einer Negativen Einkommensteuer auf eine Vermögensprüfung verzichtet. Wenn das Grundsicherungsniveau relativ auskömmlich ist, kommt gewöhnlich die Frage auf, ob Personen mit größerem Vermögen im Gegenzug durch Vermögensabgaben, beispielsweise durch eine Erhöhung der Erbschaftssteuer oder durch die Wiedereinführung einer Vermögenssteuer an den Kosten dieser Reform nachhaltig beteiligt werden. Alternativ wird sowohl in der Literatur wie in den bisherigen, an diesem Modell angelehnten Experimenten mit einem partiellen Grundeinkommen, einem Teil-Grundeinkommen operiert, so beim italienischen „Bürgereinkommen", indem die Wohnkosten nur mit einer Pauschale oder gar nicht mit dem Grundeinkommen abgedeckt werden. Wie immer dieses Reformszenario nun ausgestaltet wird, so müssen diese Rahmenbedingungen analysiert und erörtert werden, um die Mikrosimulation in einen sozial- und möglicherweise gesellschaftspolitischen Rahmen einzubetten. Am Ende des fünften Projektabschnittes steht der Entwurf des Abschlussberichtes (EAB), der die wesentlichen Elemente des Abschlussberichtes enthalten wird, aber sicherlich noch nicht alle Details.

Im sechsten Schritt des Zukunftslabors soll eine möglichst breite öffentliche Diskussion des Berichtsentwurfes stehen. Zum einen ist an dieser Stelle eine öffentliche Zukunftskonferenz möglich, in der eine Vielzahl von Akteuren Stellung nimmt, Bürgerinnen und Bürger, Vertreterinnen und Vertreter der Stakeholder wie kritische Wissenschaftlerinnen und Wissenschaftler. Wünschenswert wäre, dass im Herbst 2020 verschiedene „Partner" des Zukunftslabors, Verbände und Institutionen, die im Beirat vertreten sind, aber auch weitere Akteure wie Akademien, Hochschulen, Betroffenenorganisation, Firmen oder Medien Diskurse zu den vorgelegten

ISÖ
Institut für
Sozialökologie

Vorschlägen organisieren. Solche öffentlichen Veranstaltungs- und Diskussionsformate sind natürlich auch in früheren Projektphasen sehr erwünscht. Hier ist die Zivilgesellschaft in Schleswig-Holstein gefragt.

Der letzte und siebte Schritt des Zukunftslabors ist der Abschlussbericht (AB), der ebenfalls mit einer öffentlichen Zukunftskonferenz verbunden wird. In ihm fließen die öffentlichen Diskurse über seinen Entwurf ein. Er soll der überregionalen, nationalen und vielleicht auch internationalen Bedeutung des Zukunftslabors Rechnung tragen. Sollten sich die Ergebnisse des Zukunftslabors, wie erwartet, für die bundespolitische Diskussion um die Reform des Sozialstaats eignen, dann ergeben sich daraus Initiativen der Landesregierung, beispielsweise im Bundesrat, aber auch Impulse für die Diskussion der Parteien und Verbände. Wünschenswert könnte auch sein, dass die Ergebnisse des Zukunftslabor so konkret sind, dass sich die Landesregierung in der nächsten Legislaturperiode in Kooperation mit interessierten Kommunen des Landes und den zuständigen nationalen Sicherungsträgern wie der Bundesagentur für Arbeit für ein Modellvorhaben entscheidet, in dem experimentell unter wissenschaftlicher Begleitung das versucht wird, was bis dahin konzeptionell durchdacht wurde.

Die im Ablaufplan enthaltene Zeitplanung ist ambitioniert und wird die zentralen Projektakteure, vornehmlich die Wissenschaftliche Begleitung und Koordination, die Geschäftsstelle Zukunftslabor im federführenden Sozialministerium des Landes Schleswig-Holstein, sowie IMAG und Beirat auch terminlich unter hoffentlich „guten" Stress setzen. Nicht immer ist alles planbar und daher können die geplanten Meilensteine möglicherweise teilweise nur mit Verzögerungen eingehalten werden. Gründlichkeit und Präzision sind dabei die Leitmarken, die Erwartungen der Öffentlichkeit sind groß und berechtigt.

## 1.4    Stakeholder: Die Beteiligten des Zukunftslabors

Die bisherigen Ausführungen zeigen, dass das Zukunftslabor Schleswig-Holstein ein komplexes Arrangement im sozialpolitischen Raum bildet. Die Initiative ging von der Landesregierung aus, doch sie soll dort nicht bleiben, sie soll möglichst viele Stakeholder in Schleswig-Holstein erreichen, also Personen und Gruppen, die einen „Stake", ein Interesse an der Zukunft des Sozialstaats haben. Veröffentlichungen und öffentliche Diskursformate sind dafür unerlässlich und spielen für das Zukunftslabor eine wesentliche Rolle. Zum Abschluss der Vorstellung des

Zukunftslabors soll daher noch explizit die Unterscheidung zwischen engeren und weiteren Stakeholdern diskutiert werden.

Die engeren Stakeholder wurden bereits ausführlich vorgestellt. Zum einen ist dies die Landesregierung Schleswig-Holstein, die über die Interministerielle Arbeitsgruppe (IMAG) und das federführende Sozialministerium unter Minister Dr. Heiner Garg den materiellen und politischen Rahmen organisiert. Sie benannte einen Beirat, der sowohl die im Landtag vertretenen Parteien wie die relevanten sozialpolitischen Verbände und Institutionen versammelt. Auf der anderen Seite steht die Wissenschaftliche Koordination und Begleitung, das ISÖ – Institut für Sozialökologie gemeinnützige GmbH in Siegburg, das seit 1987 wissenschaftliche Politikberatung betreibt. Das ISÖ gewann als Unterauftragnehmer die in dieser Literaturstudie vertretenen Experten Bruno Kaltenborn und Alexander Spermann, darüber hinaus das Deutsche Institut für Wirtschaftsforschung (DIW) mit Stefan Bach, Hermann Buslei und Peter de Haan. Im Projektverlauf werden seitens des ISÖ neben seinen Researchern und Junior Researchern auch Senior Fellows und Forschungspartner beispielsweise mit sozial- und verfassungsrechtlicher Expertise mitwirken.

Die weiteren Stakeholder können zum jetzigen Zeitpunkt nur exemplarisch genannt werden, zumal sie teilweise indirekt im Beirat vertreten sind. Hierzu gehören beispielsweise die Wohlfahrtsverbände mit ihren Mitgliedsorganisationen, die über die Landesarbeitsgemeinschaft der Freien Wohlfahrtspflege Schleswig-Holstein dem Beirat angehören, aber auch Sozialverbände und Betroffenenorganisationen, die nicht im Beirat vertreten sind. Zu den weiteren Stakeholdern können alle gesellschaftlichen Gruppen gezählt werden, die ein Interesse an der Diskussion über die Zukunft der Sozialen Sicherung haben, wie Bildungseinrichtungen, in denen SchülerInnen und Studierenden darüber diskutieren und arbeiten, aber auch Medien, die ein Forum für diese Debatten bilden. Dazu gehören auch Fachkräfte und ihre Verbände, beispielsweise der Sozialen Arbeit, die sich für die Inklusion von Benachteiligten einsetzen. Schließlich sind alle Bürgerinnen und Bürger, vor allem, aber nicht nur in Schleswig-Holstein Stakeholder des Zukunftslabors. In einer weiten, aber durchaus realistischen Sicht gehören zu den Stakeholdern auch unsere Kinder und Enkel, die von unseren heutigen Entscheidungen abhängen.

Als Leiter der Wissenschaftlichen Koordination und Begleitung des Zukunftslabors Schleswig-Holstein (kurz „ZLabSH") wurde ich wiederholt gefragt, welche inhaltliche Position ich im Zukunftslabor eigentlich einnehme, welches Reformszenario mein Favorit sei, und zugleich werde ich von anderen Beteiligten wegen dieser Frage misstrauisch beäugt, es solle doch ein

ISÖ
Institut für
Sozialökologie

ergebnisoffener Prozess sein. Die meisten von uns, ob BürgerInnen im Allgemeinen oder WissenschaftlerInnen im Besonderen, haben mehr oder weniger klare Vorstellungen einer wünschenswerten Zukunft, zumindest haben sie Normen und Werte, die sogenannten Normative, sie sind links, rechts oder in der Mitte, oder sie können mit den Großideologien nichts anfangen und basteln sich eine Privatideologie. Ich selbst bin vor allem neugierig. Wissenschaftler müssen so sein. Wenn sie die Ergebnisse eines Forschungsprozesses schon bei seinem Beginn kennen, dann forschen sie nicht, Forschung ist immer eine geistige und oft reale Expedition, eine Laborsituation mit Ungewissheiten. Diese Annahme über das riskante Wesen wissenschaftlicher Erkenntnis ist für die Zukunftsforschung unerlässlich und vor allem dann, wenn sie sich hochkomplexe Forschungsgegenstände aussucht, wozu die Soziale Sicherung gewiss gehört. Jens Beckert hat in seinem Buch „Imaginierte Zukunft" das Feld realistisch geöffnet und vorschnellen Annahmen eine zutreffende Absage erteilt, denn „angesichts einer offenen Zukunft sind die Fakten in Wahrheit ontologisch unbestimmt. Daher ist es unmöglich festzustellen, welche Vorstellungen Wunschdenken sind und welche nicht." (Beckert 2018, S. 465) In dieser Literaturstudie werden demographische und ökonomische Fakten analysiert und diskutiert, aber was genau aus diesen Fakten folgt, ist unbestimmt. Die teils äußerst widersprüchlichen Vorstellungen über die Zukunft der Sozialen Sicherung bewegen sich in einem offenen Raum. Unsere Aufgabe als Wissenschaftler ist seine analytische Durchdringung, offenzulegen, warum welche Vorstellungen welche Folgen haben und damit allen Stakeholdern die Chance zu geben darüber nachzudenken, ob sie diese oder jene Folgen wirklich wollen.

Die Grundhaltung wissenschaftlicher Suche nach Wahrheit im Wissen um ihren Zielcharakter prägt die Haltung der Wissenschaftlichen Begleitung und Koordination des Zukunftslabors Schleswig-Holstein. Sie wird die beteiligten politischen und zivilgesellschaftlichen Akteure daran erinnern, dass sie heute immer auch als Treuhänder der Zukunft, der künftigen Generationen, handeln und damit Soziale Nachhaltigkeit und nicht kurzsichtiger Bestandsegoismus leiten müssen. Zugleich wird sie die Normative und Einseitigkeiten der Politik, ihre verständliche Sehnsucht nach positiver Resonanz in Wählerstimmen, der Währung der Demokratie, würdigen, Demokratie ist stets auch ein Ringen um Kompromisse. Das Zukunftslabor Schleswig-Holstein wird erfolgreich sein, wenn diese subtile Balance zwischen Sachlichkeit und Eifer gelingt und am Ende möglichst alle Beteiligten stolz auf das Ergebnis sind, vielleicht ein Schleswig-Holstein-Vorschlag für die Zukunft der Sozialen Sicherung.

# 2  Wirkungen des anstehenden demographischen Wandels auf die sozialen Sicherungssysteme in Deutschland

*Bruno Kaltenborn*

## Kurzfassung

Deutschland steht in den nächsten Dekaden ein tiefgreifender demographischer Wandel bevor. Eine geringe Geburtenrate und eine steigende Lebenserwartung als die Determinanten der natürlichen Bevölkerungsentwicklung tragen zu einer weiter alternden und gleichzeitig schrumpfenden Bevölkerung bei. Zuwanderung von jungen Erwachsenen wirkt der natürlichen Bevölkerungsentwicklung entgegen, kann diese bei einem positiven Wanderungssaldo auf dem Niveau der letzten Dekaden von 100.000 bis 200.000 Personen jährlich allerdings nicht aufhalten, sondern nur abmildern. Nach den vorliegenden aktuellen amtlichen Bevölkerungsvorausberechnungen des Statistischen Bundesamtes und von Eurostat wird die Bevölkerung von 82,8 Mio. Ende 2017 auf 67,6 bis 80,7 Mio. Ende 2060 zurückgehen (vgl. Tabelle 2). Damit verbunden ist ein Anstieg der Relation von Personen im Ruhestandsalter ab 65 Jahren zu jeweils 100 Personen im Erwerbsalter (20 bis 64 Jahre) von 35,5 Ende 2017 auf 58,5 bis 69,4 Ende 2060.

Die schrumpfende und vor allem alternde Bevölkerung ist eine Herausforderung für die sozialen Sicherungssysteme. Betroffen sind hauptsächlich die gesetzliche Rentenversicherung, die gesetzliche Krankenversicherung und die soziale Pflegeversicherung, weil im Ruhestandsalter hier typischerweise keine oder nur vergleichsweise geringe Beiträge gezahlt werden und gleichzeitig die meisten Leistungen beansprucht werden. Für die Gebietskörperschaften ergeben sich hingegen tendenziell Entlastungen bei Ausgaben für Kinderbetreuung und andere familienpolitische Leistungen sowie bei Bildungsausgaben, allerdings Belastungen für Beamtenversorgung und Beihilfe; insgesamt dürfte es bei den Gebietskörperschaften künftig fiskalischen Spielraum geben. Geht man von unveränderten Beitragssätzen zur Sozialversicherung aus, dann beträgt der Gegenwartswert der Finanzierungslücke bei der Rentenversicherung

ISÖ
Institut für
Sozialökologie

(unter Berücksichtigung regelgebunden steigender Bundeszuschüsse) etwa das Anderthalbfache des jährlichen Bruttoinlandsprodukts,[10] bei der Krankenversicherung sind es rund 80%
und bei der Pflegeversicherung rund 40% des jährlichen Bruttoinlandsprodukts.

Tabelle 2: Eckdaten aktueller amtlicher Bevölkerungsvorausberechnungen

| Merkmal | | Ist (Ende) 2017[a] | Projektion für (Ende) 2060 | |
|---|---|---|---|---|
| | | | Minimum | Maximum |
| Geburtenrate | | 1,57 | 1,4 | 1,64 |
| Lebenserwartung bei Geburt | Jungen | 78,4 Jahre | 84,7 Jahre | 86,7 Jahre |
| | Mädchen | 83,2 Jahre | 88,6 Jahre | 90,4 Jahre |
| Fernere Lebenserwartung von 65-jährigen | Männer | 17,80 Jahre | 21,9 Jahre | 23,7 Jahre |
| | Frauen | 21,00 Jahre | 24,9 Jahre | 26,5 Jahre |
| Wanderungssaldo | | +416.000 | +100.000 | +200.000 |
| Bevölkerung | | 82,8 Mio. | 67,6 Mio. | 80,7 Mio. |
| Altenquotient[b] | 15-64 Jahre | 32,8 | 53,7 | 64,1 |
| | 20-64 Jahre | 35,5 | 58,5 | 69,4 |

[a] Lebenserwartung: 2015/17.

[b] Ältere ab 65 Jahren je 100 Personen im Erwerbsalter von 15 bzw. 20 bis 64 Jahren.

Anmerkung: Berücksichtigt wurden die acht Varianten der 13. koordinierten Bevölkerungsvorausberechnung (Statistisches Bundesamt 2015b; 2015c), die später aktualisierte Variante (Statistisches Bundesamt 2017) und die Basisvariante der Bevölkerungsvorausberechnung von Eurostat (2017).

Quelle: Eurostat (2017); Statistisches Bundesamt (2015b; 2015c; 2017; 2018c; 2019); Statistisches Bundesamt (GENESIS Online-Datenbank, Statistik 12612-0009) (Geburtenrate 2017);
Statistisches Bundesamt (GENESIS Online-Datenbank, Statistik 12411-0005) (Bevölkerung und
Altenquotient Ende 2017); E-Mail des Statistischen Bundesamts vom 16. Januar 2019 (fernere
Lebenserwartung von 65-Jährigen im Jahr 2060 der Variante 2-A der 13. koordinierten Bevölkerungsvorausberechnung); Eurostat-Datensatz „Bevölkerungsvorausberechnung auf nationaler Ebene (2015-2080)"; eigene Berechnungen.

Werden jenseits der gesetzlich festgelegten Bundeszuschüsse zur Renten- und Krankenversicherung wie bislang die Ausgaben dieser beiden Versicherungszweige sowie der Pflegeversicherung durch Beiträge gedeckt, so müssen die Beitragssätze infolge der zu erwartenden demographischen Entwicklung deutlich steigen. Für die Rentenversicherung ergibt sich bis Mitte
der 2030er Jahre - nach dem Erreichen des Ruhestandsalters der geburtenstarken Jahrgänge
von Mitte der 1950er bis Ende der 1960er Jahre - ein Anstieg des Beitragssatzes von derzeit

---

[10] Steigt künftig der Beitragssatz zur gesetzlichen Rentenversicherung, so ergibt sich auch eine Entlastung durch die daraus
resultierende Reduktion der Rentenanpassungen.

ISÖ
Institut für
Sozialökologie

18,6% auf etwa 22% bis 23%, 2060 müsste er um etwa weitere zwei Prozentpunkte und bis 2080 um nochmals etwa einen weiteren Prozentpunkt erhöht werden. In der Krankenversicherung dürfte aufgrund des amtlich vorausberechneten demographischen Wandels der erforderliche Beitragssatz (einschließlich kassenindividueller Zusatzbeitragssatz) von derzeit 15,5% bis 2040 auf 18% bis 21% und 2060 auf 19% bis 23% steigen. In der Pflegeversicherung dürfte der erforderliche Beitragssatz für Personen mit Kind(ern) von derzeit 3,05% bis 2040 auf bis zu 4% und bis 2060 auf 4% bis 6% steigen. In der Summe der drei Sozialversicherungen ergibt sich danach ein Anstieg des Beitragssatzes von derzeit 37,15% auf 44% bis 48% um 2040 und auf 47% bis 54% um 2060. Gleichzeitig würde das Rentenniveau netto vor Steuern von derzeit 48,3% auf 42% bis 44% um 2040 und auf rund 41% um 2060 sinken. Trotz des sinkenden Rentenniveaus dürfte bis Mitte der 2030er Jahre der Anteil Älterer, die bedürftigkeitsgeprüfte Fürsorgeleistungen beziehen oder als armutsgefährdet gelten, nur moderat zunehmen.

Die ausschließliche Betrachtung der künftig erforderlichen Erhöhungen der Beitragssätze überzeichnet allerdings die Folgen des anstehenden demographischen Wandels, da gleichzeitig die Gebietskörperschaften tendenziell entlastet werden (siehe oben). Um dies zu berücksichtigen, kann die Entwicklung der demographieabhängigen Ausgaben in Relation zum Bruttoinlandsprodukt betrachtet werden. Sie steigen nach den vorliegenden Projektionen bis 2060 je nach Annahmen um drei bis neun Prozent des jeweiligen Bruttoinlandsprodukts.

Die skizzierten Vorausberechnungen hängen in unterschiedlicher Intensität von den zugrunde liegenden demographischen und weiteren Annahmen ab:

- Geburtenrate: Eine Erhöhung der Geburtenrate führt kurz- und mittelfristig aufgrund zusätzlicher Ausgaben für Kinderbetreuung, weitere familienpolitische Leistungen und Bildung sowie ggf. einer geringeren Erwerbsbeteiligung der Eltern zu moderaten zusätzlichen Belastungen für die öffentliche Hand, sehr langfristig per Saldo zu moderaten Entlastungen.
- Lebenserwartung: Ein weiterer Anstieg der Lebenserwartung führt zu hohen zusätzlichen fiskalischen Belastungen, weil Ältere deutlich überproportional Leistungen der Renten-, Kranken- und Pflegeversicherung in Anspruch nehmen und unterproportional zu ihrer Finanzierung beitragen.
- Wanderungsbewegungen: Wanderungsgewinne führen nicht nur zu einer Vergrößerung, sondern auch zu einer Verjüngung der Bevölkerung, da Wanderungsbewegungen ganz überwiegend junge Erwachsene betreffen. Inwieweit zusätzliche Zuwanderung zu fiskalischen Be- oder Entlastungen führt, hängt entscheidend von der Qualifikation der Zuwanderer und der Geschwindigkeit ihrer Arbeitsmarktintegration ab. Langfristig fiskalisch vorteilhaft sind bereits Zuzüge, wenn mehr als 20% der Zuwanderer im Durchschnitt wie Deutsche und weniger als 80% wie die im Inland lebenden AusländerInnen Steuern und Abgaben entrichten und Sozialleistungen erhalten.

- Lebensarbeitszeit: Eine langfristige sukzessive Verlängerung der Lebensarbeitszeit - insbesondere infolge einer Erhöhung der Regelaltersgrenze über 67 Jahre hinaus ab 2031 - führt zu zusätzlichen Steuer- und Beitragseinnahmen und verschiebt die Rentenzahlungen. Allerdings fallen dadurch die Rentenanpassungen höher aus und infolge der längeren Lebensarbeitszeit steigen die individuellen Rentenansprüche. Insgesamt ergeben sich dauerhaft positive Auswirkungen auf die öffentlichen Haushalte, während der Phase der Verlängerung der Lebensarbeitszeit deutlich, anschließend nachlassend.
- Wirtschaftliche Entwicklung: Produktivitäts- und Wirtschaftswachstum haben nur geringe Auswirkungen auf öffentliche Finanzierungsdefizite und Beitragssätze zur Sozialversicherung. Dies liegt daran, dass mit dem Wachstum dieser Größen nicht nur die Einnahmen, sondern auch die Ausgaben für Sozialleistungen annähernd proportional steigen. Gleichwohl sind bei stärkerem Wachstum erforderliche Senkungen der Leistungsniveaus bzw. erforderliche Erhöhungen von Steuer- und Beitragssätzen ggf. weniger einschneidend.
- Arbeitsmarktentwicklung: Eine hohe Arbeitsmarktbeteiligung und eine geringe Erwerbs- bzw. Arbeitslosenquote wirken sich unmittelbar positiv und vergleichsweise deutlich auf die öffentlichen Haushalte aus.
- Gesundheit im Alter: Inwieweit die zusätzlichen Lebensjahre infolge steigender Lebenserwartung in Gesundheit oder Krankheit verbracht werden, hat ebenfalls deutliche fiskalische Auswirkungen. Auch generell steigende Gesundheitsausgaben infolge des medizinisch-technischen Fortschritts können sich fiskalisch erheblich auswirken.

Von den drei demographischen Determinanten Geburtenrate, Lebenserwartung und Wanderungsbewegungen wirken sich also vor allem die Lebenserwartung und die Wanderungsbewegungen und mit Einschränkungen auch die Lebensarbeitszeit auf die sozialen Sicherungssysteme aus. Insgesamt weisen die vorliegenden Projektionen der demographischen Entwicklung und ihrer Folgen für die sozialen Sicherungssysteme auf Reformbedarf hin, allerdings lassen sich aus ihnen keine konkreten Reformen direkt ableiten.

## 2.1   Einleitung

Deutschland steht in den nächsten Dekaden ein tiefgreifender demographischer Wandel bevor. Eine geringe Geburtenrate und eine steigende Lebenserwartung als die Determinanten der natürlichen Bevölkerungsentwicklung tragen zu einer weiter alternden und gleichzeitig schrumpfenden Bevölkerung bei. Die Alterung stellt die sozialen Sicherungssysteme vor große Herausforderungen: Personen im Erwerbsalter tragen insbesondere durch Sozialbeiträge und Steuern deutlich überproportional zur Finanzierung bei, Personen im Ruhestandsalter hingegen erhalten deutlich überproportional Leistungen für Gesundheit und Pflege sowie Renten. Anders als andere relevante Einflussgrößen für die sozialen Sicherungssysteme, etwa die wirtschaftliche Konjunktur, der technische Fortschritt, die Globalisierung und die Erwerbsbeteiligung, ist die Bevölkerungsentwicklung träge. Geburten, Todesfälle sowie Zu- und Abwanderungen beeinflussen Größe und Altersstruktur der Bevölkerung nur sehr langsam. Daher ist die künftige Bevölkerung hinsichtlich Größe und Altersstruktur vergleichsweise gut vorhersehbar. Gleichzeitig sind langfristige Bevölkerungsvorausberechnungen erforderlich und üblich. Inzwischen reichen sie bis 2080.

Für adäquate Entscheidungen über Reformen der sozialen Sicherungssysteme ist zunächst die Kenntnis der voraussichtlichen Entwicklung ohne Reformmaßnahmen erforderlich. Hierzu liegen bereits Erkenntnisse aus verschiedenen Vorausberechnungen vor, die in der vorliegenden Literaturauswertung systematisch aufgearbeitet werden. Im folgenden Abschnitt 2.2 wird zunächst die bisherige Entwicklung der drei demographischen Determinanten - Geburtenrate, Lebenserwartung und Wanderungsbewegungen - aufgezeigt, bevor Annahmen und Ergebnisse verschiedener Bevölkerungsvorausberechnungen dargestellt werden. Im zentralen Abschnitt 2.3 wird auf die Konsequenzen des demographischen Wandels für die sozialen Sicherungssysteme eingegangen. Dabei wird auch die Sensitivität gegenüber den genannten drei demographischen Determinanten sowie der Lebensarbeitszeit thematisiert. Die infolge des künftigen Anstiegs der Lebenserwartung zusätzlichen Lebensjahre können in Gesundheit oder Krankheit verbracht werden, die (fiskalischen) Folgen hiervon werden ebenfalls erörtert. In Abschnitt 2.4 wird schließlich ein kurzes Fazit gezogen.

Mein Dank gilt insbesondere Martin Werding und den anderen Autorinnen und Autoren der zitierten Publikationen, die zahlreiche methodische Fragen zu ihren Studien beantwortet und genaue Werte zu Abbildungen in ihren Veröffentlichungen zur Verfügung gestellt haben.

## 2.2    Bevölkerungsvorausberechnungen

Die künftige Entwicklung der Bevölkerung in Deutschland wird bestimmt durch die natürliche Bevölkerungsbewegung, also Geburten und Sterbefälle bzw. die Lebenserwartung, und den Außenwanderungssaldo, der sich aus Zuzügen nach und Fortzügen aus Deutschland ergibt. Bevölkerungsvorausberechnungen treffen typischerweise Annahmen über diese drei Determinanten vor dem Hintergrund ihrer bisherigen Entwicklung. Daher wird hier zunächst ein

Überblick über die bisherige Entwicklung gegeben.[11] Sie wird mittels Maßzahlen skizziert, anhand derer üblicherweise die Annahmen für Bevölkerungsvorausberechnungen beschrieben werden.

Abbildung 2: Geburtenrate 1954 bis 2017

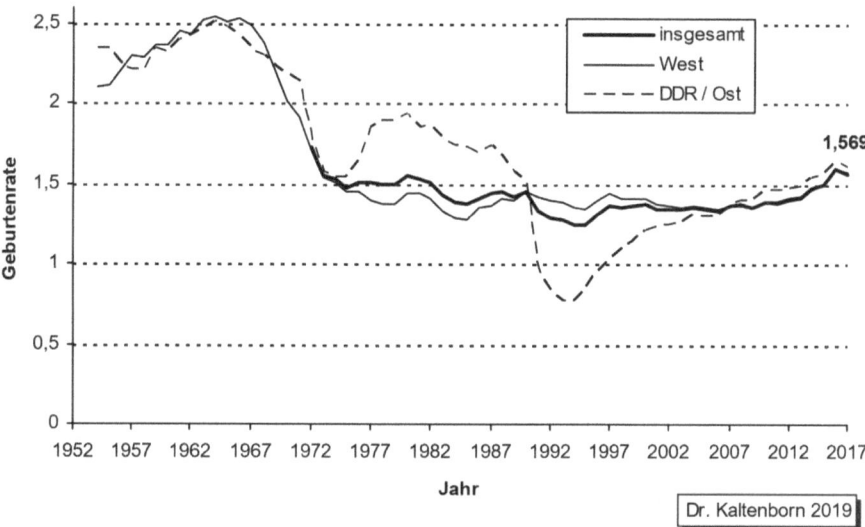

Dr. Kaltenborn 2019

Anmerkung: West: Westdeutschland; Ost: Ostdeutschland; DDR: ehemalige Deutsche Demokratische Republik; Geburtenrate ist die zusammengefasste Geburtenziffer je Frau im Alter von 15 bis 49 Jahren; ab 2011 berechnet auf Basis der Bevölkerung nach dem Zensus 2011.

Quelle: Luy/Pötzsch 2010, S. 600f.; Statistisches Bundesamt (GENESIS Online-Datenbank, Statistik 12612-0009) (insgesamt 1972 bis 2017); Statistisches Bundesamt (https://www.destatis.de/DE/ZahlenFakten/GesellschaftStaat/Bevoelkerung/Geburten/Tabellen/GeburtenZiffer.html) (West und Ost 2010 bis 2017).

Geburten werden hier anhand der zusammengefassten Geburtenziffer je Frau im Alter von 15 bis 49 Jahren dargestellt (Geburtenrate). Diese Geburtenrate bezieht sich auf ein Kalenderjahr und ist daher ein periodenbezogenes Maß.[12] Die Geburtenrate gibt die Zahl der Kinder einer hypothetischen Frau an, die im betreffenden Kalenderjahr die gesamte Zeit ihrer Gebärfähigkeit erlebt. Abbildung 2 zeigt die Entwicklung der Geburtenrate seit 1954 in West- und

---

[11]  Der Zensus 2011 bildet eine aktualisierte demographische Grundlage mit relevantem Einfluss auf die Ergebnisse der Bevölkerungsfortschreibung (zur Geburtenrate: Pötzsch 2016b), zudem gab es methodische Anpassungen bei der Fortschreibung (Kaus/Mundil-Schwarz 2015).

[12]  Hingegen bezieht sich die Kohortenfertilität auf die Fertilität von Frauen eines Geburtsjahrganges. Anders als die periodenbezogene Geburtenrate lässt sich die Kohortenfertilität erst ermitteln, wenn davon ausgegangen werden kann, dass es künftig keine Geburten der Frauen des betreffenden Geburtsjahrganges mehr gibt.

ISÖ
Institut für
Sozialökologie

Ostdeutschland und seit 1972 in Deutschland jeweils bis 2017. In beiden Teilen Deutschlands betrug die Geburtenrate 1965 etwa 2,5 und ging dann bis 1975 auf 1,5 zurück. Während sie im Westen Deutschlands bis 1990 jeweils etwas geringer war, stieg sie in der DDR bis 1980 auf 1,9 an, um dann bis 1990 auf 1,5 zu fallen. Von 1991 bis 2013 schwankte die Geburtenrate in Westdeutschland leicht um 1,4. In Ostdeutschland fiel sie deutlich bis 1993 auf 0,8, stieg dann wieder an, erreichte 2007 die westdeutsche Geburtenrate und übersteigt sie seither leicht. Ausgehend von einer Geburtenrate von 1,42 im Jahr 2013 im vereinten Deutschland nahm sie anschließend auf 1,50 (2015) und 1,59 (2016) zu, um dann 2017 leicht auf 1,57 zurückzugehen.[13] Zum dauerhaften Erhalt des Bevölkerungsbestandes wäre eine Geburtenrate von etwa 2,1 erforderlich. Eine geringere Geburtenrate führt - ohne Wanderungsgewinne - zu einem Bevölkerungsrückgang und damit - ohne Verkürzung der Lebenserwartung - auch zur Alterung der Bevölkerung.

Ein zentrales Maß für die Sterblichkeit bzw. die Lebenserwartung ist die Lebenserwartung bei Geburt. Für die Bevölkerungsvorausberechnungen werden hierzu die Lebenserwartungen auf Basis von Periodensterbetafeln herangezogen. In Periodensterbetafeln werden für einen bestimmten Zeitraum die Sterbe- bzw. Überlebenswahrscheinlichkeiten innerhalb eines Lebensjahres dargestellt.[14] Die Lebenserwartung ab Geburt auf Basis einer Periodensterbetafel gibt die durchschnittliche Lebenserwartung einer hypothetischen Geburtskohorte an, die am Anfang des betreffenden Zeitraums geboren wurde und in ihm ihr gesamtes Leben verbringt. Damit bleiben künftige Entwicklungen, die die Sterbewahrscheinlichkeiten von Personen in späteren Lebensjahren verändern, unberücksichtigt (z.B. medizinischer Fortschritt, kriegerische Auseinandersetzungen). Periodensterbetafeln werden üblicherweise jeweils für mehrere Kalenderjahre zusammen erstellt. In Abbildung 3 werden die resultierenden Lebenserwartungen jeweils als Wert für das mittlere berücksichtigte Jahr interpretiert. 1871/81 betrug im Deutschen Reich die Lebenserwartung eines neugeborenen Jungen lediglich 35,6 Jahre, ein neugeborenes Mädchen hatte eine Lebenserwartung von 38,4 Jahren. Knapp 100 Jahre später hatte sich die Lebenserwartung fast verdoppelt, in Westdeutschland (1970/72) betrug sie 67,4 bzw. 73,8 Jahre und in der DDR (1971/72) 68,5 bzw. 73,3 Jahre. In den folgenden etwa 45 Jahren hat sich die Lebenserwartung dann bis 2015/17 nur noch um 13% (Ostdeutschland und

---

[13]   Der Geburtenanstieg bis 2016 geht nach Pötzsch (2018, S. 86) „sowohl auf langfristige Prozesse als auch kurzfristig eingetretene Veränderungen" zurück.

[14]   Hingegen beziehen sich Kohortensterbetafeln und die aus ihnen ermittelten Lebenserwartungen ab Geburt auf eine Geburtskohorte. Sie lassen sich erst aufstellen, wenn das letzte Mitglied einer Geburtskohorte verstorben ist.

Mädchen in Westdeutschland) bzw. um 17% (Jungen in Westdeutschland) erhöht. Zuletzt betrug sie im vereinten Deutschland 78,4 Jahre für neugeborene Jungen und 83,2 Jahre für neugeborene Mädchen. Erstmals hat es 2015/17 einen leichten Rückgang der Lebenserwartung von Neugeborenen gegeben, und zwar gegenüber 2014/16 minimal bei Mädchen in West- und Ostdeutschland.[15]

Abbildung 3: Lebenserwartung bei Geburt 1871/81 bis 2015/17

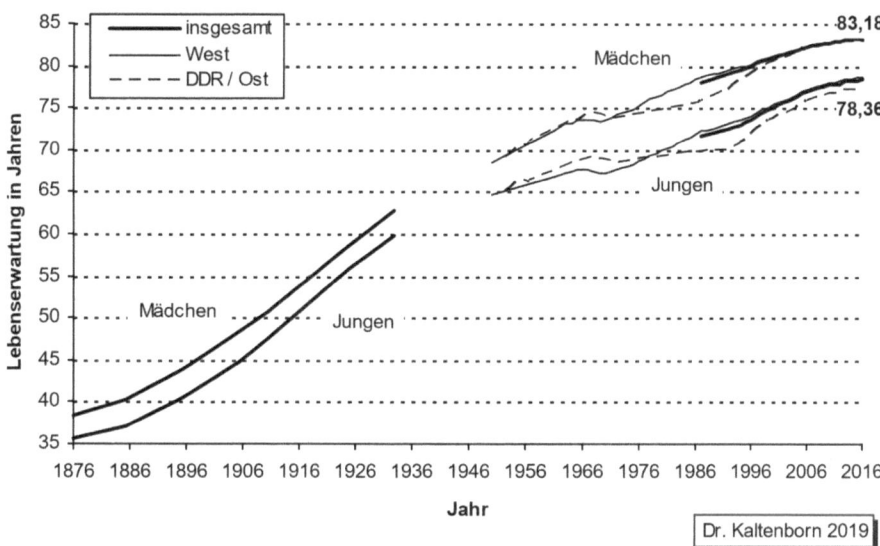

Anmerkung: 1871/81 bis 1932/34: Deutsches Reich; West: Westdeutschland; Ost: Ostdeutschland; DDR: ehemalige Deutsche Demokratische Republik; Grundlage der Berechnung sind Periodensterbetafeln (ggf. allgemeine bzw. abgekürzte Periodensterbetafeln); Ergebnisse mehrjähriger Sterbetafeln werden als Wert für das mittlere Jahr interpretiert; Zwischenwerte linear interpoliert; Sterbetafeln der DDR 1952/53 bis 1956/57 und West- und Ostdeutschlands ab 1999/2001 jeweils ohne Berlin.

Quelle: Statistisches Bundesamt (2012, S. 471-479; 2013; 2015a; 2016a; 2016b; 2016c; 2018b; 2019).

Parallel zur Lebenserwartung bei Geburt hat sich auch die fernere Lebenserwartung von 65-Jährigen deutlich erhöht (Deutsche Rentenversicherung Bund 2018, S. 292).[16] Bei den Männern nahm sie von 9,55 Jahren (1871/81) über 13,77 Jahre (1986/88) auf zuletzt 17,80 Jahre

---

15  Nach Mitteilung des Statistischen Bundesamts vom 6. Februar 2019 liegt dies daran, dass im Jahr 2014 die Sterblichkeit in Deutschland ebenso wie in vielen anderen Ländern außergewöhnlich gering war; die Gründe hierfür seien noch Gegenstand wissenschaftlicher Diskussion.

16  Zudem hat sich auch der Anteil der Personen, die das Alter von 65 Jahren erreichen, deutlich erhöht (Deutsche Rentenversicherung Bund 2018, S. 292).

Institut für
Sozialökologie

(2015/17) zu. Bei den Frauen war der Anstieg ausgehend von 9,96 Jahren über 17,30 Jahre auf 21,00 Jahre noch deutlicher.

Abbildung 4 zeigt die Wanderungsbewegungen von 1950 bis 2017.[17] Die Zuzüge haben deutlichen Schwankungen unterlegen. 1970, 1989 bis 1995 und seit 2012 gab es jeweils mehr als eine Million Zuzüge jährlich. Auf erhöhte Zuzüge folgen meist anschließend höhere Fortzüge, wenngleich auf niedrigerem Niveau.

Abbildung 4: Außenwanderungen 1950 bis 2017

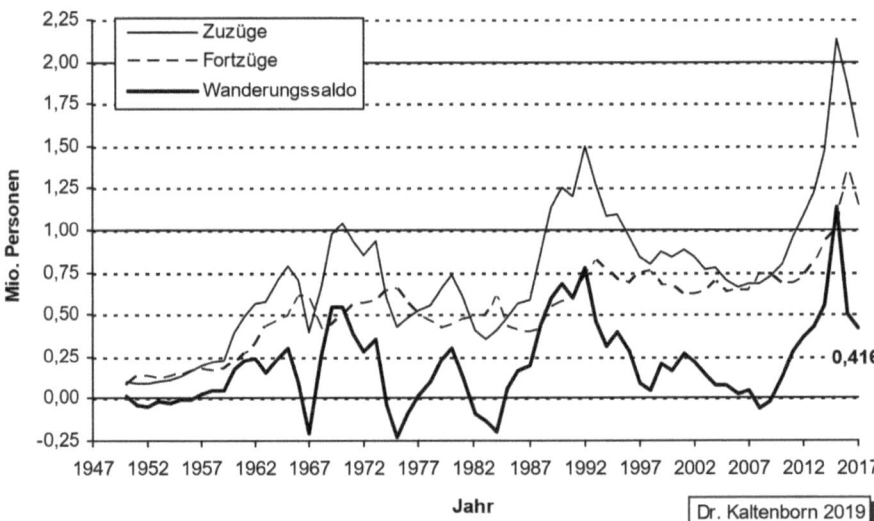

Anmerkung: bis 1990: nur Westdeutschland; 1951 bis 1956: ohne Saarland; bis 1974: ohne Wanderungsbewegungen zwischen dem Inland und den Ostgebieten des Deutschen Reiches; bis 1990: ohne Herkunfts-/Zielgebiet „ungeklärt" und „ohne Angabe"; 2008 bis 2011: zahlreiche Melderegisterbereinigungen infolge der Einführung der persönlichen Steuer-Identifikationsnummer, daher Fortzugszahlen nur bedingt mit dem jeweiligen Vorjahr vergleichbar; 2016: Ergebnisse aufgrund methodischer Änderungen und technischer Weiterentwicklungen nur bedingt mit den Vorjahreswerten vergleichbar, Genauigkeit aufgrund von Unstimmigkeiten in Zusammenhang mit der melderechtlichen Behandlung von Schutzsuchenden eingeschränkt.

Quelle: Statistisches Bundesamt (2018a, S. 5-7; 2018c).

Offenbar verlässt ein Teil der Einwanderinnen und Einwanderer Deutschland kurzfristig wieder. Entsprechend sind die Ausschläge beim Außenwanderungssaldo oftmals deutlicher als bei

---

[17]   „Der Wanderungssaldo wird tendenziell zu hoch ausgewiesen, denn nicht alle Fortziehenden melden sich ab und fehlen deshalb in der Wanderungsstatistik. Ein Korrekturbedarf im fortgeschriebenen Bevölkerungsbestand, wie zum Beispiel nach dem Zensus 2011, entsteht überwiegend aufgrund unterschätzter Fortzüge." (Statistisches Bundesamt 2015b, S. 37).

ISÖ
Institut für
Sozialökologie

den Zuzügen. Von 1991 bis 2017 kamen durchschnittlich 295.000 jährlich mehr Personen nach Deutschland als auswanderten. Einen Außenwanderungssaldo von weniger als 200.000 gab es seit 1991 lediglich in den Jahren 1997/98, 2000, und 2003 bis 2010, 2008 und 2009 war er sogar leicht negativ. Zuletzt (2017) zogen 416.000 Personen mehr nach Deutschland als auswanderten. Generell sind einwandernde Personen durchschnittlich jünger als auswandernde, wodurch selbst bei einem ausgeglichenen Wanderungssaldo die Bevölkerung verjüngt wird (Statistisches Bundesamt 2015b, S. 40f.).

Amtliche Bevölkerungsvorausberechnungen für Deutschland werden sowohl vom Statistischen Bundesamt als auch von Eurostat in mehrjährigem Abstand vorgelegt. Dabei werden regelmäßig mehrere Varianten mit unterschiedlichen Annahmen berechnet (Tabelle 3). Diese Bevölkerungsvorausberechnungen stellen keine verlässlichen Prognosen dar. Vielmehr sollen sie aufzeigen, „wie sich bereits heute angelegte Strukturen und erkennbare Veränderungen auf die künftige Bevölkerungsentwicklung auswirken" (Pötzsch 2016a, S. 38).

Die zuletzt auf nationaler Ebene vorgelegte 13. koordinierte Bevölkerungsvorausberechnung (Statistisches Bundesamt 2015a; 2015b) berücksichtigt die tatsächliche Entwicklung bis zum Jahr 2013 (Basisjahr) unter Berücksichtigung der Ergebnisse des Zensus 2011 und macht eine Vorausberechnung bis 2060.[18] Zu den drei relevanten Determinanten - Geburtenrate, Lebenserwartung und Außenwanderungssaldo - trifft sie jeweils zwei alternative Annahmen:

- Geburten: Im Basisjahr 2013 betrug die Geburtenrate in Deutschland 1,4 und schwankte zuvor seit vier Dekaden um diesen Wert (Abbildung 2). Dementsprechend geht eine Annahme dauerhaft von einer konstanten Geburtenrate von 1,4 aus (G1). Alternativ wird bis 2028 ein sukzessiver Anstieg auf 1,6 und dann Konstanz unterstellt (G2).[19]
- Lebenserwartung: Bei der Lebenserwartung wird in beiden Varianten von einer weiteren Zunahme ausgegangen. Für jede Altersgruppe wurden jeweils für Männer und Frauen hinsichtlich des Sterberisikos ein langfristiger und ein kurzfristiger Trend gebildet (seit 1871/81 bzw. 1970/72). Da generell die Sterberisiken von Jüngeren inzwischen gering sind, muss eine weitere Erhöhung der Lebenserwartung ab Geburt ganz überwiegend aus verminderten Sterberisiken Älterer resultieren. Eine Annahme wird anhand einer Kombination aus der kurzfristigen Trendentwicklung seit 1970/1972 und der langfristigen Trendentwicklung seit 1871/1881 jeweils bis 2010/12 gebildet. Dadurch ergibt sich bis 2060 ein Anstieg der Lebenserwartung ab Geburt auf 84,8 Jahre für Jungen und auf 88,8 Jahre für Mädchen (L1). Eine zweite Annahme wird ausschließlich anhand der kurzfristigen

---

[18] Pötzsch (2016a) vergleicht Annahmen und Ergebnisse der 9. bis 13. koordinierten Bevölkerungsvorausberechnung, teilweise auch mit der zwischenzeitlich tatsächlich eingetretenen Entwicklung.

[19] Pötzsch (2018, S. 94-96) erörtert die Plausibilität der Annahmen.

Institut für
Sozialökologie

Trendentwicklung seit 1970/72 gebildet. Daraus resultiert ein Anstieg der Lebenserwartung ab Geburt auf 86,7 Jahre für Jungen und auf 90,4 Jahre für Mädchen bis 2060 (L2).

- Außenwanderungen: Hinsichtlich des Außenwanderungssaldos wird davon ausgegangen, dass er sukzessive sinkt und ab 2021 jährlich konstant 100.000 (W1) bzw. 200.000 (W2) Personen mehr ein- als auswandern.[20] Von 2014 bis 2060 ergibt sich dadurch ein Wanderungssaldo von +6,25 Mio. bzw. +10,75 Mio. Personen (Statistisches Bundesamt 2015b, S. 40). „Für die Geschlechts- und Altersstruktur des Wanderungssaldos wurde von den empirischen Altersverteilungen der Zu- und Fortzüge ausgegangen." (Statistisches Bundesamt 2015b, S. 40) Dementsprechend ist der Wanderungssaldo bei Männern etwas größer als bei Frauen und betrifft bei beiden Geschlechtern ganz überwiegend junge Erwachsene (siehe Abbildung 5 für die jährlichen Wanderungssalden der Jahre 2021 bis 2060).

Abbildung 5: Annahmen zum jährlichen Außenwanderungssaldo nach Geschlecht und Altersgruppen in den Jahren 2021 bis 2060 nach der 13. koordinierten Bevölkerungsvorausberechnung (2015)

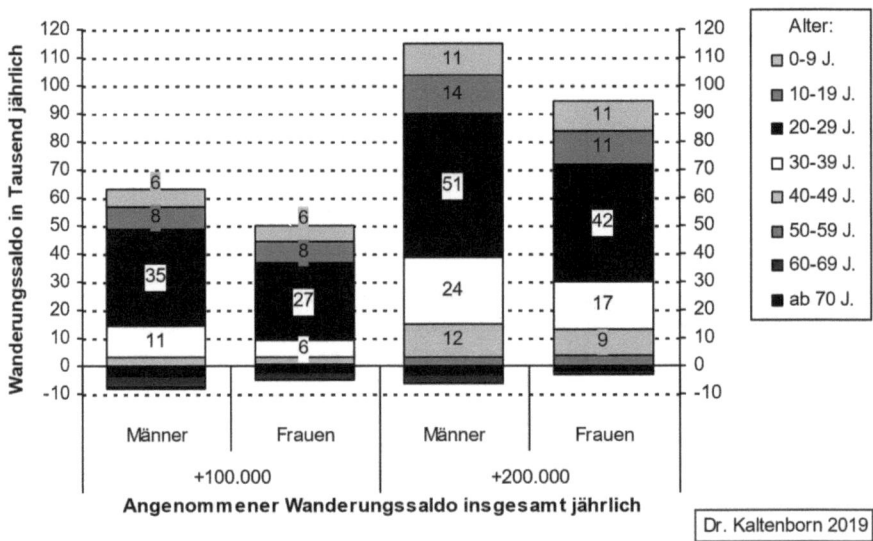

Anmerkung: J.: Jahre.

Quelle: E-Mail des Statistischen Bundesamts vom 16. Januar 2019.

Durch die Kombination von jeweils zwei alternativen Annahmen zu drei Determinanten ergeben sich insgesamt acht Varianten[21], die in der 13. koordinierten Bevölkerungsvorausberech-

---

[20] Pötzsch (2016a, S. 43) beschreibt die tragenden Erwägungen für die Wanderungsannahmen.

[21] Außerdem wurden noch drei Modellrechnungen vorgelegt (langfristiger Wanderungssaldo von null bzw. 300.000 Personen jährlich sowie eine bestandserhaltende Geburtenrate von 2,1).

ISÖ
Institut für
Sozialökologie

nung berücksichtigt wurden. Tabelle 3 zeigt für vier der acht Varianten die jeweiligen Annahmekombinationen.[22] Die Variante 3 ist für die Altersstruktur der Bevölkerung tendenziell die ungünstigste, denn die Geburtenrate verharrt bei 1,4, die Lebenserwartung steigt sehr deutlich und der Wanderungssaldo beträgt dauerhaft lediglich +100.000 Personen jährlich. Die Variante 1 unterstellt stattdessen einen geringeren Anstieg der Lebenserwartung. Die Variante 2 geht zudem langfristig von einem Wanderungssaldo von +200.000 Personen jährlich aus. Die Variante 6 schließlich nimmt überdies einen Anstieg der Geburtenrate bis 2028 auf 1,6 an. Sie ist damit für die Altersstruktur tendenziell die günstigste.

2017 wurde die Variante 2 an die bis 2015 eingetretene Entwicklung angepasst und nunmehr als Variante 2-A bezeichnet (Statistisches Bundesamt 2017). Im Gegensatz zur Variante 2 geht sie insbesondere von einer höheren Geburtenrate aus (1,5) und berücksichtigt bis 2018 höhere Wanderungssalden (Wanderungssaldo 2016 bis 2060: +10,2 Mio. Personen).

Eurostat (2017) macht ausgehend vom Basisjahr 2015 eine Bevölkerungsvorausberechnung bis 2080. Deren Basisvariante geht im Vergleich zur Variante 2-A der 13. koordinierten Bevölkerungsvorausberechnung langfristig von einer höheren Geburtenrate und in den ersten Dekaden von einem höheren Wanderungssaldo aus (2016 bis 2060: +11,6 Mio. Personen). Zudem unterstellt sie einen etwas höheren Anstieg der Lebenserwartung ab Geburt. Gegenüber der Basisvariante der vorhergehenden Bevölkerungsprojektion aus dem Jahr 2014 (Europäische Kommission 2014) wurden eine höhere Geburtenrate, eine geringere Lebenserwartung und ein höherer Wanderungssaldo unterstellt; die Basisvariante der aktuellen Bevölkerungsvorausberechnung ist für die Altersstruktur der Bevölkerung damit tendenziell günstiger als die vorhergehende.

Darüber hinaus gibt Tabelle 3 einen Überblick über ausgewählte weitere Bevölkerungsvorausberechnungen, die Projektionen für die sozialen Sicherungssysteme zugrunde liegen (siehe Abschnitt 2.3).[23] Die einzelnen Annahmen liegen grundsätzlich jeweils im Spektrum der 13. koordinierten Bevölkerungsvorausberechnung. Das Standardszenario der Bevölkerungsvorausberechnung von Bahnsen/Manthei et al. (2018) ähnelt der Variante 6 der 13. koordinierten Bevölkerungsvorausberechnung, geht jedoch sofort von einer Geburtenrate von 1,6 aus und

---

[22] In Tabelle 3 wurden jene Varianten berücksichtigt, die in Basis- bzw. Referenzszenarien für die Projektion der Konsequenzen für die sozialen Sicherungssysteme herangezogen wurden (vgl. Abschnitt 2.3).

[23] Nicht berücksichtigt wurden in Tabelle 3 Bevölkerungsvorausberechnungen, die auf den Annahmen der inzwischen überholten 12. koordinierten Bevölkerungsvorausberechnung aus dem Jahr 2009 basieren, auch wenn sie einer in Abschnitt 2.3 berücksichtigten Projektion für die sozialen Sicherungssysteme zugrunde liegen.

unterstellt langfristig lediglich einen Wanderungssaldo von +150.000 (anstelle von +200.000) Personen. Die Bevölkerungsvorausberechnung von Bahnsen et al. (2018) und Bahnsen/Raffel-hüschen (2019) ähnelt der Variante 1 der 13. koordinierten Bevölkerungsvorausberechnung, geht jedoch von einer Geburtenrate von 1,5 aus. Aretz et al. (2016) haben die Variante 1 der 13. koordinierten Bevölkerungsvorausberechnung mit einem weiteren Anstieg der Lebenser-wartung bis 2080 fortgeschrieben. Die Referenzvariante der Bevölkerungsvorausberechnung von Werding (2018) entspricht weitgehend der Variante 3 der 13. koordinierten Bevölkerungs-vorausberechnung, geht jedoch langfristig von einem Wanderungssaldo von +150.000 (an-stelle von +100.000) Personen aus. Die der Referenzvariante von Werding/Läpple (2019) zu-grunde liegende Bevölkerungsvorausberechnung bis 2080 ist bis 2060 weitgehend analog zur Variante 2-A der 13. koordinierten Bevölkerungsvorausberechnung.

Tabelle 3: Annahmen verschiedener Bevölkerungsvorausberechnungen

| Merkmal | StaBu (2015b; 2015c) | | | | StaBu (2017) | Eurostat 2014 | Eurostat (2017) | BMR (2018) / BFFH (2018) | Werding (2018) |
|---|---|---|---|---|---|---|---|---|---|
| | Variante 3 | Variante 1[a] | Variante 2 | Variante 6 | Variante 2-A[b] | Basisvariante | Basisvariante | Standardszenario | Referenzvariante |
| Basisjahr | 2013 | | | | 2015 | 2013 | 2015 | k.A. / 2017 | 2015 |
| Geburtenrate | a) 2013: 1,4 b) 1,4 | a) 2013: 1,4 b) 1,4 | a) 2013: 1,4 b) 1,4 | a) 2013: 1,4 b) Anstieg bis 2028 auf 1,6 | a) 2015: 1,5 b) 1,5 | a) 2013: 1,40 b) 2015: 1,42 2020: 1,45 sukzessiver Anstieg bis 2060 auf 1,63 | a) 2015: 1,50 b) 2016: 1,49 2020: 1,50 sukzessiver Anstieg bis 2080 auf 1,72 (2060: 1,64) | a) 1,6 b) BMR (2018): 1,6 BFFH (2018): 1,5 | a) 2015: 1,5 b) 1,4 |
| Lebenserwartung bei Geburt von Jungen / Mädchen | a) 2010/12: 77,72 / 82,80 J. b) Anstieg bis 2060 auf 86,7 / 90,4 J. | b) Anstieg bis 2060 auf 84,8 / 88,8 J. | b) Anstieg bis 2060 auf 84,8 / 88,8 J. | b) Anstieg bis 2060 auf 84,8 / 88,8 J. | a) 2013/15: 78,18 / 83,06 J. b) Anstieg bis 2060 auf 84,7 / 88,6 J. | a) 2013: 78,5 / 83,2 J. b) 2020: 79,6 / 84,2 J. 2060: 85,2 / 89,1 J. | a) 2015: 78,3 / 83,1 J. b) 2016: 78,7 / 83,6 J. 2060: 84,9 / 89,0 J. 2070: 86,1 / 90,1 J. 2080: 87,1 / 91,0 J. | a) 78,3 / 83,2 J. b) Anstieg bis 2060 auf 84,8 / 88,8 J. (danach kein weiterer Anstieg) | a) 2015: 78,2 / 83,1 J. b) Anstieg bis 2060 auf 86,7 / 90,4 J., bis 2080 auf 90,4 / 93,6 J. |

ISÖ
Institut für
Sozialökologie

| Merkmal | StaBu (2015b; 2015c) | | | | StaBu (2017) | Eurostat 2014 | Eurostat (2017) | BMR (2018) / BFFH (2018) | Werding (2018) |
|---|---|---|---|---|---|---|---|---|---|
| | Variante 3 | Variante 1ᵃ | Variante 2 | Variante 6 | Variante 2-Aᵇ | Basisvariante | Basisvariante | Standardszenario | Referenzvariante |
| Fernere Lebenserwartung 65-jähriger Männer / Frauen | a) 2010/12: 17,46 / 20,74 J. | | | | a) 2013/15: 17,71 / 20,90 J. | a) k.A. | a) k.A. | k.A. | k.A. |
| | b) Anstieg bis 2060 auf 23,7 / 26,5 J. | b) Anstieg bis 2060 auf 22,0 / 25,0 J. | b) Anstieg bis 2060 auf 22,0 / 25,0 J. | b) Anstieg bis 2060 auf 22,0 / 25,0 J. | b) Anstieg bis 2060 auf 21,9 / 24,9 J. | b) 2013: 18,0 / 21,0 J. 2060: 22,7 / 25,6 J. | b) 2016: 18,1 / 21,3 J. 2060: 22,4 / 25,6 J. 2070: 23,3 / 26,4 J. | | |
| Wanderungssaldo | a) 2013: +429.000 | | | | a) 2015 | a) 2013: -1,13 Mio. [sicl] | a) 2015: +1,17 Mio. | a) 2015 / 2017 | a) 2015 |
| | b) 2014 +500.000 2015 +500.000 2016 +350.000 2017 +300.000 2018 +250.000 2019 +200.000 2020 +150.000 ab 2021 +100.000 jhrl. | b) 2014 +500.000 2015 +500.000 2016 +450.000 2017 +400.000 2018 +350.000 2019 +300.000 2020 +250.000 ab 2021 +200.000 jhrl. | b) 2014 +500.000 2015 +500.000 2016 +450.000 2017 +400.000 2018 +350.000 2019 +300.000 2020 +250.000 ab 2021 +200.000 jhrl. | b) 2014 +500.000 2015 +500.000 2016 +450.000 2017 +400.000 2018 +350.000 2019 +300.000 2020 +250.000 ab 2021 +200.000 jhrl. | b) 2016 +750.000 2017 +500.000 2018 +400.000 2019 +300.000 2020 +250.000 ab 2021 +200.000 jhrl. | b) 2020 +229.000 2030 +220.000 2040 +143.000 2050 +119.000 2060 +98.000 | b) 2016-2020 +2,5 Mio. 2021-2030 +2,8 Mio. 2031-2040 +2,3 Mio. 2041-2050 +2,1 Mio. 2051-2060 +1,9 Mio. 2061-2070 +1,6 Mio. 2071-2080 +1,4 Mio. | b) BMR (2018): „langfristig" +150.000 jhrl. BFFH (2018): „langfristig" +100.000 jhrl. | b) Reduktion auf +150.000 jhrl. ab 2020 |

| Merk-mal | StaBu (2015b; 2015c) | | | | StaBu (2017) | Eurostat 2014 | Eurostat (2017) | BMR (2018) / BFFH (2018) | Werding (2018) |
|---|---|---|---|---|---|---|---|---|---|
| | Variante 3 | Variante 1ᵃ | Variante 2 | Variante 6 | Variante 2-Aᵇ | Basisvariante | Basisvariante | Standardszenario | Referenzvariante |
| Endjahr | 2060 | 2060 | 2060 | 2060 | 2060 | 2060 | 2080 | 2060 / 2066 | 2080 |

ᵃ Aretz et al. (2016) haben diese Vorausberechnung bis 2080 weiter fortgeschrieben und dabei einen weiteren Anstieg der Lebenserwartung ab Geburt unterstellt (bis 2080 auf 87,7 / 91,3 Jahre).

ᵇ Werding/Läpple (2019) haben diese Vorausberechnung hinsichtlich der Lebenserwartung ab Geburt modifiziert (2060: 85,8 / 89,6 Jahre für Jungen / Mädchen) und bis 2080 weiter fortgeschrieben (89,1 / 92,4 Jahre für Jungen / Mädchen).

Anmerkung: a) Basis, b) Vorausberechnung; StaBu: Statistisches Bundesamt; BMR (2018): Bahnsen/Manthei et al. (2018): Bahnsen et al. (2018) und Bahnsen/Raffelhüschen (2019); J.: Jahre.

Quelle: Statistisches Bundesamt (GENESIS Online-Datenbank, Statistiken 12612-0009 und 12621-0002) (tatsächliche Geburtenrate und tatsächliche Lebenserwartung); Statistisches Bundesamt (2015b, S. 40; 2015c, S. 5f.; 2016c, S. 19; 2017, S. 4; 2018a, S. 7); Eurostat (2017, S. 6, 8f., 12); Europäische Kommission (2014, S. 384; 2017, S. 13, 15-18, 188); Bahnsen/Manthei et al. 2018, S. 6 und E-Mail der Universität Freiburg vom 13. Februar 2019; Werding 2018, S. 8f.; Eurostat-Datensatz „Bevölkerungsvorausberechnung auf nationaler Ebene (2015-2080)"; E-Mail des Statistischen Bundesamts vom 16. Januar 2019 (Basisjahr für die Lebenserwartung und fernere Lebenserwartung von 65-Jährigen im Jahr 2060 der Variante 2-A); Werding/Läpple 2019; eigene Berechnungen.

ISÖ
Institut für
Sozialökologie

Abbildung 6 zeigt die sich aus verschiedenen aktuellen amtlichen Vorausberechnungen ergebende Bevölkerung bis 2060. In allen Varianten gibt es jeweils kurzfristig noch einen Aufwuchs, bei den dargestellten Varianten der 13. koordinierten Bevölkerungsvorausberechnung für einige wenige Jahre und nach der Basisvariante von Eurostat bis 2030, bevor anschließend die Bevölkerung kontinuierlich zurückgeht. In der Variante 3 der 13. koordinierten Bevölkerungsvorausberechnung sinkt die Bevölkerung bis 2060 auf 69,2 Mio.

Abbildung 6: Bevölkerung bis 2060 nach verschiedenen aktuellen amtlichen Vorausberechnungen

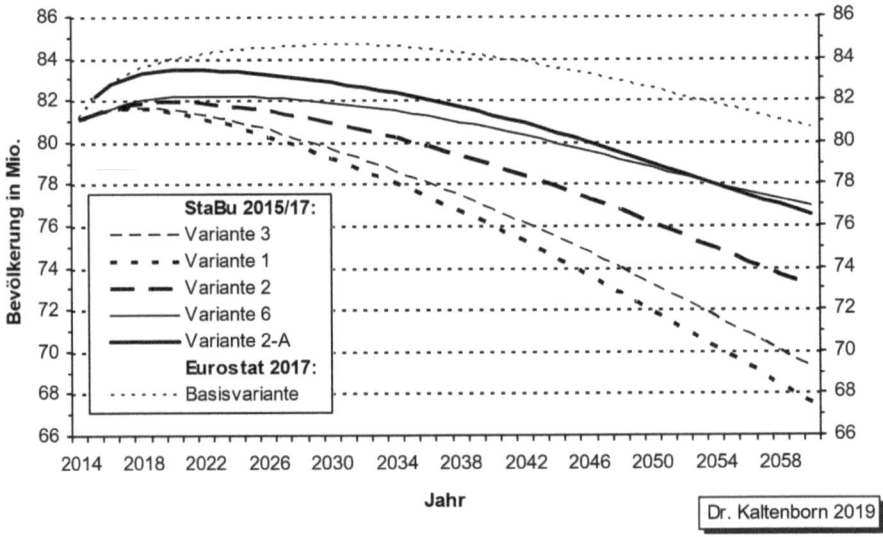

Anmerkung: Angaben jeweils zum Jahresende, Eurostat jeweils für den Anfang den Folgejahres; StaBu: Statistisches Bundesamt; zu den Annahmen der Varianten siehe Tabelle 3.

Quelle: Statistisches Bundesamt (2015c; 2017); Eurostat-Datensatz „Bevölkerungsvorausberechnung auf nationaler Ebene (2015-2080)".

Die im Vergleich zur Variante 3 reduzierte Lebenserwartung der Variante 1 würde sogar zu einem Bevölkerungsrückgang auf 67,6 Mio. bis 2060 führen. Der im Vergleich zur Variante 1 höhere Wanderungssaldo der Variante 2 würde den Bevölkerungsrückgang deutlich abschwächen, bis 2060 würde die Bevölkerung lediglich auf 73,1 Mio. zurückgehen. Die im Vergleich zur Variante 2 höhere Geburtenrate der Variante 6 würde 2060 zu einer nochmals größeren Bevölkerung führen, nämlich 76,9 Mio. Bei den Ausgangsvarianten der 13. koordinierten Bevölkerungsvorausberechnung aus dem Jahr 2015 führen die unterschiedlichen Annahmen beim

Wanderungssaldo also zu einer Variation der Bevölkerung im Jahr 2060 um etwa 5,5 Mio. Personen (Geburtenrate: knapp 4 Mio.; Lebenserwartung: etwa 1,5 Mio.).

Die 2017 erstellte Variante 2-A der 13. koordinierten Bevölkerungsvorausberechnung führt 2060 mit 76,5 Mio. zu einer ähnlich großen Bevölkerung wie die ursprüngliche Variante 6. Im Vergleich zur Variante 6 geht die Variante 2-A von einer geringeren Geburtenrate, im Gegenzug jedoch anfangs von einem deutlich höheren Wanderungssaldo aus.

Die Basisvariante der Bevölkerungsprojektion von Eurostat (2017) führt 2060 zu einer mit 80,7 Mio. deutlich größeren Bevölkerung als die 13. koordinierte Bevölkerungsvorausberechnung.[24]

Im Kontext der sozialen Sicherung ist der sogenannte Altenquotient von besonderem Interesse. Er gibt an, wie viele Personen im Ruhestandsalter auf 100 Personen im Erwerbsalter kommen. Idealtypisch gibt er darüber Auskunft, wie viele RuheständlerInnen von 100 Erwerbstätigen versorgt werden müssen. Für die beiden Personengruppen werden in der Literatur unterschiedliche Altersabgrenzungen verwendet. Hier wird für das Ruhestandsalter die Altersgrenze von 65 Jahren verwendet, für das Erwerbsalter werden alternativ die 15- bzw. die 20- bis 64-Jährigen herangezogen. Der Altenquotient (Erwerbsalter: 20 bis 64 Jahre) ist von 23,6 im Jahr 1991 auf 35,5 im Jahr 2017 gestiegen (Deutsche Rentenversicherung Bund 2018, S. 290).

Abbildung 7 zeigt für verschiedene Bevölkerungsvorausberechnungen die resultierenden Altenquotienten. Der künftige Verlauf des Altenquotienten ist unabhängig von dessen genauer Definition jeweils ähnlich: Bis Mitte der 2030er-Jahre steigt der Altenquotient zunächst deutlich an, der weitere Anstieg ist dann moderater. Der anfänglich deutliche Anstieg hängt mit dem Erreichen des Ruhestandsalters der geburtenstarken Jahrgänge von Mitte der 1950er bis Ende der 1960er-Jahre zusammen. In der Variante 3 der 13. koordinierten Bevölkerungsvorausberechnung verdoppelt sich der Altenquotient (Erwerbsalter: 20 bis 64 Jahre) binnen viereinhalb Dekaden auf 69,4. Etwas schwächer fällt der Anstieg bei geringerer Lebenserwartung (Variante 1) aus, hier beträgt der Altenquotient 2060 etwa 64,9. Bei den übrigen Varianten beträgt er 2060 zwischen 58,5 (Variante 6) und 61,1 (Variante 2).

---

[24] Die von Eurostat erstellten Bevölkerungsprojektionen beziehen sich jeweils auf den Jahresanfang, die übrigen auf das Jahresende. Hier und im Folgenden wird die von Eurostat für den Jahresanfang projizierte Bevölkerung zur besseren Vergleichbarkeit der Jahresangaben jeweils als Bevölkerung am Ende des Vorjahres interpretiert.

Institut für
Sozialökologie

Abbildung 7: Altenquotient bis 2060 nach verschiedenen amtlichen Bevölkerungs-vorausberechnungen

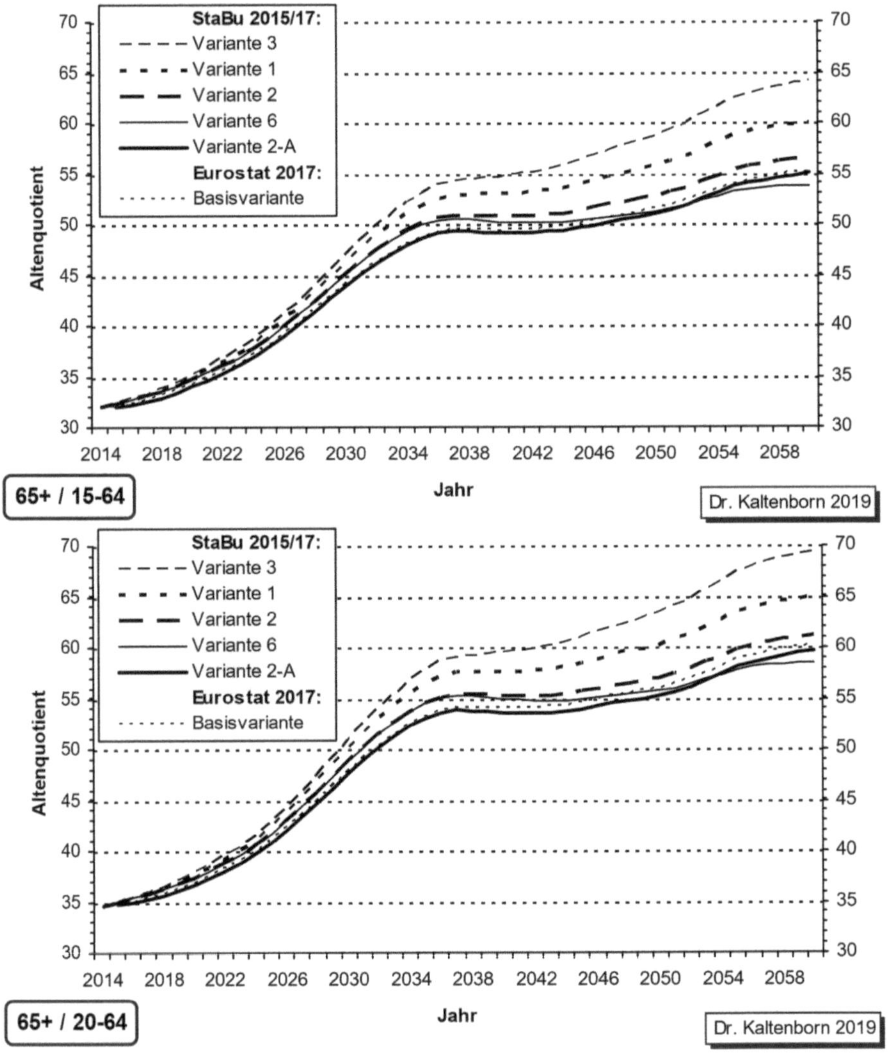

Anmerkung: Angaben jeweils zum Jahresende, Eurostat jeweils für den Anfang den Folgejahres; Alten-quotient: Relation der Zahl der Personen ab 65 Jahren zu den Personen von 15 bzw. 20 bis 64 Jahren; StaBu: Statistisches Bundesamt; zu den Annahmen der Varianten siehe Tabelle 3.

Quelle: Statistisches Bundesamt (2015c; 2017); Eurostat-Datensatz „Bevölkerungsvorausbe-rechnung auf nationaler Ebene (2015-2080)"; eigene Berechnungen.

## 2.3 Konsequenzen für die sozialen Sicherungssysteme

Der in Abschnitt 2.2 skizzierte anstehende demographische Wandel und die damit verbundene Schrumpfung und Alterung der Bevölkerung hat Konsequenzen für die sozialen Sicherungssysteme in Deutschland. Zu den voraussichtlichen Konsequenzen liegen mehrere Studien auf unterschiedlicher methodischer Basis vor. Generationenbilanzierung und Vorausberechnungen zur Tragfähigkeit der öffentlichen Finanzen haben den Anspruch, umfassend die demographischen Konsequenzen für die sozialen Sicherungssysteme abzubilden. Derartige Studien werden in Abschnitt 2.3.1 vorgestellt. Von besonderem Interesse sind dabei die mit dem Simulationsmodell von Werding (2013) erstellten Vorausberechnungen, da sie einerseits gleichzeitig grundsätzlich alle demographieabhängigen Ausgaben abbilden und gleichzeitig eine differenzierte Fortschreibung der einzelnen Positionen erfolgt. Daneben gibt es Studien, die Vorausberechnungen für einzelne, besonders demographiesensible Zweige der sozialen Sicherungssysteme vornehmen, dies betrifft vor allem die Rentenversicherung, daneben auch die Kranken- und Pflegeversicherung. Einen Überblick über solche Studien gibt Abschnitt 2.3.2. Die zitierten Vorausberechnungen können und sollen Handlungsbedarf aufzeigen, damit sie nicht eintreffen. Dementsprechend sind sie nicht als Prognosen zu interpretieren, die wahrscheinlich eintreten werden.

In die Literaturauswertung werden grundsätzlich nur „aktuelle" Studien einbezogen, die bei ihren demographischen Annahmen auf die im Jahr 2015 publizierte 13. koordinierte Bevölkerungsvorausberechnung zurückzugreifen konnten, die ihrerseits erstmals die erhebliche Revision zu Größe und Struktur der Bevölkerung infolge des Zensus 2011 berücksichtigt hat. Damit ist auch gewährleistet, dass die im Juli 2014 in Kraft getretenen Rentenreform (abschlagsfreie Altersrente ab 63 Jahren für „besonders langjährig Versicherte"; Leistungserhöhung bei Erwerbsminderungsrenten für Rentenzugänge ab Juli 2014; Einführung der sogenannten „Mütterrente" für Rentenbestand und -zugänge), die Anfang 2015 in Kraft getretene Gesundheitsreform (Einführung eines einkommensabhängigen kassenindividuellen Zusatzbeitrags), das Anfang 2015 in Kraft getretene Erste Pflegestärkungsgesetz (Leistungsverbesserungen; Einführung des Pflegevorsorgefonds) berücksichtigt werden konnten. Studien, die sich speziell Vorausberechnungen für die soziale Pflegeversicherung (siehe Unterabschnitt 2.3.2.3) widmen, wurden nur dann einbezogen, wenn sie zudem das Ende 2015 beschlossene Zweite Pflegestärkungsgesetz berücksichtigen, mit dem die früheren drei Pflegestufen ab Anfang 2017 durch fünf Pflegegrade ersetzt wurden, womit erhebliche Leistungsverbesserungen verbunden waren.

Nur einzelne Studien haben die 2017 beschlossene Rentenreform bereits berücksichtigt (schrittweise erfolgende Angleichung der ost- an die westdeutschen Renten bis Juli 2024; sukzessive Leistungserhöhung bei Erwerbsminderungsrenten für Rentenzugänge von 2018 bis 2024). Die vorliegenden Studien konnten regelmäßig die 2018 beschlossenen Leistungsausweitungen (sukzessive Leistungserhöhung bei Erwerbsminderungsrenten für Rentenzugänge von 2019 bis 2031; Erhöhung der sogenannten „Mütterrente" für Rentenbestand und -zugänge ab 2019)[25] sowie die geplante Einführung einer sogenannten Grundrente für Versicherte mit Beitrags-, Kindererziehungs- und Pflegezeiten von mindestens 35 Jahren (CDU/CSU/SPD 2018, S. 91) noch nicht berücksichtigen. Das gleiche gilt für das Ende 2018 beschlossene und Anfang 2019 in Kraft getretene Pflegepersonal-Stärkungsgesetz, das zu steigenden Personalkosten in der Kranken- und Altenpflege führt.

Die vorliegenden Studien wurden regelmäßig nicht originär erstellt, um (allein) die Wirkungen des anstehenden demographischen Wandels auf die sozialen Sicherungssysteme aufzuzeigen. Anlass war vielmehr meist die Prüfung der Konsequenzen eines oder mehrerer spezifischer Reformszenarien für die sozialen Sicherungssysteme oder die Abschätzung der Konsequenzen von Zuwanderung[26]. In diesen Fällen wird grundsätzlich das in den Studien verwendete Basis- oder Referenzszenario o.ä. als Projektion für die Konsequenzen des anstehenden demographischen Wandels für die sozialen Sicherungssysteme herangezogen, sofern es keine expliziten Hinweise darauf gibt, dass diese nicht so verstanden werden sollen.[27]

### 2.3.1 Vorausberechnungen für die sozialen Sicherungssysteme insgesamt

Mit der Generationenbilanzierung (Unterabschnitt 2.3.1.1) und den Vorausberechnungen zur Tragfähigkeit der öffentlichen Finanzen (Unterabschnitt 2.3.1.2) gibt es zwei methodische Ansätze zur Ermittlung der langfristigen Nachhaltigkeit der öffentlichen Finanz- und Sozialpolitik unter Berücksichtigung des demographischen Wandels.

---

[25]  Werding (2019) ermittelt - mit den gleichen Annahmen wie Werding (2018) (vgl. Unterabschnitt 2.3.1.2) (E-Mail der Ruhr-Universität Bochum vom 18. März 2019) - die Auswirkungen der Rentenreform bis 2045.

[26]  Sofern derartige Studien lediglich die künftigen Folgen einer bereits erfolgten einmaligen Flüchtlingszuwanderung thematisieren, werden sie hier nicht berücksichtigt.

[27]  Bonin (2014, S. 15f.) bezeichnet sein Referenzszenario mit der Annahme, dass es keine Wanderungsbewegungen gebe, als kontrafaktisch.

ISÖ
Institut für
Sozialökologie

### 2.3.1.1 Generationenbilanzierung

Ausgangsbasis für die Generationenbilanzierung sind die durchschnittlichen altersspezifischen fiskalischen Ströme zwischen Bürgerin bzw. Bürger und öffentlicher Hand (insbesondere Gebietskörperschaften und Sozialversicherungen) am aktuellen Rand (Nettozahlungsprofil). Neben dem Alter kann bei der Durchschnittsbildung nach weiteren Kriterien differenziert werden, etwa nach Geschlecht, Bildungsgrad, Staatsangehörigkeit oder Migrationshintergrund. Bei den fiskalischen Strömen werden neben den direkten Zahlungen zwischen Bürgerin bzw. Bürger und öffentlicher Hand (z.B. Einkommensteuer, Rentenzahlungen) auch Sachleistungen (z.B. Bildung, Rehabilitationsmaßnahmen) sowie nur indirekt einem Individuum zurechenbare Zahlungen (z.B. indirekte Steuern) berücksichtigt. In Kindheit und Jugend ist das Nettozahlungsprofil typischerweise negativ, im Erwerbsalter positiv und im Ruhestandsalter wieder negativ. Die künftigen fiskalischen Ströme einer Generation bis zum Lebensende (künftiger Nettofinanzierungsbeitrag) lassen sich auf Basis von Annahmen über die Sterblichkeit und über die künftige Entwicklung der Nettozahlungsprofile ermitteln. Angaben zur künftigen Sterblichkeit sind Bestandteil von Bevölkerungsvorausberechnungen (siehe Abschnitt 2.2). Die Nettozahlungsprofile werden ausgehend vom Status quo im einfachsten Fall nicht oder ausschließlich mit einer konstanten jährlichen Wachstumsrate fortgeschrieben. Ggf. können durch geeignete Annahmen auch die Folgen künftiger Änderungen relevanter Parameter (z.B. sukzessive Anhebung der Regelaltersgrenze auf 67 Jahre ab dem Geburtsjahrgang 1964) berücksichtigt werden. Der künftige Nettofinanzierungsbeitrag kann nicht nur für bereits lebende, sondern auch für künftige Generationen berechnet werden. Um künftige mit gegenwärtigen Zahlungen vergleichbar zu machen, ist eine Diskontierung auf den heutigen Wert (Gegenwartswert) mit einem geeigneten Diskontfaktor erforderlich. Der Gegenwartswert der künftigen Nettofinanzierungsbeiträge ist bei Geburt typischerweise nahe null, steigt dann bis zu einem Alter von ca. 25 Jahren an, nimmt anschließend bis zum Beginn des Ruhestandsalters auf deutlich unter null ab, um dann mit zunehmendem Alter wieder anzusteigen, ohne jedoch wieder positiv zu werden.

Mit den skizzierten Berechnungen lässt sich im Rahmen der Generationenbilanzierung schließlich ermitteln, inwieweit die öffentliche Hand langfristig einen Budgetüberschuss oder -defizit realisiert (implizite Staatsschuld). Dabei müssen auch öffentliche Ausgaben berücksichtigt werden, die sich nicht individuell zurechnen lassen und daher nicht in den künftigen Nettofinanzierungsbeiträgen enthalten sind. Die sonstigen öffentlichen Ausgaben (z.B. Verwaltung,

ISÖ
Institut für
Sozialökologie

45

Verteidigung, Infrastruktur) mit Ausnahme der Zinsen[28] werden hierzu üblicherweise mit einem einheitlichen Wert pro Kopf auf die Bevölkerung verteilt. Dieser Pro-Kopf-Betrag kann ggf. mit der genannten konstanten jährlichen Wachstumsrate fortgeschrieben werden. Damit werden systematisch (z.B. mit der Bevölkerungsgröße oder im Zeitablauf) steigende oder fallende Pro-Kopf-Ausgaben ausgeschlossen, mithin wird von Skaleneffekten und technischem Fortschritt abstrahiert. Die von der öffentlichen Hand gezahlten Zinsen werden indirekt durch den Diskontfaktor berücksichtigt.

Die implizite Staatsschuld kann schließlich mit der expliziten, offen ausgewiesenen Staatsschuld zusammengerechnet werden, um die sogenannte Nachhaltigkeitslücke zu ermitteln. Diese gibt den Gegenwartswert künftig erforderlicher Einnahmenerhöhungen bzw. Ausgabenkürzungen an, um langfristig einen ausgeglichenen Staatshaushalt zu erreichen. Welches Ausmaß an sofortiger und dauerhafter Änderung der Finanzpolitik erforderlich ist, um die Nachhaltigkeitslücke auf null zu reduzieren, gibt der sogenannte Konsolidierungsbedarf an. Er kann beispielsweise als sofort und dauerhaft erforderliche Verbesserung des Saldos der öffentlichen Haushalte in Relation zum Bruttoinlandsprodukt ausgedrückt werden.

Ein Forscherteam um Raffelhüschen legt jährlich eine aktualisierte Generationenbilanzierung vor, zuletzt Bahnsen/Manthei et al. (2018). Sie differenzieren die Nettozahlungsprofile nach Alter und Geschlecht, für die zukünftigen Zuwanderer wird das gleiche Nettozahlungsprofil wie für die bereits ansässige Bevölkerung unterstellt.[29] Die berechnete implizite Staatsschuld beträgt 132% des jährlichen Bruttoinlandsprodukts und ist damit fast doppelt so hoch wie die explizite Staatsschuld in Höhe von 68% (vgl. Tabelle 4). Zur impliziten Staatsschuld trägt die gesetzliche Rentenversicherung (unter Berücksichtigung der regelgebunden steigenden Bundeszuschüsse)[30] mit 153%, die gesetzliche Krankenversicherung mit 83% und die soziale Pflegeversicherung mit 33% bei. Für die Pflegeversicherung sind das Zweite Pflegestärkungsgesetz (Ersatz der früheren drei Pflegestufen ab Anfang 2017 durch fünf Pflegegrade, verbunden mit Leistungsverbesserungen) erst teilweise und die Erhöhung des Beitragssatzes Anfang 2019 noch nicht berücksichtigt.[31] Unter vollständiger Berücksichtigung der genannten Änderungen ermitteln Bahnsen/Raffelhüschen (2019, S. 32) mit vergleichbarer Methodik eine

---

[28] Die sonstigen öffentlichen Ausgaben haben nach Bonin (2014, S. 23) eine Größenordnung von etwa einem Viertel der öffentlichen Ausgaben.

[29] E-Mail der Universität Freiburg vom 13. Februar 2019.

[30] E-Mail der Universität Freiburg vom 13. Februar 2019.

[31] E-Mail der Universität Freiburg vom 13. Februar 2019.

ISÖ
Institut für
Sozialökologie

Nachhaltigkeitslücke für die Pflegeversicherung von 41,7% des Bruttoinlandsprodukts. Nach Bahnsen/Manthei et al. (2018) haben die sonstigen Sozialversicherungen und die Gebietskörperschaften (unter Berücksichtigung der regelgebunden steigenden Bundeszuschüsse zur gesetzlichen Rentenversicherung) ein implizites Vermögen.

Tabelle 4: Implizite und explizite Staatsschulden nach Bahnsen/Manthei et al. (2018)

| Staatsschuld | Staatliche Ebene | in Prozent des BIP |
|---|---|---|
| Implizite Staatsschuld | Gesetzliche Rentenversicherung[a] | 153,0% |
| | Gesetzliche Krankenversicherung | 83,4% |
| | Soziale Pflegeversicherung | 33,1% |
| | Sonstige Sozialversicherungen[b] | -7,5% |
| | Sozialversicherungen insgesamt | 261,9% |
| | Gebietskörperschaften[a] | -130,2% |
| | insgesamt | 131,8% |
| Explizite Staatsschuld | insgesamt | 68,1% |
| Nachhaltigkeitslücke | insgesamt | 199,8%[c] |

[a] Unter Berücksichtigung der regelgebunden steigenden Bundeszuschüsse zur gesetzlichen Rentenversicherung.
[b] Arbeitslosenversicherung, gesetzliche Unfallversicherung und landwirtschaftliche Alterskassen.
[c] Zur Reduktion auf null ist eine sofortige und dauerhafte Reduktion aller staatlichen Leistungen um 8,1% oder eine sofortige und dauerhafte Erhöhung aller Steuern und Sozialabgaben um 9,4% erforderlich.

Anmerkung: Die Berechnung unterstellt insbesondere konstante Beitragssätze zur Sozialversicherung; zu den Annahmen siehe auch Tabelle 6; BIP: Bruttoinlandsprodukt.

Quelle: Bahnsen/Manthei et al. 2018, S. 7, 12 und E-Mail der Universität Freiburg vom 13. Februar 2019.

Bei den Gebietskörperschaften dürfte dies vor allem daran liegen, dass wegen der geringen Geburtenrate deren Ausgaben für Kinderbetreuung und weitere familienpolitische Leistungen sowie für Bildung künftig zurückgehen. Die Berechnung der absoluten Nachhaltigkeitslücke in Höhe von 200% des Bruttoinlandsprodukts ist sehr sensitiv gegenüber der angenommenen Differenz zwischen Realzins (hier: 3%) und Trendwachstumsrate (hier: 1,5%) (siehe auch Tabelle 7). Diesbezüglich weniger sensitiv ist der dauerhafte jährliche Konsolidierungsbedarf, um die Nachhaltigkeitslücke auf null zu reduzieren. Hierfür wäre eine sofortige und dauerhafte Reduktion aller staatlichen Leistungen um 8,1% oder eine sofortige und dauerhafte Erhöhung aller Steuern und Sozialabgaben um 9,4% erforderlich.

Die Generationenbilanzierung von Bonin (2014, 2015) bis zum Jahr 2200 berücksichtigt auch künftige Generationen. Er verwendet ein (kontrafaktisches) Basisszenario ohne jegliche künftige Wanderungsbewegungen als Referenz zur Abschätzung der Konsequenzen künftiger Zuwanderung in alternativen Szenarien. Dabei differenziert er die Nettozahlungsprofile nicht nur nach Alter und Geschlecht und die Geburtenraten nicht nur nach dem Alter, sondern unterscheidet hier auch zwischen Deutschen einerseits und AusländerInnen andererseits. An künftigen institutionellen Änderungen berücksichtigt er ausschließlich die Wirkungen des Nachhaltigkeitsfaktors bei der Rentenanpassung und die mit der sukzessiven Erhöhung der Regelaltersgrenze verbundene Verlängerung der Lebensarbeitszeit (Bonin 2014, S. 29). Analog zu Bahnsen/Manthei et al. (2018) unterstellt er eine Wachstumsrate aller künftigen Pro-Kopf-Zahlungsströme um 1,5% jährlich und eine Diskontrate von 3% jährlich (siehe auch Tabelle 7). Insoweit sind die Ergebnisse der beiden Studien zur Nachhaltigkeitslücke gut miteinander vergleichbar.

Im Basisszenario ohne jegliche Zuwanderung beträgt nach den Berechnungen von Bonin (2014, 2015) die Nachhaltigkeitslücke 146,6% des Bruttoinlandsprodukts. Um die Nachhaltigkeitslücke in einem Szenario ohne Zuwanderung auf null zu senken, müsste nach Bonin (2014) der Saldo der öffentlichen Haushalte sofort und dauerhaft um 3,3% des Bruttoinlandsprodukts gesenkt werden oder alle öffentlichen Einnahmen um 4,3% erhöht und alle öffentlichen Ausgaben um 4,3% gesenkt werden.[32] Bei einer jährlichen Zuwanderung von 200.000 Personen mit einem Nettozahlungsprofil entsprechend den in Deutschland lebenden AusländerInnen würde sich die Nachhaltigkeitslücke auf 206,1% des Bruttoinlandsprodukts erhöhen. Die Nachhaltigkeitslücke hat hier eine ähnliche Größenordnung wie nach den Berechnungen von Bahnsen/Manthei et al. (2018), die allerdings langfristig von einer höheren Geburtenrate, einem geringeren Anstieg der Lebenserwartung, einem geringeren Wanderungssaldo und einem günstigeren Nettozahlungsprofil der Zugewanderten ausgehen.

Nach den Berechnungen von Bonin (2014, 2015) ist der mit der Zuwanderung verbundene Anstieg des Konsolidierungsbedarfs geringer als der Anstieg der Nachhaltigkeitslücke, da die Konsolidierung auf einer größeren Einnahmen- und Ausgabenbasis bzw. auf Grundlage einer größeren Bevölkerung erfolgt. Fiskalisch vorteilhaft ist, dass Zuwanderung überwiegend im jungen Erwachsenenalter erfolgt, in dem der Gegenwartswert der künftigen

---

[32] Bonin (2014, 2015) verwendet andere Maße zur Abbildung des Konsolidierungsbedarfs als Bahnsen/Manthei et al. (2018). Daher sind die Angaben zum Konsolidierungsbedarf nicht direkt miteinander vergleichbar.

ISÖ
Institut für
Sozialökologie

Nettofinanzierungsbeiträge am höchsten ist; dieser Vorteil entfällt allerdings für die Nachkommen der Zugewanderten. Falls lediglich etwa 80% der Zugewanderten ein Nettozahlungsprofil wie AusländerInnen und 20% wie Deutsche haben, bleibt der Konsolidierungsbedarf gegenüber einem Szenario ohne Zuwanderung unverändert. Falls die Zugewanderten im Durchschnitt ein Nettozahlungsprofil wie die ansässige Bevölkerung haben oder alle eine mittlere Qualifikation haben, sinkt der Konsolidierungsbedarf deutlich. Im theoretischen Fall einer jährlichen Zuwanderung von 200.000 hoch qualifizierten Personen würden Nachhaltigkeitslücke und Konsolidierungsbedarf fast auf null sinken. Bonin (2014, 2015) berücksichtigt bei den künftigen Rentenanpassungen offenbar die künftige Entwicklung der durchschnittlichen Bruttoentgelte nicht. Dies führt dazu, dass bei der Zuwanderung qualifizierter Personen mit höheren Löhnen die künftigen Rentenanpassungen und daher auch die resultierende Nachhaltigkeitslücke etwas unterschätzt werden, bei Zuwanderung gering qualifizierter Personen mit geringeren Löhnen werden die genannten Größen hingegen etwas überschätzt. Insgesamt wird dadurch der Einfluss der Qualifikation der Zuwanderer auf die Nachhaltigkeitslücke etwas überschätzt.

Tabelle 5: Nachhaltigkeitslücke und Konsolidierungsbedarf in Abhängigkeit von der Zuwanderung nach Bonin (2014)

| Zugewanderte | | | Lücke[a] | Konsolidierungsbedarf | | |
|---|---|---|---|---|---|---|
| Anzahl | Nettozahlungsprofil | | % des | % des | Einn. u. | Kopfbetrag |
| | wie | der Nachkommen wie | BIP | BIP | Ausg.[b] | jhrl.[c] |
| 0 | - | - | 146,6% | 3,3% | 4,3% | 1.082 EUR |
| 100.000 jhrl. | AusländerInnen | 30% Eltern | 177,6% | 3,5% | 4,7% | 1.155 EUR |
| 200.000 jhrl. | | 70% Deutsche | 206,1% | 3,7% | 5,0% | 1.206 EUR |
| 300.000 jhrl. | | | 234,3% | 3,8% | 5,2% | 1.245 EUR |
| 200.000 jhrl. | | Deutsche | 196,1% | k.A. | k.A. | 1.149 EUR |
| 200.000 jhrl. | | Ausl. | 249,0% | k.A. | k.A. | 1.443 EUR |
| 200.000 jhrl. | 80,7% Ausl., 19,3% Deutsche | 30% Eltern 70% Deutsche | 187,0% | 3,3% | 4,5% | 1.093 EUR |
| 200.000 jhrl. | 40% Ausl., 60% Deutsche | | 146,6% | 2,6% | 3,4% | 857 EUR |
| 200.000 jhrl. | mittlere Qualif. | | 140,7% | 2,5% | 3,3% | 818 EUR |
| 200.000 jhrl. | hohe Qualif. | | 3,4% | 0,1% | 0,1% | 20 EUR |
| 200.000 jhrl. | 50% mittl. Qualif., 50% hohe Qualif. | | 72,1% | 1,3% | 1,7% | 419 EUR |
| 200.000 jhrl. | 70% mittl. Qualif., 30% hohe Qualif. | | 99,6% | 1,8% | 2,3% | 579 EUR |
| 200.000 jhrl. | 20% geringe Qualif., 50% mittl. Qualif., 30% hohe Qualif. | | 116,2% | 2,1% | 2,7% | 676 EUR |
| 200.000 jhrl. | 20% geringe Qualif., 70% mittl. Qualif., 10% hohe Qualif. | | 143,7% | 2,6% | 3,4% | 835 EUR |
| 200.000 jhrl. | Bevölkerung insg. | | 126,3% | 2,2% | 2,9% | 735 EUR |

[a] Nachhaltigkeitslücke.

[b] Erforderliche sofortige und dauerhafte Erhöhung der Einnahmen und dauerhafte Reduktion der Ausgaben, um die Nachhaltigkeitslücke auf null zu reduzieren.

[c] Sofort und dauerhaft erforderlicher jährlicher Betrag je Kopf, um die Nachhaltigkeitslücke auf null zu reduzieren.

Anmerkung: Die Berechnung unterstellt insbesondere konstante Beitragssätze zur Sozialversicherung; zu den Annahmen siehe auch Tabelle 6; Einn.: Einnahmen; BIP: Bruttoinlandsprodukt; Ausg.: Ausgaben; jhrl.: jährlich; Ausl.: AusländerInnen; mittl.: mittlere; Qualif.: Qualifikation; insg.: insgesamt.

Quelle: Bonin 2014.

ISÖ
Institut für
Sozialökologie

Tabelle 6: Annahmen verschiedener Vorausberechnungen für die sozialen Sicherungssysteme

| Parameter | Bahnsen/Manthei et al. (2018) | Bonin (2014; 2015) | BMF (2016) / Werding (2016a) | Aretz et al. (2016) Werding (2016b) | a) Werding (2018)[a] b) Werding/Läpple (2019)[a] | Europäische Kommission (2018) |
|---|---|---|---|---|---|---|
| Variante | Status quo | - | Basisvarianten T- und T+ | Basisszenario | Referenzvariante | Referenzszenario |
| Basisjahr | 2016/17 | 2012/2013 | 2013/14 | 2013/14 | a) 2015 b) 2016[b] | 2015 |
| Rechtsstand | bis Mai 2018 „beschlossene fiskalpolitische Weichenstellungen" | k.A. | 30. Juni 2015 (verbindlich geregelte Änderungen werden berücksichtigt) | 1. Januar 2016 (verbindlich geregelte Änderungen werden berücksichtigt)[c] | a) 31. Dezember 2017[d] b) 30. Juni 2018 | 1. Dezember 2017 |
| Demographische Annahmen | vgl. Tabelle 3 in Abschnitt 2.2 | Geburtenrate: unverändert gegenüber 2012 (differenziert nach Deutschen und Ausländerinnen); Lebenserwartung: Anstieg auf 85,0 / 89,2 Jahre bis 2060;[c] systematische Variation der Wanderungen | Variante 3 (T-) bzw. Variante 6 (T+) lt. Tabelle 3 in Abschnitt 2.2 | bis 2080 fortgeschriebene Variante 1 lt. Tabelle 3 in Abschnitt 2.2 | vgl. Tabelle 3 in Abschnitt 2.2 | Basisvariante von Eurostat (2017) (vgl. Tabelle 3 in Abschnitt 2.2) |

ISÖ
Institut für
Sozialökologie

| Parameter | Bahnsen/Manthei et al. (2018) | Bonin (2014; 2015) | BMF (2016) / Werding (2016a) | Aretz et al. (2016) Werding (2016b) | a) Werding (2018)[a] b) Werding/Läpple (2019)[a] | Europäische Kommission (2018)[a] |
|---|---|---|---|---|---|---|
| Ökonomische Annahmen | einheitliche Trend-wachstumsrate: 1,5% jhrl.; Realzins: 3% jhrl. | Wachstumsrate aller künftigen Pro-Kopf-Zahlungs-ströme: 1,5% jhrl.; Diskontrate: 3% jhrl. | bis 2019: analog der gesamtwirt-schaftlichen Mittel-frist-Projektion der Bundesregierung vom Frühjahr bzw. Herbst 2015; danach: Wachstum der tota-len Faktorprodukti-vität um 0,875% (T-) bzw. 1,125% (T+) jhrl.; Realzins: ab 2020 sukzessiver Anstieg auf 3% jhrl. bis 2026, danach kon-stant; Inflationsrate: ab 2020 1,9% jhrl. | Realzins: ab 2020 um 1,5 Prozent-punkte jhrl. über der Wachstumsrate der Arbeitsproduktivi-tät; Wachstum der tota-len Faktorprodukti-vität um 0,75% jhrl. ab 2020; Wachstum der Ar-beitsproduktivität von 2021 bis 2060 um 1,4% bis 1,6% jhrl., danach bis 2080 um 1,2% bis 1,3% jhrl.; Inflationsrate: 2% jhrl. | a) Realzins: ab 2020 3% jhrl.; Wachstumsrate der Ar-beitsproduktivität um 1,1% bis 2,1% jhrl. b) Wachstum der Arbeitsproduktivität rund 2% bis 2045 | Wachstum der tota-len Faktorprodukti-vität um durch-schnittlich 1,0% jhrl. bis 2070; ab 2026 Vollauslas-tung der Produkti-onsfaktoren Arbeit und Kapital; Realzins: Konver-genz zu 3,0% jhrl. bis 2026; Inflation: Konver-genz zu 2% jhrl. bis 2021 |

ISÖ
Institut für
Sozialökologie

| Parameter | Bahnsen/Manthei et al. (2018) | Bonin (2014; 2015) | BMF (2016) / Werding (2016a) | Aretz et al. (2016) Werding (2016b) | a) Werding (2018)[a] b) Werding/Läpple (2019)[a] | Europäische Kommission (2018) |
|---|---|---|---|---|---|---|
| Annahmen zum Arbeitsmarkt | - | - | steigende Erwerbsbeteiligung von Frauen (bis 2030 95,5% und bis 2060 97% der Erwerbsquoten gleichaltriger Männer) und Älteren; Erwerbslosenquote: von 2019 bis 2030 Anstieg auf 5,5% (T-) bzw. Rückgang auf 3,0% (T+) danach jeweils Konstanz | steigende Erwerbsbeteiligung von Frauen und Älteren; Erwerbslosenquote: Deutsche: 4,8%, AusländerInnen: 9,5% | steigende Erwerbsbeteiligung von Frauen und Älteren; a) Erwerbslosenquote: endogen (2040: 6,2%, 2060: 7,8%, 2080: 8,9%) b) Erwerbslosenquote: endogen (2030: 4,6%, 2045: 7,1%; 2080: über 10%) (Erwerbslosenquote von Zuwanderern konstant geringer als von Einheimischen) | leicht steigende Erwerbsbeteiligung von Frauen und jüngeren Männern, leicht sinkende Erwerbsbeteiligung von Männern im Alter von 25-54 und 55-64 Jahre; absoluter Rückgang des Arbeitsangebots von 41,0 (2016) auf 33,0 Mio. (2070), Erwerbslosenquote sinkt von 4,2% (2020) auf 3,8% (2020), steigt dann auf 4,8% (ab 2026) |

ISÖ
Institut für
Sozialökologie

| Parameter | Bahnsen/Manthei et al. (2018) | Bonin (2014; 2015) | BMF (2016) / Werding (2016a) | Aretz et al. (2016) Werding (2016b) | a) Werding (2018)[a] b) Werding/Läpple (2019)[a] | Europäische Kommission (2018) |
|---|---|---|---|---|---|---|
| Annahmen zum Renteneintritt | Anstieg des effektiven Renteneintrittsalter im gleichem Umfang wie Anhebung der Regelaltersgrenze | „Anpassung der altersspezifischen Nettosteuerzahlungen zur Abbildung der Verlängerung der Lebensarbeitszeit durch die schrittweise Erhöhung des Rentenzugangsalters bis zum Jahr 2030" | Anstieg des effektiven Renteneintrittsalters von 2012 bis 2037 um 1 Jahr (T-) bzw. 2 Jahre (T+) | Anstieg des effektiven Renteneintrittsalters um 9 Monate je Jahr der Anhebung der Regelaltersgrenze (bis 2031) | Anstieg des effektiven Renteneintrittsalters um 9 Monate je Jahr der Anhebung der Regelaltersgrenze (bis 2031) | das durchschnittliche Alter bei Austritt aus dem Erwerbsleben steigt von 2016 bis 2030 um 1 Jahr (Männer) bzw. 1,2 Jahre (Frauen), anschließend nochmals jeweils um 0,1 Jahre |
| Endjahr der Vorausberechnung | Vorausberechnung: 100 Jahre | 2200 | 2060[f] | 2080[f] | 2080 | 2070 |

a Spezifische Annahmen zur gesetzlichen Krankenversicherung enthält Tabelle 22 in Unterabschnitt 2.3.2.2, zur sozialen Pflegeversicherung Tabelle 24 in Unterabschnitt 2.3.2.3.

b Zumindest hinsichtlich der Pflegeausgaben ist das Basisjahr 2017 (E-Mail der Ruhr-Universität Bochum vom 18. März 2019).

c Das Anfang 2015 in Kraft getretene Erste Pflegestärkungsgesetz (Leistungsverbesserungen; Einführung des Pflegevorsorgefonds) wurde lediglich mit einer einmaligen Ausgabensteigerung um 4% im Jahr 2015 berücksichtigt; das Ende 2015 beschlossene Zweite Pflegestärkungsgesetz (Ersatz der drei Pflegestufen ab Anfang 2017 durch fünf Pflegegrade, Leistungsverbesserungen) wurde nicht berücksichtigt (E-Mail der Ruhr-Universität Bochum vom 27. Februar 2019).

d Das Ende 2015 beschlossene Zweite Pflegestärkungsgesetz (Ersatz der früheren drei Pflegestufen ab Anfang 2017 durch fünf Pflegegrade, Leistungsverbesserungen) wurde durch eine einmalige Ausgabensteigerung um 2% im Jahr 2016 berücksichtigt (E-Mail der Ruhr-Universität Bochum vom 27. Februar 2019).

e Anstieg der Lebenserwartung bis 2060 analog der Basisvariante der 12. koordinierten Bevölkerungsvorausberechnung; Ausgangspunkt der Bevölkerungsvorausberechnung ist die Bevölkerung Ende 2012 nach Revision durch den Zensus 2011.

f Für die Berechnung der Tragfähigkeitslücke wird von einem unendlichen Zeithorizont ausgegangen, wobei für die fernere Zukunft die Projektion für das angegebene Endjahr der Vorausberechnung übernommen wird.

Anmerkung: BMF: Bundesministerium der Finanzen; jhrl.: jährlich.

Quelle: Aretz et al. 2016; Bahnsen/Manthei et al. 2018 und E-Mails der Universität Freiburg vom 13. Februar 2019; Bonin (2014, 2015); Bundesministerium der Finanzen 2016; Europäische Kommission (2017; 2018); Werding (2016a; 2016b; 2018) und E-Mail der Ruhr-Universität Bochum vom 27. Februar 2019; Werding/Läpple 2019.

ISÖ
Institut für Sozialökologie

### 2.3.1.2 Analysen zur Tragfähigkeit der öffentlichen Finanzen

Vorausberechnungen zur Tragfähigkeit der öffentlichen Finanzen fokussieren auf die demographieabhängigen öffentlichen Ausgaben. Dabei handelt es sich ganz überwiegend um soziale Sicherungssysteme. Ähnlich wie bei der Generationenbilanzierung werden zunächst die bisherigen demographieabhängigen öffentlichen Ausgaben differenziert nach Alter und Geschlecht benötigt. Diese alters- und geschlechtsspezifischen Ausgaben werden auf Grundlage einer projizierten Bevölkerungsentwicklung und ökonomischen Rahmendaten in die Zukunft fortgeschrieben. Damit kann zunächst eine Projektion der jährlichen demographieabhängigen öffentlichen Ausgaben (in Relation zum Bruttoinlandsprodukt) erstellt werden. Mit weiteren Annahmen kann zudem der international verwendete sogenannte Tragfähigkeitsindikator S2 berechnet werden. Er gibt die Verbesserung der Primärsalden des öffentlichen Gesamthaushalts (Saldo ohne Zinszahlungen) an, der ab sofort und dauerhaft erforderlich ist, um auf Dauer alle Ausgaben sowie die bis zum Basisjahr aufgelaufenen Schulden durch Einnahmen zu decken. Für die Berechnung wird meist angenommen, die übrigen öffentlichen Ausgaben sowie die öffentlichen Einnahmen seien konstant in Relation zum Bruttoinlandsprodukt. Der Tragfähigkeitsindikator S2 ist vergleichbar mit dem Konsolidierungsbedarf der Generationenbilanzierung in Relation zum Bruttoinlandsprodukt.

Die individuell zurechenbaren öffentlichen Ausgaben bei der Generationenbilanzierung sollten konzeptionell grundsätzlich den demographieabhängigen öffentlichen Ausgaben der Tragfähigkeitsanalysen entsprechen. Dementsprechend sollten auch die jeweils sonstigen öffentlichen Ausgaben konzeptionell vergleichbar sein. Allerdings werden die sonstigen öffentlichen Ausgaben unterschiedlich fortgeschrieben: Die Fortschreibung bei der Generationenbilanzierung mit der Bevölkerungsgröße ist eher aufgabenorientiert, während die Fortschreibung mit dem Wirtschaftswachstum bei den Tragfähigkeitsanalysen eher auf die ökonomischen Möglichkeiten abstellt. Auch die Projektion der öffentlichen Einnahmen erfolgt unterschiedlich: Bei der Generationenbilanzierung sind altersspezifische Zahlungsprofile Ausgangspunkt, die ggf. mit einer (konstanten) jährlichen Wachstumsrate fortgeschrieben werden. Bei den Tragfähigkeitsanalysen hingegen werden die öffentlichen Einnahmen insgesamt mit dem Wirtschaftswachstum fortgeschrieben.

Bei der Interpretation der Ergebnisse ist zu berücksichtigen, dass die Analysen jeweils grundsätzlich vom Status quo der gesetzlichen Parameter ausgehen. Bereits beschlossene, jedoch erst künftig wirksame Änderungen (z.B. sukzessive Anhebung der Regelaltersgrenze auf 67 Jahre ab dem Geburtsjahrgang 1964) werden ebenso wie regelgebundene Anpassungen (bspw. jährliche Rentenanpassung) grundsätzlich berücksichtigt.

Das Bundesministerium der Finanzen legt seit 2005 in mehrjährigem Abstand Berichte zur Tragfähigkeit der öffentlichen Finanzen vor. Der aktuelle vierte Bericht (Bundesministerium der Finanzen 2016) basiert auf der Projektion von Werding (2016a), der darüber hinaus mit ähnlicher Methodik weitere Vorausberechnungen vorgelegt hat (Aretz et al. 2016; Werding 2016b; 2018; Werding/Läpple 2019). Die genannten Tragfähigkeitsberechnungen basieren alle auf dem von Werding (2013) entwickelten Simulationsmodell. In dem Simulationsmodell werden vor dem Hintergrund eines makroökonomischen Wachstumsmodells demographieabhängige öffentliche Ausgaben der gesetzlichen Rentenversicherung, der gesetzlichen Krankenversicherung, der sozialen Pflegeversicherung, der Bundesagentur für Arbeit und Grundsicherung (SGB II und SGB XII), für die Beamtenversorgung, für die Beihilfe für Beamte, für Kinderbetreuung und Bildung sowie für familienpolitische Leistungen vorausberechnet. Im Vergleich zu den vorgestellten Studien zur Generationenbilanzierung (vgl. Unterabschnitt 2.3.1.1) werden die Zahl der Leistungsfälle und die Ausgaben je Leistungsfall bei den Tragfähigkeitsanalysen grundsätzlich differenzierter fortgeschrieben. Zudem berücksichtigen die Vorausberechnungen von Werding (2016a, S. 44; 2016b, S. 2; 2018, S. 16-18), Aretz et al. (2016, S. 16) und Werding/Läpple (2019, S. 17) die Auswirkungen künftiger Änderungen der Beitragssätze zur Sozialversicherung auf die demographieabhängigen öffentlichen Ausgaben (insb. Rentenanpassungen und Krankenversicherung der RentnerInnen); gleichwohl werden - einer Rechenkonvention folgend - die daraus resultierenden veränderten Einnahmen nicht berücksichtigt.[33] Werding (2016b, S. 2; 2018, S. 13), Aretz et al. (2016, S. 12) und Werding/Läpple (2019, S. 17) berücksichtigen auch die Ausgaben nach dem SGB XII als demographieabhängig, Werding (2016a, S. 2) und das Bundesministerium der Finanzen (2016, S. 12-15) hingegen betrachten sie als demographieunabhängig und damit als konstant in Relation zum Bruttoinlandsprodukt.

Während Werding (2016a, S. 31) und das Bundesministerium der Finanzen (2016, S. 13) die alters- und geschlechtsspezifischen Leistungsausgaben der gesetzlichen Krankenversicherung mit dem Bruttoinlandsprodukt je Kopf fortschreiben, gehen Werding (2016b, S. 2) und Aretz et al. (2016, S. 13f.) von einem Anstieg entsprechend der Wachstumsrate von

---

[33]   E-Mail der Ruhr-Universität Bochum vom 18. Februar 2019.

Arbeitsproduktivität und Löhnen aus, Werding (2018, S. 15) und Werding/Läpple (2019)[34] nehmen einen um 0,5 Prozentpunkte jährlich höheren Anstieg an. Werding (2016b, S. 2) und Aretz et al. (2016, S. 14) schreiben die alters- und geschlechtsspezifischen Leistungsausgaben der Pflegeversicherung entsprechend der gesetzlichen Intention (§ 30 SGB XI) lediglich mit der Inflationsrate fort, Werding (2016a, S. 33; 2018, S. 16), Werding/Läpple (2019)[35] und das Bundesministerium der Finanzen (2016, S. 13) hingegen schreiben sie mit der Wachstumsrate von Arbeitsproduktivität und Löhnen fort. Die 2016 publizierten Vorausberechnungen gehen davon aus, dass die Struktur der geschlechts- und altersspezifischen öffentlichen Ausgaben für Gesundheit und Pflege unverändert bleibt. Werding (2018, S. 15) und Werding/Läpple (2019)[36] hingegen nehmen an, dass sich der Anstieg der alters- und geschlechtsspezifischen Leistungsausgaben um neun Monate je Jahr der Zunahme der Lebenserwartung verzögert (sogenannte Kompressionsthese, vgl. hierzu Unterabschnitt 2.3.2.2).

Werding (2016a; 2018) differenziert nicht zwischen Deutschen einerseits und Ausländerinnen und Ausländern andererseits und geht davon aus, dass Zuwanderer im Durchschnitt der bereits ansässigen Bevölkerung entsprechen; Werding (2016b, S. 2), Aretz et al. (2016, S. 9) und Werding/Läpple (2019, S. 15) hingegen nehmen an, dass die alters- und geschlechtsspezifischen Erwerbsquoten der Zugewanderten erst nach 13 Jahren das Niveau der im Inland lebenden AusländerInnen erreichen und gehen von einer höheren Erwerbslosenquote für AusländerInnen als für Deutsche aus.[37]

Den Analysen von Werding (2016a) und des Bundesministeriums der Finanzen (2016) liegen eine optimistische (T+) und eine pessimistische (T-) Basisvariante zugrunde. Beide Varianten gehen für den fünfjährigen Vorausberechnungszeitraum der Mittelfristigen Finanzplanung zunächst von deren Annahmen aus. Im Anschluss unterscheiden sich die Varianten hinsichtlich der Annahmen zu Demographie, der Auswirkung der Anhebung der Regelaltersgrenze auf die Lebensarbeitszeit und das Rentenzugangsalter, die Arbeitslosigkeit und die Wachstumsrate der totalen Faktorproduktivität (im einzelnen Tabelle 7). Die jeweils identischen Basisszenarien von Aretz et al. (2016) und Werding (2016b) unterscheiden sich in allen vorgenannten Kriterien von der optimistischen und pessimistischen Basisvariante der zuvor genannten Studien,

---

34  E-Mail der Ruhr-Universität Bochum vom 18. März 2019.

35  E-Mail der Ruhr-Universität Bochum vom 18. März 2019.

36  E-Mail der Ruhr-Universität Bochum vom 18. März 2019.

37  Vgl. auch E-Mail der Ruhr-Universität Bochum vom 18. Februar 2019.

liegen jedoch zwischen ihnen (im einzelnen Tabelle 7). Werding (2018) und Werding/Läpple (2019, S. 17) treffen für ihre Referenzvarianten nochmals abweichende Annahmen, insbesondere gehen sie von einer stärker steigenden Lebenserwartung und einem mit +150.000 bzw. +200.000 jährlich langfristig höheren Wanderungssaldo aus. Zudem ermitteln sie die Erwerbslosenquote endogen[38], wodurch sich eine höhere Erwerbslosenquote ergibt. Die Annahmen des Referenzszenarios der Tragfähigkeitsanalyse der Europäischen Kommission (2018), die hinsichtlich der Demographie auf Vorausberechnungen von Eurostat (2017) basiert, liegen wiederum im Wesentlichen zwischen der optimistischen und pessimistischen Basisvariante von Werding (2016a) und dem Bundesministerium der Finanzen (2016). Das Spektrum der von der Europäischen Kommission (2018) berücksichtigten demographieabhängigen Ausgaben ist geringer als bei den übrigen Studien; daher sind die resultierenden Niveaus nicht unmittelbar miteinander vergleichbar.[39] Besondere Unsicherheiten bestehen generell bei der Projektion der Gesundheitsausgaben (einschließlich Pflege). Im einfachsten Fall, der allen Referenz- bzw. Basisvarianten der genannten Tragfähigkeitsanalysen zugrunde liegt, werden die alters- und geschlechtsspezifischen Ausgaben der Kranken- und Pflegeversicherung proportional, i.d.R. mit einer allgemeinen Wachstumsrate, fortgeschrieben.[40]

Tabelle 7 zeigt die demographieabhängigen Ausgabenquoten der Basis- bzw. Referenzvarianten verschiedener Tragfähigkeitsanalysen im Zeitverlauf. Nach der pessimistischen Basisvariante von Werding (2016a) und dem Bundesministerium der Finanzen (2016) steigen die demographieabhängigen Ausgaben (ohne Ausgaben nach dem SGB XII) von 26,0% im Jahr 2015 sukzessive um 6,7 Prozentpunkte auf 32,7% des Bruttoinlandsprodukts im Jahr 2060. Nach der optimistischen Basisvariante gibt es lediglich einen Anstieg um 3,1 Prozentpunkte auf 29,1%. Das Basisszenario von Aretz et al. (2016) erreicht trotz der meist etwas günstigeren Annahmen im Jahr 2060 allerdings einschließlich der Ausgaben nach dem SGB XII mit 32,6% fast die gleiche Ausgabenquote wie die pessimistische Basisvariante; ungünstig wirkt sich hier insbesondere die getrennte Modellierung des Arbeitsmarktverhaltens von Deutschen und

---

38  Dafür wird angenommen, dass die Beiträge zur Kranken- und Pflegeversicherung in voller Höhe, die Beiträge zur Rentenversicherung zu 66% und die Beiträge zur Arbeitslosenversicherung zur Hälfte als Steuern aufgefasst werden und zu Beschäftigungsreaktionen führen. Zudem wird angenommen, dass eine Erhöhung (Reduktion) der als Steuern empfundenen Abgaben um 1% im Folgejahr zu einer Reduktion (Erhöhung) der Beschäftigung um 0,4% führt (Werding 2018, S. 11, und Werding/Läpple 2019, S. 15, jeweils mit Verweis auf Werding 2016a, S. 138f.). Die Sensitivitätsanalysen mit einer endogenen Erwerbslosenquote von Aretz et al. (2016, S. 27) und Werding (2016a, S. 138f.) basieren auf den gleichen Annahmen.

39  Für einen systematischen Vergleich mit der vorherigen Tragfähigkeitsanalyse der Europäischen Union vgl. Werding (2016a, S. 107-125) und Bundesministerium der Finanzen (2016, S. 50-55).

40  Zu Sensitivitätsanalysen vgl. unten, zur genaueren Begründung vgl. Unterabschnitt 2.3.2.2.

Ausländerinnen und Ausländern aus[41]. Noch deutlicher fällt der Ausgabenanstieg (einschließ-lich Ausgaben nach dem SGB XII) bis auf 34,9% bzw. 35,5% im Jahr 2060 in der Referenzvari-ante von Werding (2018) bzw. Werding/Läpple (2019) aus.

Tabelle 7: Demographieabhängige Ausgabenquoten der Basis- bzw. Referenzvarianten verschiedener Tragfähigkeitsanalysen im Zeitverlauf

| Studie und Variante | | 2010 | 2015 | 2020 | 2030 | 2040 | 2050 | 2060 | 2070 | 2080 |
|---|---|---|---|---|---|---|---|---|---|---|
| | | in Prozent des Bruttoinlandsprodukts | | | | | | | | |
| Werding (2016a)[a] | T- | 27,1% | 26,0% | 26,3% | 28,6% | 30,3% | 31,4% | 32,7% | | |
| | T+ | 27,1% | 26,0% | 26,0% | 26,6% | 28,0% | 28,5% | 29,1% | | |
| Aretz et al. (2016) | | 27,9% | 26,3%[b] | | | | | 32,6% | | 34,3% |
| Werding (2018) | | 27,9% | 26,3%[b] | 26,8% | 28,7% | 31,4% | 33,1% | 34,9% | 36,5% | 38,1% |
| Werding/Läpple (2019) | | 27,9% | | 27,2% | 29,6% | 32,3% | 33,8% | 35,5% | 36,9% | 38,1% |
| EU-Komm. (2018)[c] | | | 23,5%[d] | 23,8% | 25,6% | 26,7% | 27,3% | 27,7% | 27,7% | |

[a] Ohne Ausgaben nach dem SGB XII.
[b] Die Angabe bezieht sich auf 2014.
[c] Diese Studie berücksichtigt weniger demographieabhängige Ausgaben als die anderen Studien, da-her sind die Angaben nicht direkt miteinander vergleichbar.
[d] Die Angabe bezieht sich auf 2016.

Anmerkung: EU-Komm.: Europäische Kommission.

Quelle: Aretz et al. 2016, S. 12, 16 und E-Mail der Ruhr-Universität Bochum vom 18. Februar 2019; Bundesministerium der Finanzen 2016, S. 16; Europäische Kommission 2018, S. 289f.; Werding (2016a, S. 144; 2018, S. 41); Werding/Läpple 2019, S. 36f.; eigene Berechnungen.

Hier dürften sich die Annahme einer deutlicheren Zunahme der Lebenserwartung und die deut-lich höhere Erwerbslosenquote infolge endogener Ermittlung auswirken. Da das von der Euro-päischen Kommission (2018) berücksichtigte Ausgabenspektrum kleiner ist, lassen sich die Niveaus der ermittelten Ausgabenquoten nicht unmittelbar miteinander vergleichen. Der An-stieg beträgt bis 2060 etwa 4,2 Prozentpunkte und liegt damit - erwartungsgemäß entspre-chend der Annahmen - zwischen der pessimistischen und der optimistischen Basisvariante. Der vergleichsweise geringe Anstieg bei der gesetzlichen Krankenversicherung hängt aller-dings mit der moderaten Fortschreibung ihrer Ausgaben mit dem Bruttoinlandsprodukt je Kopf zusammen. Exemplarisch zeigt Tabelle 8 die Ausgabenquoten der Zweige der sozialen Siche-rung nach Werding (2016a) und Bundesministerium der Finanzen (2016) im Zeitablauf.

---

[41]  E-Mail der Ruhr-Universität Bochum vom 18. Februar 2019.

Tabelle 8: Demographieabhängige Ausgabenquoten bis 2060 nach Werding (2016a)

| Jahr | Gesetzl. Rentenver-sicherung | Gesetzl. Kranken-versichg. | Soziale Pflegever-sicherung | Beamten-versorg., Beihilfe | Leistun-gen an Ar-beitslose[a] | Bildung und Familien[b] | Summe[c] |
|------|------|------|------|------|------|------|------|
| | Ausgabenquote in Prozent des Bruttoinlandsprodukts | | | | | | |
| | **Pessimistische Variante T-** | | | | | | |
| 2015 | 9,3% | 7,0% | 1,0% | 2,1% | 2,6% | 5,7% | **26,0%** |
| 2020 | 9,3% | 7,3% | 1,0% | 2,3% | 2,4% | 5,6% | **26,3%** |
| 2025 | 9,5% | 7,4% | 1,2% | 2,5% | 2,7% | 5,6% | **27,3%** |
| 2030 | 10,0% | 7,5% | 1,3% | 2,7% | 3,0% | 5,8% | **28,6%** |
| 2035 | 10,7% | 7,6% | 1,5% | 2,9% | 3,0% | 5,9% | **29,6%** |
| 2040 | 11,1% | 7,8% | 1,7% | 3,0% | 2,9% | 5,8% | **30,3%** |
| 2045 | 11,5% | 7,9% | 1,9% | 3,1% | 2,9% | 5,7% | **30,8%** |
| 2050 | 12,0% | 7,9% | 2,2% | 3,2% | 2,9% | 5,6% | **31,4%** |
| 2055 | 12,4% | 7,9% | 2,4% | 3,3% | 2,9% | 5,7% | **32,1%** |
| 2060 | 12,8% | 7,8% | 2,5% | 3,5% | 2,9% | 5,8% | **32,7%** |
| | **Optimistische Variante T+** | | | | | | |
| 2015 | 9,2% | 7,0% | 1,0% | 2,1% | 2,6% | 5,7% | **26,0%** |
| 2020 | 9,1% | 7,2% | 1,0% | 2,3% | 2,2% | 5,6% | **26,0%** |
| 2025 | 9,1% | 7,3% | 1,1% | 2,4% | 1,9% | 5,6% | **26,0%** |
| 2030 | 9,5% | 7,4% | 1,2% | 2,5% | 1,6% | 5,9% | **26,6%** |
| 2035 | 10,1% | 7,4% | 1,3% | 2,6% | 1,6% | 6,0% | **27,4%** |
| 2040 | 10,5% | 7,5% | 1,5% | 2,6% | 1,5% | 6,0% | **28,0%** |
| 2045 | 10,9% | 7,5% | 1,6% | 2,6% | 1,5% | 5,9% | **28,3%** |
| 2050 | 11,1% | 7,5% | 1,8% | 2,6% | 1,5% | 5,9% | **28,5%** |
| 2055 | 11,4% | 7,4% | 1,8% | 2,6% | 1,5% | 6,0% | **28,8%** |
| 2060 | 11,6% | 7,3% | 1,8% | 2,7% | 1,5% | 6,1% | **29,1%** |

[a] Arbeitslosenversicherung, sonstige Ausgaben der Bundesagentur für Arbeit und Grundsicherung für Arbeitsuchende.

[b] Öffentliche Ausgaben für Kinderbetreuung und Bildung (lt. Abgrenzung des Bildungsfinanzberichts); Familienleistungsausgleich (Kindergeld, einkommensteuerliche Kinderfreibeträge) und Elterngeld.

[c] Konsolidiert um Zahlungen („Verrechnungsverkehr") zwischen den Teilbudgets.

Anmerkung: Fortschreibung der alters- und geschlechtsspezifischen Leistungsausgaben der gesetzlichen Krankenversicherung mit dem Bruttoinlandsprodukt je Kopf; jener der sozialen Pflegeversicherung mit der Wachstumsrate von Arbeitsproduktivität und Löhnen.

Quelle: Bundesministerium der Finanzen 2016, S. 16; Werding 2016a, S. 144.

ISÖ
Institut für
Sozialökologie

Dabei wird deutlich, dass die absolut größten Ausgabensteigerungen bei der Rentenversicherung, gefolgt von der Pflegeversicherung sowie der Beamtenversorgung und Beihilfe zu erwarten sind.

Werding/Läpple (2019) analysieren den Einfluss der Variation verschiedener Annahmen auf die demographieabhängigen Ausgabenquoten bis 2080 (vgl. Tabelle 9):

- Demographische Annahmen: Eine höhere Fertilität erhöht für über vier Dekaden zunächst die Ausgabenquote. Dies liegt an den höheren Ausgaben für Kinderbetreuung, Bildung und weitere familienpolitische Leistungen. Erst nach 2060 wird die Ausgabenquote vermindert. Ein dauerhaft höherer Wanderungssaldo reduziert hingegen sofort und dauerhaft die Ausgabenquote. Eine temporäre Zuwanderungswelle senkt zunächst für einige Dekaden die Ausgabenquote. Anschließend steigt sie, da die Zuwanderer dann zur Alterung beitragen.

- Annahmen zum Arbeitsmarkt: Eine raschere Integration der Zuwanderer in den Arbeitsmarkt, eine höhere Frauenerwerbsbeteiligung und eine niedrigere Erwerbslosenquote reduzieren sofort und dauerhaft die Ausgabenquote.

- Annahmen zur Lebensarbeitszeit: Eine sukzessive Erhöhung der Regelaltersgrenze über den gesamten Betrachtungszeitraum würde die Ausgabenquote bis zum Ende des Projektionszeitraums 2080 zunehmend und deutlich vermindern.

Tabelle 9: Sensitivitätsanalysen für die demographieabhängige Ausgabenquoten im Zeitverlauf nach Werding/Läpple (2019)

| Variante | 2020 | 2030 | 2040 | 2050 | 2060 | 2070 | 2080 |
|---|---|---|---|---|---|---|---|
| | Abweichungen vom Referenzszenario in Prozentpunkten des Bruttoinlandsprodukts | | | | | | |
| **Variation demographischer Annahmen** | | | | | | | |
| **hohe Fertilität:** Anstieg der Geburtenrate auf 2,0 bis 2040 statt konstant 1,5 | +0,1 | +0,5 | +1,0 | +1,0 | +0,5 | -0,4 | -1,8 |
| **stark erhöhte Fertilität:** Anstieg der Geburtenrate auf 2,0 bis 2020 und auf 2,2 bis 2040 statt konstant 1,5 | +0,2 | +1,2 | +1,8 | +1,1 | +0,4 | -0,9 | -3,0 |
| **hoher Wanderungssaldo:** konstant +350.000 ab 2020 statt konstant +200.000 ab 2021 | ±0,0 | -0,3 | -0,7 | -1,0 | -1,3 | -1,3 | -1,3 |
| **stark erhöhter Wanderungssaldo:** Anstieg des Wanderungssaldos auf +1,0 Mio. bis 2040 und auf +1,2 Mio. bis 2060 anstelle konstant +200.000 ab 2021 | ±0,0 | -0,5 | -2,5 | -4,1 | -5,5 | -6,0 | -5,5 |
| **Zuwanderungswelle:** deutlich erhöhter Wanderungssaldo 2020 bis 2023, danach +200.000 jährlich statt konstant +200.000 ab 2021 | ±0,0 | -0,6 | -0,6 | -0,5 | -0,2 | +0,3 | +0,2 |
| **hohe Fertilität und hoher Wanderungssaldo** | +0,1 | +0,2 | +0,3 | +0,1 | -0,7 | -1,5 | -2,6 |

ISÖ
Institut für
Sozialökologie

61

| Variante | 2020 | 2030 | 2040 | 2050 | 2060 | 2070 | 2080 |
|---|---|---|---|---|---|---|---|
| | Abweichungen vom Referenzszenario in Prozentpunkten des Bruttoinlandsprodukts | | | | | | |
| **junge Bevölkerung:** Geburtenrate 1,65 statt 1,5; je Dekade 0,4 Jahre geringerer Anstieg der Lebenserwartung ab Geburt; Wanderungssaldo langfristig +250.000 statt +200.000 jhrl. | +0,1 | +0,2 | +0,1 | -0,5 | -1,0 | -1,4 | -2,3 |
| **alte Bevölkerung:** Geburtenrate 1,35 statt 1,5; je Dekade 0,4 Jahre höherer Anstieg der Lebenserwartung ab Geburt; Wanderungssaldo langfristig +150.000 statt +200.000 jhrl. | ±0,0 | -0,3 | -0,2 | +0,4 | +1,2 | +2,0 | +3,0 |
| **Variation der Annahmen zum Arbeitsmarkt** | | | | | | | |
| **schnelle Integration:** Zuwanderer haben nach 7 (statt: 14) Jahren die gleichen Erwerbsquoten wie Einheimische, der Abstand zwischen den Erwerbslosenquoten wird halbiert | ±0,0 | -0,1 | -0,2 | -0,3 | -0,4 | -0,5 | -0,5 |
| **sofortige Integration:** Zuwanderer haben sofort die gleichen Erwerbsquoten und Erwerbslosenquoten wie Einheimische | -0,1 | -0,3 | -0,5 | -0,7 | -0,9 | -1,0 | -1,1 |
| **hohe Frauenerwerbsbeteiligung:** Frauenerwerbsquote erreicht bis 2030 97% (statt 95%) und bis 2060 98,5% der Quoten der Männer; das durchschnittliche Arbeitsvolumen steigt von derzeit 1.350 auf 1.500 Stunden 2050 (statt konstant 1.350 Stunden) | -0,1 | -0,3 | -0,3 | -0,4 | -0,5 | -0,5 | -0,6 |
| **niedrige Erwerbslosenquote:** ungünstige Rückwirkungen steigender Beitragssätze werden halbiert (2030: 3,9% statt 4,6%; 2045: 4,7% statt 7,1%) | ±0,0 | -0,5 | -1,4 | -1,7 | -1,6 | -1,5 | -1,5 |
| **Variation der Lebensarbeitszeit** | | | | | | | |
| **dynamische Altersgrenze:** ab 2032 Erhöhung der Regelaltersgrenze um vier Monate je Jahr längerer Lebenserwartung (2060: 70 Jahre) (Lebensarbeitszeit erhöht sich um 9 Monate je Jahr der Anhebung der Regelaltersgrenze) | ±0,0 | -0,1 | -0,6 | -1,2 | -1,9 | -2,3 | -3,0 |

Quelle: Werding/Läpple 2019, S. 37.

Die zitierten Studien aus dem Jahr 2016 zur Tragfähigkeit der öffentlichen Finanzen enthalten auch Berechnungen zum Tragfähigkeitsindikator S2. Nach Werding (2016a) und dem Bundesministerium der Finanzen (2016) müsste im Fall der pessimistischen Basisvariante T- der primäre Finanzierungssaldo der öffentlichen Haushalte ab sofort und dauerhaft um 3,8% verbessert werden, um die künftigen Ausgaben und den Schuldenstand des Basisjahres durch Einnahmen zu decken; in der optimistischen Basisvariante T+ wären es lediglich 1,2% (Tabelle 10

ISÖ
Institut für
Sozialökologie

und Tabelle 11). Beim gleichen Ende des Vorausberechnungszeitraums[42] im Jahr 2060 ermitteln Aretz et al. (2016) und Werding (2016b) eine Tragfähigkeitslücke von 3,6% (Tabelle 12). Bei einem Vorausberechnungszeitraum bis 2080 ist infolge der weiteren demographischen Entwicklung die Tragfähigkeitslücke mit 4,2% höher.

Tabelle 10: Unterschiede zwischen der pessimistischen und optimistischen Basisvariante der Tragfähigkeitsanalyse von Werding (2016a)

| Variante | S2 |
|---|---|
| **pessimistische Basisvariante T-** | 3,81% |
| **geringerer Anstieg der Lebenserwartung:** Anstieg der Lebenserwartung ab Geburt bis 2060 auf 84,8 / 88,8 Jahre (statt auf 86,7 / 90,4 Jahre) für Jungen / Mädchen | 3,36% |
| **steigende Fertilität:** Anstieg der Geburtenrate bis 2028 auf 1,6 (statt konstant 1,4) | 3,38% |
| **höhere Zuwanderung:** Wanderungssaldo +200.000 (statt +100.000) nach 2020 (Zugewanderte entsprechen im Durchschnitt der bereits ansässigen Bevölkerung) | 2,64% |
| **längere Lebensarbeitszeit:** Anstieg des effektiven Renteneintrittsalters von 2012 bis 2037 um zwei Jahre (statt ein Jahr) | 2,61% |
| **geringere Erwerbslosigkeit I:** Anstieg der Erwerbslosenquote bis 2021 auf 4,0% (statt Anstieg bis 2030 auf 5,5%) | 1,96% |
| **geringere Erwerbslosigkeit II:** Rückgang der Erwerbslosenquote bis 2030 auf 3,0% | 1,30% |
| **höheres Produktivitätswachstum (= optimistische Basisvariante T+):** Wachstum der totalen Faktorproduktivität um 1,125% jhrl. (statt 0,875%) | 1,21%[a] |

[a] Werding (2016a, S. 73) gibt demgegenüber 1,22% an.

Anmerkung: S2: konstante Verbesserung des primären Finanzierungssaldos (ohne Zinszahlungen) der öffentlichen Haushalte in Prozent des Bruttoinlandsprodukts, die ab sofort und dauerhaft erreicht werden muss, um alle künftigen Ausgaben und den Schuldenstand im Basisjahr durch Einnahmen zu decken; die ermittelten Werte ergeben sich durch sukzessive Änderungen aller Einzelannahmen.

Quelle: Werding 2016a, S. 63f., 69 und E-Mail der Ruhr-Universität Bochum vom 18. Februar 2019.

Die zitierten Studien zur Tragfähigkeit der öffentlichen Finanzen aus dem Jahr 2016 analysieren zudem den Einfluss der Variation verschiedener Annahmen auf den Tragfähigkeitsindikator (Tabelle 10, Tabelle 11, Tabelle 12):

- Demographische Annahmen: Eine geringere bzw. höhere Fertilität beeinflusst die Tragfähigkeitslücke nur wenig und ist hinsichtlich der Richtung nicht eindeutig. Ein Anstieg der Geburtenrate bis 2028 auf 1,6 reduziert erst sehr langfristig ab etwa 2055 die öffentlichen Ausgaben in Relation zum Bruttoinlandsprodukt; dies liegt an den zunächst anfallenden höheren öffentlichen Ausgaben für Kinderbetreuung, Bildung und familienpolitische Leistungen (Werding 2016a, S. 67f.; auch Aretz et al. 2016, S. 25). Eine geringere

---

[42] Gleichwohl wird für die Berechnung der Tragfähigkeitslücke von einem unendlichen Zeithorizont ausgegangen, allerdings wird für die fernere Zukunft die Projektion für das angegebene Endjahr der Vorausberechnung übernommen.

ISÖ
Institut für
Sozialökologie

Lebenserwartung und eine höhere Zuwanderung vermindern die Tragfähigkeitslücke spürbar (und umgekehrt). Haben die Zugewanderten die gleichen alters- und geschlechtsspezifischen Ausgabenprofile wie die bereits Ansässigen (Werding 2016a, S. 63f., 69), dann ist der Effekt etwas größer als bei ungünstigeren Ausgabenprofilen (Aretz et al. 2016, S. 9, 34).[43]

- Annahmen zum Arbeitsmarkt: Eine Reduktion der Erwerbslosigkeit vermindert die Tragfähigkeitslücke deutlich (und umgekehrt).[44] Auch eine höhere Frauenerwerbsbeteiligung vermindert die Tragfähigkeitslücke spürbar (und umgekehrt). Dabei sind höhere öffentliche Ausgaben für Kinderbetreuung und Pflege (infolge eines höheren Anteils Pflegebedürftiger in stationären Einrichtungen) sowie langfristig höhere Rentenansprüche der Frauen bereits berücksichtigt (Aretz et al. 2016, S. 26; Werding 2016a, S. 89). Ein höheres berufliches Qualifikationsniveau würde die Tragfähigkeitslücke sogar etwas erhöhen. Dies liegt an den höheren öffentlichen Ausgaben für Bildung und höheren Rentenanpassungen infolge eines stärkeren Anstiegs der Entgelte (Werding 2016a, S. 89).

- Ökonomische Annahmen: Ein höheres Produktivitätswachstum reduziert die Tragfähigkeitslücke, allerdings eher geringfügig (und umgekehrt). Der Effekt ist gering, da mit einer verbesserten Produktivität neben der Arbeitsproduktivität und den Löhnen auch die öffentlichen Ausgaben zunehmen (Aretz et al. 2016; S. 28, Werding 2016a, S. 69f., 73f.). Eine Variation der Annahmen zum Realzins hat nur geringe Auswirkungen auf die Tragfähigkeitslücke und ist hinsichtlich der Richtung nicht eindeutig. Dies liegt daran, dass der Zins zur Berechnung der Tragfähigkeitslücke mehrere Funktionen hat, deren Effekte sich tendenziell neutralisieren (Aretz et al. 2016, S. 28; Werding 2016a, S. 75). Die geringe Zinssensitivität ist eine wünschenswerte Eigenschaft der Tragfähigkeitslücke (Werding 2016a, S. 75), da deren Berechnung damit weitgehend immun gegenüber der (weitgehend willkürlichen) Annahme zum Zins ist.

- Annahmen zu den Gesundheitskosten: In den Basisvarianten und -szenarien der 2016 publizierten Vorausberechnungen wird jeweils davon ausgegangen, dass die Struktur der geschlechts- und altersspezifischen öffentlichen Ausgaben für Gesundheit und Pflege unverändert bleibt. Dies führt - auch ohne Berücksichtigung allgemeiner Kostensteigerungen - bei einer steigenden Lebenserwartung zu einer Erhöhung der durchschnittlichen Pro-Kopf-Ausgaben. Falls mit steigender Lebenserwartung die mit dem Alter steigenden Ausgaben später einsetzen ("gesundes Altern"), so reduziert dies die Tragfähigkeitslücke sehr deutlich. Umgekehrt führt ein genereller überproportionaler Anstieg der Gesundheitsausgaben etwa infolge des medizinischen Fortschritts zu einer sehr deutlichen Erhöhung der Tragfähigkeitslücke.

---

[43]  Nach der Generationenbilanzierung von Bonin (2014; 2015) (Unterabschnitt 2.3.1.1) hängen die fiskalischen Konsequenzen von Zuwanderung wesentlich von der (Qualifikations-)Struktur der Zugewanderten ab.

[44]  Varianten mit einer endogenen Erwerbslosenquote berücksichtigen, dass die künftig höheren Beitragssätze zur Sozialversicherung die Erwerbslosenquote erhöhen, berücksichtigen jedoch - entsprechend einer Rechenkonvention - nicht die Reduktion der Tragfähigkeitslücke aufgrund der höheren Beitragssätze. Insoweit handelt es sich um kontradiktorische Szenarien.

ISÖ
Institut für
Sozialökologie

- Annahmen zur Lebensarbeitszeit: Eine Verlängerung der Lebensarbeitszeit würde zunächst die öffentlichen Ausgaben in Relation zum Bruttoinlandsprodukt (Ausgabenquote) reduzieren. Allerdings stehen einer verlängerten Lebensarbeitszeit später auch höhere Rentenansprüche gegenüber, was langfristig der Reduktion der Ausgabenquote partiell entgegenwirkt. Daher hängt der projizierte Effekt einer verlängerten Lebensarbeitszeit auf die Tragfähigkeitslücke auch davon ab, inwieweit bis zum Ende des Vorausberechnungszeitraums, ab dem für die fernere Zukunft Konstanz angenommen wird, die höheren Rentenansprüche bereits realisiert werden. Nach den vorliegenden Studien vermindert eine Verlängerung der Lebensarbeitszeit zwar die Tragfähigkeitslücke (und umgekehrt), allerdings ist das angegebene Ausmaß sehr unterschiedlich: Nach Werding (2016a, S. 69) bewirkt - bei gegebener Regelaltersgrenze - eine Erhöhung der Lebensarbeitszeit um ein zusätzliches Jahr bis 2031 eine Reduktion der Tragfähigkeitslücke lediglich um 0,03 Prozentpunkte, nach Werding (2016b, S. 29) hingegen würde eine sofortige Rückkehr zur Regelaltersgrenze von 65 Jahren und einer damit verbundenen Reduktion der Lebensarbeitszeit um anderthalb Jahre die Tragfähigkeitslücke um 1,2 Prozentpunkte erhöhen. Zudem würde nach Werding (2016b, S. 29) eine weitere Anhebung der Regelaltersgrenze um einen Monat jährlich ab 2031 bis 2060 bzw. 2080 verbunden mit einer Verlängerung der Lebensarbeitszeit um neun Monate je Jahr der Erhöhung der Regelaltersgrenze die Tragfähigkeitslücke um rund einen Prozentpunkt vermindern.

Tabelle 11: Sensitivitätsanalysen für die Tragfähigkeit der öffentlichen Finanzen nach Werding (2016a)

| Variante | S2 | |
|---|---|---|
| | T- | T+ |
| **Basisvariante** | 3,81% | 1,22%[a] |
| **Variation der Annahmen zum Arbeitsmarkt** | | |
| **geringere Erwerbslosigkeit:** Erwerbslosenquote ab 2030 um 0,8 Prozentpunkte geringer (statt 5,5% bzw. 3,0%) | 3,40% | 0,79% |
| **höhere Erwerbslosigkeit:** Erwerbslosenquote ab 2030 um 0,8 Prozentpunkte höher (statt 5,5% bzw. 3,0%) | 4,21% | 1,64% |
| **endogene Erwerbslosigkeit:** Berücksichtigung von Rückwirkungen steigender Beitragssätze zur Sozialversicherung auf Beschäftigung und Wachstum (jedoch *ohne* Berücksichtigung der Auswirkungen höherer Beitragssätze auf die Einnahmen) | 4,01% | 2,53% |
| **höhere Frauenerwerbsbeteiligung:** Erwerbsbeteiligung von Frauen von 15 bis 64 Jahren erreicht bis 2030 97,5% und bis 2060 99% der Erwerbsquoten gleichaltriger Männer (statt 95,5% und 97% in den Basisvarianten) | 3,63% | 1,04% |
| **höhere berufliche Qualifikationen:** Anteil der Hochschulabsolventen eines Jahrgangs steigt von derzeit 30% bis 2060 kontinuierlich auf 38%, konstanter Anteil derjenigen mit Berufsausbildung, Anteil derjenigen ohne beruflichen Abschluss sinkt von 14%[b] auf 6% (statt Konstanz in den Basisvarianten) | 4,03% | 1,42% |

ISÖ
Institut für
Sozialökologie

| Variante | S2 | |
|---|---|---|
| | T- | T+ |
| **Variation ökonomischer Annahmen** | | |
| **höheres Produktivitätswachstum:** Wachstum der totalen Faktorproduktivität ab 2020 um 0,4 Prozentpunkte jhrl. höher (statt 0,875% bzw. 1,275% jhrl. in den Basisvarianten) | 3,80% | 1,11% |
| **geringeres Produktivitätswachstum:** Wachstum der totalen Faktorproduktivität ab 2020 um 0,4 Prozentpunkte jhrl. geringer (statt 0,875% bzw. 1,275% jhrl. in den Basisvarianten) | 3,84% | 1,33% |
| **höherer Zins:** Realzins ab 2020 um 0,6 Prozentpunkte jhrl. höher als in den Basisvarianten (statt 3,0% jhrl. ab 2026 in den Basisvarianten) | 3,69% | 1,27% |
| **geringerer Zins I:** Realzins ab 2020 um 0,6 Prozentpunkte jhrl. geringer als in den Basisvarianten (statt 3,0% jhrl. ab 2026 in den Basisvarianten) | 3,97% | 1,18% |
| **geringerer Zins II:** Realzins steigt bis 2060 auf 3,0% jhrl. (statt 3,0% jhrl. ab 2026 in den Basisvarianten) | 3,84% | 1,14% |
| **geringerer Zins III:** Realzins bleibt konstant bei 1,5% jhrl. (statt 3,0% jhrl. ab 2026 in den Basisvarianten) | 4,27% | 1,19% |
| **Variation der Gesundheitskosten** | | |
| **gesundes Altern:** Streckung der Altersprofile der Gesundheitsausgaben und Verschiebung der geschlechts- und altersspezifischen Anteile der Pflegebedürftigen mit jedem Jahr zusätzlicher Lebenserwartung um 9 Monate | 2,69% | 0,31% |
| **nicht-demographische Kostentreiber:** Alters- und geschlechtsspezifische Gesundheitsausgaben steigen um 0,5 Prozentpunkte jhrl. stärker (Basisvariante: wie die Wachstumsrate des Bruttoinlandsprodukts pro Kopf) | 5,00% | 2,47% |
| **gesundes Altern und nicht-demographische Kostentreiber:** Kombination der beiden vorstehenden Varianten | 3,76% | 1,45% |
| **inflationsorientierte Anpassung der Pflegeleistungen:** Fortschreibung der Kosten je Pflegefall mit der Inflationsrate (statt mit dem Lohnwachstum) | 3,19% | 0,63% |
| **Variation der Lebensarbeitszeit** | | |
| **fortgesetzte Verlängerung der Lebensarbeitszeit:** weiterer Anstieg der Lebensarbeitszeit von 2030 bis 2060 um weitere ein bzw. gut zwei Jahre auf zuletzt rund 67 Jahre (T-) bzw. 69,5 Jahre (T+) | 3,37% | 0,60% |

[a] Werding 2016a, S. 69 gibt demgegenüber 1,21% an.

[b] Werding 2016a, S. 88 nennt irrtümlich 19% (E-Mail der Ruhr-Universität Bochum vom 27. Februar 2019).

Anmerkung: S2: konstante Verbesserung des primären Finanzierungssaldos (ohne Zinszahlungen) der öffentlichen Haushalte in Prozent des Bruttoinlandsprodukts, die ab sofort und dauerhaft erreicht werden muss, um alle künftigen Ausgaben und den Schuldenstand im Basisjahr durch Einnahmen zu decken; T-: pessimistische Basisvariante; T+: optimistische Basisvariante; jhrl.: jährlich.

Quelle: Werding (2016a, S. 69f., 73, 76, 79, 81, 86, 88, 92, 94, 101) und E-Mail der Ruhr-Universität Bochum vom 27. Februar 2019.

ISÖ
Institut für
Sozialökologie

Tabelle 12: Sensitivitätsanalysen für die Tragfähigkeit der öffentlichen Finanzen nach Aretz et al. (2016) und Werding (2016b)

| Variante | S2 | |
|---|---|---|
| | 2060[a] | 2080[a] |
| **Basisszenario** | 3,60% | 4,15% |
| **Variation demographischer Annahmen** | | |
| **geringere Fertilität:** Reduktion der Geburtenrate bis 2060 auf 1,2 (statt konstant 1,4) | 3,40% | 4,02% |
| **höhere Fertilität:** Anstieg der Geburtenrate bis 2030 auf 1,6 (statt konstant 1,4) | 3,76% | 4,02% |
| **geringerer Anstieg der Lebenserwartung:** Anstieg der Lebenserwartung ab Geburt bis 2060 auf 82,9 / 87,2 Jahre (statt auf 84,8 / 88,8 Jahre) für Jungen / Mädchen | 3,08% | 3,48% |
| **höherer Anstieg der Lebenserwartung:** Anstieg der Lebenserwartung ab Geburt bis 2060 auf 86,7 / 90,4 Jahre (statt auf 84,8 / 88,8 Jahre) für Jungen / Mädchen | 4,11% | 4,85% |
| **geringere Zuwanderung:** Wanderungssaldo ±0 jhrl. ab 2023 (statt +100.000 jhrl. ab 2021)[b] | 4,15% | 4,70% |
| **höhere Zuwanderung:** Wanderungssaldo +200.000 jhrl. ab 2019 (statt +100.000 jhrl. ab 2021)[b] | 3,04% | 3,62% |
| **Variation der Annahmen zum Arbeitsmarkt** | | |
| **geringere Erwerbslosigkeit:** Verminderung der Erwerbslosenquote um 1,5 Prozentpunkte ab 2030 gegenüber dem Basisszenario | 2,65% | 3,17% |
| **höhere Erwerbslosigkeit:** Erhöhung der Erwerbslosenquote um 1,5 Prozentpunkte ab 2030 gegenüber dem Basisszenario | 4,51% | 5,09% |
| **endogene Erwerbslosigkeit:** Berücksichtigung von Rückwirkungen steigender Beitragssätze zur Sozialversicherung auf Beschäftigung und Wachstum (jedoch *ohne* Berücksichtigung der Auswirkungen höherer Beitragssätze auf die Einnahmen) | 4,94% | 5,70% |
| **konstante Frauenerwerbsbeteiligung:** Frauenerwerbsbeteiligung bleibt auf dem derzeitigen Niveau von 91,5% der Erwerbsquote der Männer | 4,01% | 4,61% |
| **höhere Frauenerwerbsbeteiligung:** Frauenerwerbsbeteiligung steigt auf 98% der Erwerbsquote der Männer | 3,30% | 3,82% |
| **Variation ökonomischer Annahmen** | | |
| **geringeres Produktivitätswachstum:** Wachstum der totalen Faktorproduktivität um 0,5 Prozentpunkte jhrl. geringer (statt 0,75% jhrl. ab 2020) | 3,80% | 4,38% |
| **höheres Produktivitätswachstum:** Wachstum der totalen Faktorproduktivität um 0,5 Prozentpunkte jhrl. höher (statt 0,75% jhrl. ab 2020) | 3,43% | 3,97% |
| **geringerer Zins:** Realzins um 0,5 Prozentpunkte jhrl. geringer als im Basisszenario | 3,66% | 4,41% |
| **höherer Zins:** Realzins um 0,5 Prozentpunkte jhrl. höher als im Basisszenario | 3,60% | 4,03% |

ISÖ
Institut für
Sozialökologie

| **Variation der Gesundheitskosten** | | |
|---|---|---|
| **gesundes Altern:** Streckung der Altersprofile der Gesundheitsausgaben mit jedem Jahr zusätzlicher Lebenserwartung um ein Jahr | 2,31% | 2,60% |
| **nicht-demographische Kostentreiber:** Alters- und geschlechtsspezifische Gesundheitsausgaben steigen um 1,0 Prozentpunkte jhrl. stärker (Basisszenario: wie die Wachstumsrate des Bruttoinlandsprodukts pro Kopf) | 6,64% | 8,29% |
| **gesundes Altern und nicht-demographische Kostentreiber:** Streckung der Altersprofile der Gesundheitsausgaben mit jedem Jahr zusätzlicher Lebenserwartung um 9 Monate und alters- und geschlechtsspezifische Gesundheitsausgaben steigen um 0,5 Prozentpunkte jhrl. stärker (Basisszenario: wie die Wachstumsrate des Bruttoinlandsprodukts pro Kopf) | 3,88% | 4,58% |
| **Variation der Lebensarbeitszeit** | | |
| **Regelaltersgrenze 65:** Sofortige Rückkehr zur Regelaltersgrenze von 65 Jahren (anstelle der sukzessiven Erhöhung der Regelaltersgrenze auf 67 Jahre ab dem Geburtsjahrgang 1964) | 4,8% | 5,4% |
| **weitere Anhebung der Regelaltersgrenze:** ab 2031 weitere Erhöhung der Regelaltersgrenze um einen Monat jährlich, so dass sie 2060 gut 69 Jahre und 2080 rund 71 Jahre beträgt (Lebensarbeitszeit erhöht sich um 9 Monate je Jahr der Anhebung der Regelaltersgrenze) | 2,7% | 3,1% |

[a] Endjahr der Vorausberechnung, ab dem Konstanz unterstellt wird.

[b] Alters- und geschlechtsspezifische Erwerbsquoten der Zugewanderten erreichen nach 13 Jahren das Niveau der im Inland lebender AusländerInnen; Erwerbslosenquote der AusländerInnen höher als jene der Deutschen.

Anmerkung: S2: konstante Verbesserung des primären Finanzierungssaldos (ohne Zinszahlungen) der öffentlichen Haushalte in Prozent des Bruttoinlandsprodukts, die ab sofort und dauerhaft erreicht werden muss, um alle künftigen Ausgaben und den Schuldenstand im Basisjahr durch Einnahmen zu decken; jhrl.: jährlich.

Quelle: Aretz et al. (2016, S. 9, 24, 28f., 34), Werding (2016b, S. 2, 11, 29) und E-Mail der Ruhr-Universität Bochum vom 18. Februar 2019.

Aretz et al. (2016, S. 16f.) projizieren für die Beitragssätze zur Sozialversicherung einen Anstieg von 39% im Jahr 2014 auf 48,1% im Jahr 2060 und auf 49,1% im Jahr 2080 (Tabelle 13). Werding (2018, S. 16f.) und Werding/Läpple (2019, S. 36) projizieren - insbesondere aufgrund der Annahme einer endogenen Erwerbslosenquote - deutlich höhere Beitragssätze zur Sozialversicherung. Nach Werding (2018, S. 16f.) führt eine vergleichsweise „junge" Bevölkerung erst ab etwa 2060 zu einem deutlich geringeren Anstieg der Beitragssätze, und umgekehrt für eine vergleichsweise „alte" Bevölkerung erst ab etwa 2060 zu einem deutlich höheren Anstieg der Beitragssätze. Änderungen in der demographischen Entwicklung haben also erst langfristig spürbare Auswirkungen auf die sozialen Sicherungssysteme.

Tabelle 13: Summe der Beitragssätze zur Sozialversicherung nach verschiedenen Tragfähigkeitsanalysen im Zeitverlauf

| Studie und Variante | | 2020 | 2030 | 2040 | 2050 | 2060 | 2070 | 2080 |
|---|---|---|---|---|---|---|---|---|
| Aretz et al. (2016): Basisszenario | | 40,3% | 42,8% | 45,5% | 47,0% | 48,1% | 48,8% | 49,1% |
| Werding (2018) | Referenzvariante | 40,2% | 44,2% | 48,8% | 52,0% | 54,7% | 57,1% | 59,3% |
| | „junge" Bevölkerung[a] | | | 48,3% | | 52,1% | | 54,7% |
| | „alte" Bevölkerung[b] | | | 49,0% | | 57,8% | | 65,2% |
| Werding/Läpple (2019): Referenzvariante | | 40,4% | 44,8% | 49,6% | 53,1% | 56,0% | 58,4% | 60,6% |

[a] Geburtenrate 1,6 ab 2020 statt 1,4; Anstieg der Lebenserwartung um knapp 6 Monate je Dekade geringer; „langfristiger" Wanderungssaldo +200.000 statt +150.000 jährlich.

[b] Geburtenrate 1,2 ab 2020 statt 1,4; Anstieg der Lebenserwartung um knapp 6 Monate je Dekade mehr; „langfristiger" Wanderungssaldo +100.000 statt +150.000 jährlich.

Anmerkung: gesetzliche Krankenversicherung: zur Finanzierung der Ausgaben (unter Berücksichtigung des Bundeszuschusses in konstanter Höhe) erforderlicher Beitragssatz (allgemeiner Beitragssatz und durchschnittlicher kassenindividueller Zusatzbeitragssatz); soziale Pflegeversicherung: zur Finanzierung der Ausgaben erforderlicher durchschnittlicher Beitragssatz für Personen mit und ohne Kind.

Quelle: Aretz et al. 2016, S. 16f.; Werding 2018, S. 16; Werding/Läpple 2019, S. 36; E-Mail der Ruhr-Universität Bochum vom 18. Februar 2019; eigene Berechnungen.

Tabelle 14: Durchschnittliche Beitragssätze zur Sozialversicherung während eines idealtypischen Erwerbslebens nach Werding/Läpple (2019)

| Geburtsjahr | Erwerbsleben | | Durchschnittlicher Beitragssatz |
|---|---|---|---|
| | Zeitraum | Dauer | |
| 1940 | 1960 bis 2005 | 45 Jahre | 34,2% |
| 1950 | 1970 bis 2015 | 45,33 Jahre | 37,4% |
| 1960 | 1980 bis 2026 | 46,33 Jahre | 39,5% |
| 1970 | 1990 bis 2037 | 47 Jahre | 41,6% |
| 1980 | 2000 bis 2047 | 47 Jahre | 44,1% |
| 1990 | 2010 bis 2057 | 47 Jahre | 47,1% |
| 2000 | 2020 bis 2067 | 47 Jahre | 50,7% |
| 2010 | 2030 bis 2077 | 47 Jahre | 54,1% |

Anmerkung: Referenzvariante.

Quelle: Werding/Läpple 2019, S. 2.

Anhand der bisherigen und projizierten Entwicklung der Beitragssätze ermitteln Werding/Läpple (2019, S. 21) die durchschnittlichen Beitragssätze verschiedener

ISÖ
Institut für
Sozialökologie

Geburtsjahrgänge während eines idealtypischen Erwerbslebens (Tabelle 14). Diese durch-schnittlichen Beitragssätze interpretieren sie als Indiz für intergenerationale (Un-)Gerechtig-keit. Danach steigt ausgehend vom Geburtsjahrgang 1940 der durchschnittliche Beitragssatz während des Erwerbslebens von 34,2% weitgehend sukzessive bis zum Geburtsjahrgang 2010 auf 54,1%.

### 2.3.2 Vorausberechnungen für einzelne soziale Sicherungssysteme

Vom anstehenden demographischen Wandel sind die Rentenversicherung und die Kran-ken- und Pflegeversicherung besonders betroffen. In den drei folgenden Unterabschnit-ten 2.3.2.1, 2.3.2.2 und 2.3.2.3 wird ein Überblick über Vorausberechnungen für die drei Sozi-alversicherungszweige gegeben.

#### 2.3.2.1 Rentenversicherung

In der gesetzlichen Rentenversicherung waren Ende 2016 etwa 37,6 Mio. Personen (aktiv) ver-sichert (Tabelle 15); der Beitragssatz beläuft sich seit 2018 auf 18,6%. Die Beiträge (ohne Bei-träge des Bundes für Kindererziehungszeiten) machen etwa 71% der Einnahmen der gesetzli-chen Rentenversicherung aus, die Bundesmittel etwa 29%. Hinzu kommen noch Erstattungen des Bundes nach dem Anspruchs- und Anwartschaftsüberführungsgesetz (AAÜG) für Ansprü-che und Anwartschaften aus Zusatz- und Sonderversorgungssystemen der ehemaligen DDR (2017: 5,3 Mrd. EUR). Auf die Finanzierung der 25,6 Mio. Renten (Ende 2017) - überwiegend Altersrenten - und des Zuschusses zur Krankenversicherung der RentnerInnen entfallen über 96% der Ausgaben in Höhe von 299 Mrd. EUR. Hinzu kommen die Ausgaben für Rehabilitation in Höhe von 6,4 Mrd. EUR (2,1%) und für Verwaltung in Höhe von 4 Mrd. EUR bzw. 1,4% an allen Ausgaben.

**Regelsysteme der Alterssicherung jenseits der gesetzlichen Rentenversicherung (1)**

**Beamte**: Als gesondertes Regelsystem der Alterssicherung für Beamte (einschließlich Richter/innen und Soldatinnen und Soldaten) von Bund, Ländern, Kommunen und Sozialversicherungen gibt es die Beamtenversorgung. Mitte 2014 gab es insgesamt 1,79 Mio. aktive Beamte, davon 69% bei den Ländern (Deutscher Bundestag 2016b, S. 25f.). Anfang 2015 wurden etwa 1,25 Mio. VersorgungsempfängerInnen ab 65 Jahren alimentiert, davon 54% von den Ländern (Deutscher Bundestag 2016b, S. 27). Für die Versorgungsleistungen (ohne Beihilfe) wurden im Jahr 2014 knapp 46 Mrd. EUR (Beihilfe: 9 Mrd. EUR) aufgewendet, davon etwa 22 Mrd. EUR (Beihilfe: 4,4 Mrd. EUR) von den Ländern (Deutscher Bundestag 2016b, S. 30f.). Bund und Länder speisen mit der Versorgungsrücklage einen Kapitalstock zur partiellen Finanzierung künftiger Versorgungsleistungen (einschließlich Beihilfe). Der Bund füllt sie bis 2031 (§ 14a BBesG), um anschließend bis 2046 den Bundeshaushalt von der Finanzierung der Versorgungsleistungen zu entlasten (§ 7 VersRücklG). Seit 2007 wird für neu berufene Bundesbeamte mit dem Versorgungsfonds ein Kapitalstock zur partiellen Finanzierung ihrer Versorgungsleistungen (einschließlich Beihilfe) ab 2020 aufgebaut (§ 14, § 17 VersRücklG). Inzwischen sind dem auch einige Länder gefolgt (Deutscher Bundestag 2016b, S. 30). Ende 2017 betrug die Versorgungsrücklage des Bundes 12,1 Mrd. EUR, der Versorgungsfonds des Bundes enthielt 3,8 Mrd. EUR (jeweils ohne mittelbare Bundesverwaltung) (Bundesministerium der Finanzen 2018, S. 31).

Haug (2018, S. 88f.) beziffert Ende 2015 bei einem nominalen Diskontsatz von 5% den Gegenwartswert der Anwartschaften auf eine Alterssicherung der Beamtenversorgung auf 1,2 Billionen Euro bzw. 41% des Bruttoinlandsprodukts. Allein für den Bund (ohne mittelbare Bundesverwaltung) gibt das Bundesministerium der Finanzen (2018, S. 27) bei einem Diskontsatz von 1,8% (2,47%) den Gegenwartswert der Anwartschaften auf Pensionsleistungen mit 520 Mrd. EUR (460 Mrd. EUR) an; hinzu kommen 167 Mrd. EUR (143 Mrd. EUR) für Beihilfeleistungen. Dabei sind die genannten Gegenwartswerte sehr sensitiv gegenüber dem angenommenen Diskontsatz. Die Bundesregierung projiziert bis 2050 einen mit 0,19% unveränderten Anteil der Versorgungsausgaben für den unmittelbaren Bundesbereich am Bruttoinlandsprodukt und stark rückläufige Versorgungsausgaben in den Bereichen Bahn und Post (von 0,3% auf 0,1% des Bruttoinlandsprodukts) (Deutscher Bundestag 2017a, S. 81f.).[45] Das Bundesministerium der Finanzen (2016, S. 16) und Werding (2016a, S. 144) projizieren einen Anstieg aller Versorgungsleistungen (einschließlich Beihilfe) von 2,1% im Jahr 2015 sukzessive auf 2,7% bis 3,5% bis 2060 (vgl. auch Unterabschnitt 2.3.1.2).[46]

**Regelsysteme der Alterssicherung jenseits der gesetzlichen Rentenversicherung (2)**

**Freie Berufe:** Als gesondertes Regelsystem der Alterssicherung für die verkammerten Freien Berufe (insb. Ärztinnen und Ärzte, Rechtsanwältinnen und -anwälte) gibt es 90 berufsständische Versorgungswerke mit 996.000 Mitgliedern, davon 836.000 BeitragszahlerInnen (Ende 2016) (https://www.abv.de/daten-und-fakten.html). Die Finanzierung erfolgt in einer Mischung aus Umlage und Kapitaldeckungsverfahren ohne öffentliche Zuschüsse[47]. Im Jahr 2016 hatten sie Beitragseinnahmen in Höhe von 9,5 Mrd. EUR und Vermögenserträge in Höhe von 7,7 Mrd. EUR (Vermögen: 196,2 Mrd. EUR) (https://www.abv.de/verlaessliche-struktur.html). Die Ausgaben für die Renten an die 243.000 RentnerInnen beliefen sich auf 5,4 Mrd. EUR (https://www.abv.de/verlaessliche-struktur.html).

**Landwirte:** Als gesondertes Regelsystem der Alterssicherung gibt es die Alterssicherung der Landwirte, die als Teilsicherung konzipiert ist. Im Jahr 2017 gab es 196.000 Versicherte und 588.000 RentnerInnen (Sozialversicherung für Landwirtschaft, Forsten und Gartenbau 2018, S. 4). Von den Ausgaben in Höhe von 2,8 Mrd. EUR wurden 2,3 Mrd. EUR vom Bund finanziert (Sozialversicherung für Landwirtschaft, Forsten und Gartenbau 2018, S. 5).

---

[45]  Die zugrunde liegenden Annahmen erscheinen allerdings eher optimistisch. So wird angenommen, dass - jenseits des Bundeseisenbahnvermögens und der Postnachfolgeunternehmen, die keine neuen Beamten berufen - nur die Hälfte aller Stellen wieder besetzt wird (Deutscher Bundestag 2017a, S. 70). Zudem wird davon ausgegangen, dass sich die höhere Lebenswartung von 60-Jährigen Beamtinnen und Beamten gegenüber der Bevölkerung insgesamt bis 2060 auf rund ein halbes Jahr halbiert (Deutscher Bundestag 2017a, S. 71).

[46]  Für eine ältere Projektion ausgehend vom Basisjahr 2009 zur Beamtenversorgung und Beihilfe von Bund und Ländern vgl. Benz (2015).

[47]  Beiträge zu den berufsständischen Versorgungswerken und zur Alterssicherung der Landwirte mindern analog der Beiträge zur gesetzlichen Rentenversicherung begrenzt als Sonderausgaben das zu versteuernde Einkommen (§ 10 EStG).

ISÖ
Institut für
Sozialökologie

Tabelle 15: Eckdaten zur gesetzlichen Rentenversicherung

| Merkmal | Wert |
|---|---|
| Aktiv Versicherte (Ende 2016) | 37,6 Mio. |
| Renten (Ende 2017) | 25,6 Mio. |
| davon: Altersrenten | 18,2 Mio. |
| davon: Erwerbsminderungsrenten | 1,8 Mio. |
| davon: Hinterbliebenenrenten | 5,7 Mio. |
| Bewilligte Rehabilitationsleistungen (2017) | 1,4 Mio. |
| Beitragssatz (seit 2018) | 18,6% |
| Rentenniveau netto vor Steuern (2017) | 48,3% |
| Einnahmen (2017) | 299,5 Mrd. EUR |
| davon: Beiträge (ohne Kindererziehungszeiten) | 212,0 Mrd. EUR |
| davon: Beiträge des Bundes für Kindererziehungszeiten | 13,2 Mrd. EUR |
| davon: Bundeszuschüsse[a] | 73,0 Mrd. EUR |
| Ausgaben (2017) | 298,9 Mrd. EUR |
| davon: Renten | 268,9 Mrd. EUR |
| davon: KVdR | 19,1 Mrd. EUR |
| davon: Rehabilitation | 6,4 Mrd. EUR |
| davon: Verwaltung und Verfahren | 4,0 Mrd. EUR |

[a] Außerdem erstattet der Bund die Ausgaben nach dem Anspruchs- und Anwartschaftsüberführungsgesetz (AAÜG) für Ansprüche und Anwartschaften aus Zusatz- und Sonderversorgungssystemen der ehemaligen DDR (2017: 5,3 Mrd. EUR).

Anmerkung: Aktiv Versicherte: Versicherte, die am Stichtag eine rentenrechtliche Zeit oder einen Sondertatbestand aufweisen; KVdR: Krankenversicherung der RentnerInnen.

Quelle: Beitragssatzverordnung; Deutsche Rentenversicherung Bund (2018, S. 15, 188f., 220, 242f., 247, 258, 262); eigene Berechnungen.

ISÖ
Institut für
Sozialökologie

**Rentenanpassungen**

Die Renten der gesetzlichen Rentenversicherung werden jährlich zum 1. Juli regelgebunden angepasst.[48] Sie erfolgt anhand von drei multiplikativ verknüpften Faktoren (§ 68 SGB VI):

- Entgeltfaktor: Der Entgeltfaktor ist die Veränderung der durchschnittlichen beitragspflichtigen Entgelte (kurzfristig erfolgt die Rentenanpassung zunächst anhand der Veränderung der Bruttolöhne und -gehälter je ArbeitnehmerIn nach der Volkswirtschaftlichen Gesamtrechnung, diese Änderung wird jedoch jeweils im Folgejahr wieder neutralisiert).

- Beitragssatzfaktor: Aufgrund des Beitragssatzfaktors führt eine Erhöhung des Beitragssatzes zu einer annähernd proportionalen Reduktion der Renten (und umgekehrt).

- Nachhaltigkeitsfaktor: Durch den Nachhaltigkeitsfaktor führt eine Erhöhung des sogenannten Rentnerquotienten zu einem Viertel zu einer Reduktion der Renten (und umgekehrt). Der Rentnerquotient ist das Verhältnis der Zahl der rechnerischen Standardrenten zur Anzahl der rechnerischen beitragspflichtigen DurchschnittsverdienerInnen. Damit sollen neben dem Beitragssatzfaktor die RentnerInnen an den Lasten infolge des demographischen Wandels beteiligt werden.

**Anpassung der Beitragssätze zur Rentenversicherung und des Bundeszuschusses**

- Der Beitragssatz zur gesetzlichen Rentenversicherung wird zum 1. Januar angepasst, falls bei unverändertem Beitragssatz zum Ende des Kalenderjahres die sogenannte Nachhaltigkeitsrücklage 0,2 Monatsausgaben unter oder 1,5 Monatsausgaben überschreiten würde (§ 158 SGB VI). Dabei erfolgt jeweils eine Anpassung gerade in dem Ausmaß, das erforderlich ist, um die genannten Restriktionen einzuhalten.

- Der allgemeine und damit größte Teil des Bundeszuschusses wird regelgebunden entsprechend der Entwicklung der Bruttolöhne und -gehälter je ArbeitnehmerIn und mit der Änderung des Beitragssatzes, der ohne den zusätzlichen Bundeszuschuss einschließlich Erhöhungsbetrag erforderlich wäre, angepasst (§ 213 Abs. 2 SGB VI).

- Der zusätzliche Bundeszuschuss wird entsprechend der Änderung des in der jeweils aktuellen Steuerschätzung prognostizierten Aufkommens aus der Umsatzsteuer (ohne Berücksichtigung von Anpassungen des Steuersatzes) fortgeschrieben (§ 213 Abs. 3 SGB VI). Der Erhöhungsbetrag zum zusätzlichen Bundeszuschuss wird entsprechend der Entwicklung der Summe der Bruttolöhne und -gehälter fortgeschrieben.

ISÖ
Institut für
Sozialökologie

Haug (2018, S. 88f.) beziffert auf Grundlage eines nominalen Diskontsatzes von 5% den Gegenwartswert der Anwartschaften auf eine Alterssicherung aus der gesetzlichen Sozialversicherung Ende 2015 auf 6,7 Billionen Euro bzw. 225% des Bruttoinlandsprodukts.[49] Dabei ist das Ergebnis allerdings sehr sensitiv gegenüber dem angenommenen Diskontsatz. Eine Reduktion des Diskontsatzes um einen Prozentpunkt erhöht die Anwartschaften um etwa ein Fünftel.

Vorausberechnungen zur Rentenversicherung[50] beinhalten meist Angaben zum Beitragssatz und zum Sicherungsniveau vor Steuern (Rentenniveau)[51]. Diese beiden Größen werden daher in diesem Unterabschnitt bevorzugt als Vergleichsgrößen herangezogen.[52]

Die Bundesregierung legt einmal jährlich mit dem Rentenversicherungsbericht eine amtliche Vorausberechnung für das laufende und die nächsten 14 Jahre vor (zu den Annahmen siehe Tabelle 19). Darauf aufbauend hat das Bundesministerium für Arbeit und Soziales (2016) eine Vorausberechnung bis 2045 veröffentlicht (zu den Annahmen Tabelle 19). Die entsprechenden Vorausberechnungen hieraus und aus den letzten vier Rentenversicherungsberichten für Rentenniveau und Beitragssatz zur gesetzlichen Rentenversicherung zeigt Abbildung 8. Danach sinkt das Rentenniveau von derzeit (2017) 48,3% weitgehend kontinuierlich, am stärksten zwischen Mitte der 2020er und Mitte der 2030er Jahre, wenn die geburtenstarken Jahrgänge das Rentenalter erreichen. Im Verlauf der Rentenversicherungsberichte führten die Vorausberechnungen tendenziell zu immer höheren Rentenniveaus. Ausgehend vom gegenwärtigen Beitragssatz von 18,6% wird ein weitgehend kontinuierlicher Anstieg projiziert, wiederum vor allem von Mitte der 2020er bis Mitte der 2030er Jahre mit dem Erreichen des Rentenalters der geburtenstarken Jahrgänge.

---

[48] Die hier dargestellte Anpassung bezieht sich bis 2023 nur auf Westdeutschland und gilt bis dahin nur für rentenrechtliche Zeiten, die in Westdeutschland zurückgelegt wurden. Für Ostdeutschland erfolgt bis 2024 eine stufenweise Angleichung an das westdeutsche Niveau (§ 255a SGB VI).

[49] Außerdem beziffert er den Gegenwartswert der Anwartschaften auf eine betriebliche Altersversorgung staatlicher Träger auf 113 Mrd. EUR bzw. 4% des Bruttoinlandsprodukts und auf eine betriebliche Altersversorgung nicht-staatlicher Träger auf 639 Mrd. EUR bzw. 22% des Bruttoinlandsprodukts.

[50] Die Vorausberechnung von Kochskämper (2017b) bis 2045 wird aufgrund ihrer stark vereinfachenden Annahmen hier nicht berücksichtigt. Sie kommt in ihrem Status-quo-Szenario „Rente mit 67" zu etwas günstigeren Ergebnissen (Beitragssatz 2035: 21,8%; 2045: 22,6%; Rentenniveau 2045 über 44%) als die im Folgenden berücksichtigten Studien.

[51] Das Rentenniveau gibt die Rente nach 45 Jahren Beitragszahlung aus einem Durchschnittsverdienst ohne Abschläge nach Abzug von Beiträgen zur Kranken- und Pflegeversicherung in Relation zum Durchschnittsverdienst nach Anl. 10 SGB VI nach Abzug von Sozialversicherungsbeiträgen an.

[52] Die im Folgenden zitierten Vorausberechnungen berücksichtigen die 2018 beschlossene und Anfang 2019 in Kraft getretene Rentenreform noch nicht. Werding (2019) ermittelt - mit den gleichen Annahmen wie Werding (2018) (vgl. Unterabschnitt 2.3.1.2) (E-Mail der Ruhr-Universität Bochum vom 18. März 2019) - die Auswirkungen dieser Rentenreform bis 2045.

ISÖ
Institut für
Sozialökologie

Neben den amtlichen Vorausberechnungen liegen weitere Projektionen vor, die über den 15-jährigen Vorausberechnungszeitraum der Rentenversicherungsberichte hinausgehen. Teilweise versuchen die Studien, die Vorausberechnung aus dem jeweils letzten Rentenversicherungsbericht zu replizieren und orientieren sich bei ihren Annahmen (Tabelle 19) an jenen der Rentenversicherungsberichte. Dies dürfte zumindest für die Deutsche Bundesbank (2016) (Anpassung an den Rentenversicherungsbericht 2015), Buslei (2017) (Anpassung an den Rentenversicherungsbericht 2016) und Börsch-Supan/Rausch (2018) (Anpassung an den Rentenversicherungsbericht 2017) gelten; deren Ergebnisse können daher nur eingeschränkt als Bestätigung der amtlichen Vorausberechnungen aufgefasst werden. Diese Vorausberechnungen basieren ebenso wie die amtlichen Vorausberechnungen auf speziell für die Rentenversicherung entwickelten Simulationsmodellen. Darüber hinaus liegt eine Vorausberechnung von Ehrentraut/Huschik et al. (2018) auf Basis des makroökonomischen Weltwirtschaftsmodells VIEW und des nationalen Sozialversicherungsmodells OCCUR von Prognos vor (Tabelle 19). Zudem liegen Vorausberechnungen von Werding (2016b; 2018) und Werding/Läpple (2019) vor, die auf dem Simulationsmodell von Werding (2013) basieren, dass er auch für die Analyse der Tragfähigkeit der öffentlichen Finanzen verwendet (siehe Unterabschnitt 2.3.1.2). Alle genannten Vorausberechnungen dürften die relevanten gesetzlichen Regelungen zur Rentenanpassung (insbesondere Lohnfaktor, Beitragssatzfaktor, Nachhaltigkeitsfaktor, ggf. auch Nachhaltigkeitsrücklage) berücksichtigen.

Abbildung 8: Amtliche Vorausberechnungen von Rentenniveau und Beitragssatz zur gesetzlichen Rentenversicherung

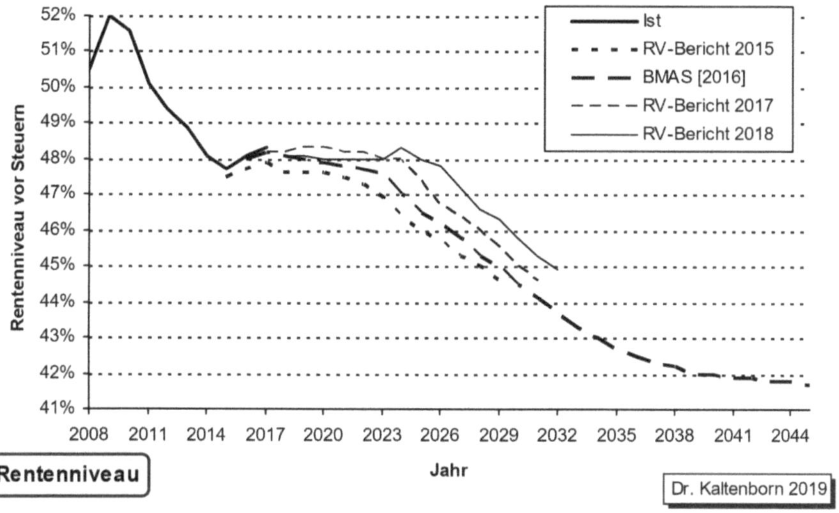

**Rentenniveau**

Dr. Kaltenborn 2019

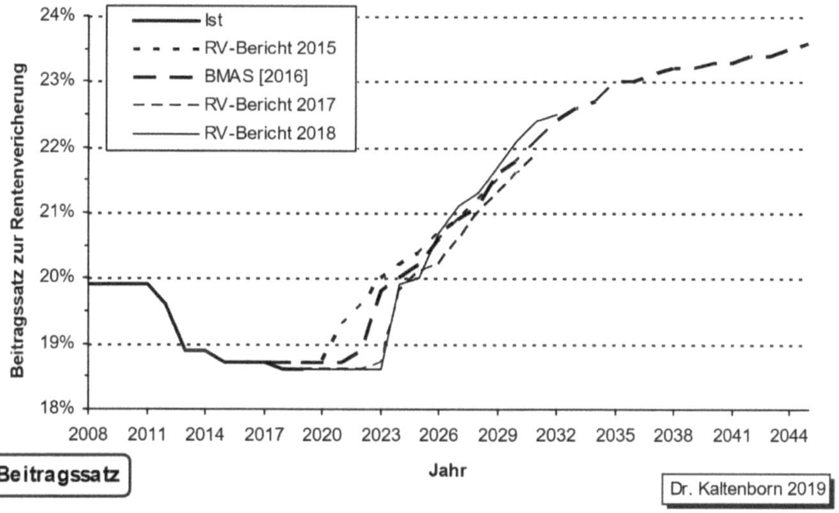

**Beitragssatz**

Dr. Kaltenborn 2019

Anmerkung: Das Rentenniveau gibt die Rente nach 45 Jahren Beitragszahlung aus einem Durchschnittsverdienst ohne Abschläge nach Abzug von Beiträgen zur Kranken- und Pflegeversicherung in Relation zum Durchschnittsverdienst nach Anl. 10 SGB VI nach Abzug von Sozialversicherungsbeiträgen an. Rentenversicherungsberichte jeweils mittlere Beschäftigungsentwicklung und mittlere Lohnvariante. Die Vorausberechnung im Rentenversicherungsbericht 2016 (Deutscher Bundestag 2016a, S. 31) bis

2030 (mittlere Beschäftigungsentwicklung und mittlere Lohnvariante) ist identisch mit der Vorausberechnung des Bundesministeriums für Arbeit und Soziales (2016, S. 55). RV-Bericht: Rentenversicherungsbericht; BMAS: Bundesministerium für Arbeit und Soziales.

Quelle: Deutscher Bundestag (2015, S. 29; 2017b, S. 29; 2018, S. 29); Bundesministerium für Arbeit und Soziales 2016, S. 55.

Tabelle 16 zeigt verschiedene Vorausberechnungen für das Rentenniveau. Alle kommen zu dem Ergebnis, dass das Rentenniveau sukzessive sinkt, wenngleich in unterschiedlichem Ausmaß. Die Studien, die sich an den Rentenversicherungsberichten orientieren, und Ehrentraut/Huschik et al. (2018) projizieren für 2040 ein Rentenniveau in einer Größenordnung von 42%. Nach der Projektion von Fenge/Peglow (2017) ist es etwa einen und nach den Projektionen von Werding (2016b; 2018) etwa zwei bis drei Prozentpunkte höher. Für 2060 wird weitgehend übereinstimmend von der Deutschen Bundesbank (2016), Börsch-Supan/Rausch (2018), Fenge/Peglow (2017) und Werding (2016b; 2018) ein Rentenniveau in einer Größenordnung von 41% vorausberechnet.

Die Ergebnisse verschiedener Vorausberechnungen für den Beitragssatz zur gesetzlichen Rentenversicherung zeigt Tabelle 17. Danach steigt der Beitragssatz sukzessive und erreicht 2035 eine Größenordnung von 22% bis 23%, wiederum leicht günstiger sind die Vorausberechnungen von Aretz et al. (2016, S. 16f.)[53] (weitgehend analog zu Werding 2016b, S. 6f.) und von Werding (2018) sowie von Werding/Läpple (2019). Bis 2060 steigt der Beitragssatz nach den Vorausberechnungen auf eine Größenordnung von 24% bis 25%, bis 2080 auf 24,3% bis 26,8%.

Aus verschiedenen Studien gibt es Anhaltspunkte für die Sensitivität der Berechnungen bei einer Variation der Annahmen:

- Demographische Annahmen:
  - Fertilität: Nach Werding (2016b, S. 19-21) und Fenge/Peglow (2017, S. 6, 33f.) hat eine höhere Geburtenrate günstige Effekte auf Rentenniveau und Beitragssatz zur gesetzlichen Rentenversicherung (und umgekehrt). Nach Werding (2016b, S. 19-21) erhöht ein Anstieg der Geburtenrate bis 2030 auf 1,6 (anstelle von dauerhaft 1,4) das Rentenniveau im Jahr 2060 um einen Prozentpunkt und vermindert den Beitragssatz um einen bis anderthalb Prozentpunkte. Ein allmähliches Absinken der Geburtenrate auf 1,2 bis 2060 (anstelle von dauerhaft 1,4) hätte hingegen erst langfristig sehr geringe ungünstige Wirkungen auf Rentenniveau und Beitragssatz. Der Projektion von Fenge/Peglow (2017, S. 6, 33f.) zufolge würde eine Erhöhung der Geburtenrate bis 2025 auf 2,01 (statt sukzessive Erhöhung auf 1,6 bis 2028) das Rentenniveau im Jahr 2060 um 1,5 Prozentpunkte erhöhen und den Beitragssatz um 1,1 Prozentpunkte vermindern. Umgekehrt würde eine Reduktion der Geburtenrate bis 2028 auf 1,4 das Rentenniveau im Jahr 2060

---

53   Referenzvariante ohne erhöhte Flüchtlingsmigration bis 2020.

um 0,7 Prozentpunkte vermindern und den Beitragssatz um 0,5 Prozentpunkte erhöhen.

- o Lebenserwartung: Nach Buslei (2017, S. 1092, 1095) und Fenge/Peglow (2017, S. 32f.) führt eine stärker steigende Lebenserwartung zu einem höheren Beitragssatz zur gesetzlichen Rentenversicherung, nach Fenge/Peglow (2017, S. 7, 32f.) auch zu einem geringeren Rentenniveau. Eine Erhöhung der Lebenserwartung ab Geburt bis 2060 auf 86,7 Jahre für Jungen und auf 90,4 Jahre für Mädchen (anstelle von 84,8 / 88,8 Jahren) würde nach Buslei (2017, S. 1092, 1095) 2045 zu einem um etwa 0,4 Prozentpunkte höheren Beitragssatz führen, nach Fenge/Peglow (2017, S. 7, 32f.) wäre der Beitragssatz 2060 um 0,9 Prozentpunkte höher. Zudem wäre nach der letztgenannten Vorausberechnung das Rentenniveau im Jahr 2060 um 0,9 Prozentpunkte geringer.

- o Zuwanderung: Sowohl Werding (2016b, S. 19) als auch Börsch-Supan/Bucher-Koenen et al. (2016, S. 33f., 36f.)[54] und Fenge/Peglow (2017, S. 8, 34f.) ermitteln günstige Effekte eines dauerhaft höheren Wanderungssaldos auf Rentenniveau und Beitragssatz zur gesetzlichen Rentenversicherung. Dabei gehen Börsch-Supan/Bucher-Koenen et al. (2016, S. 33f., 36f.) anders als Werding (2016b, S. 19)[55] davon aus, dass sich die Zugewanderten im Durchschnitt genauso wie die bereits zuvor ansässige Bevölkerung verhalten und sofort in den Arbeitsmarkt integriert werden.[56] Ein dauerhaft um 100.000 Personen höherer jährlicher Wanderungssaldo würde im Jahr 2060 nach Werding (2016b, S. 19) das Rentenniveau um etwa einen Prozentpunkt (2080: um drei viertel Prozentpunkte) erhöhen, nach Fenge/Peglow (2017, S. 8, 34f.) lediglich um 0,6 Prozentpunkte, der Beitragssatz zur gesetzlichen Rentenversicherung wäre um 0,4 Prozentpunkte (auch 2080) bzw. 0,3 Prozentpunkte geringer. Für einen um 100.000 Personen jährlich geringeren Wanderungssaldo projizieren Fenge/Peglow (2017) zudem spiegelbildliche Effekte. Nach Börsch-Supan/Bucher-Koenen et al. (2016, S. 33f., 36f.) führt ein bis 2035 um 300.000 höherer jährlicher Wanderungssaldo im Jahr 2037 zu einem um 1,4 Prozentpunkte geringeren Beitragssatz, anschließend reduziert sich der Beitragssatzeffekt um 30%, da ab 2035 keine zusätzliche Zuwanderung mehr angenommen wird. Zudem könne das Rentenniveau langfristig auf 44% gehalten werden.

- Annahmen zum Arbeitsmarkt: In den Rentenversicherungsberichten werden jeweils auch die erforderlichen Beitragssätze für unterschiedliche Annahmen zur Lohn- und Beschäftigungsentwicklung vorausberechnet. Würden die Durchschnittsentgelte der Versicherten ab 2019 um jährlich einen Prozentpunkt stärker steigen, so würde dies den erforderlichen Beitragssatz 2032 um 0,2 Prozentpunkte vermindern (und umgekehrt) (Deutscher Bundestag 2018, S. 28, 35). Nach Fenge/Peglow (2017, S. 15, 29f.) gilt dies auch langfristig bis

---

54 Die Annahmen sind weitgehend analog zu Börsch-Supan/Rausch (2018) (vgl. Tabelle 19). Abweichend sind insbesondere die demographischen Annahmen, die weitgehend analog zur Variante 2 der 13. koordinierten Bevölkerungsvorausberechnung (vgl. Tabelle 3 in Abschnitt 2.2) sind (Börsch-Supan/Bucher-Koenen et al. 2016, S. 33, haben für Mädchen einen Anstieg der Lebenserwartung bei Geburt bis 2060 auf 88,2 Jahre angegeben, tatsächlich wurden nach Mitteilung des Munich Center for the Economics of Aging - MEA - vom 11. Februar 2019 wie in der Variante 2 der 13. koordinierten Bevölkerungsvorausberechnung 88,8 Jahre zugrunde gelegt).

55 Werding (2016b, S. 2) nimmt an, dass die alters- und geschlechtsspezifische Erwerbsquoten der Zugewanderten erst nach 13 Jahren das Niveau der im Inland lebender AusländerInnen erreichen und gehen von einer höheren Erwerbslosenquote für AusländerInnen als für Deutsche aus (Aretz et al. 2016, S. 9 und E-Mail der Ruhr-Universität Bochum vom 18. Februar 2019).

56 Fenge/Peglow (2017) machen hierzu keine Angaben; vermutlich gehen sie davon aus, dass die Zugewanderten im Durchschnitt der bereits ansässigen Bevölkerung entsprechen.

Institut für
Sozialökologie

2060. Zudem ergäbe sich langfristig bis 2060 eine Reduktion des Rentenniveaus um 0,3 bis 0,4 Prozentpunkte (und umgekehrt). Eine Verminderung der Zahl der Beschäftigten von 38,7 Mio. (2018) bis 2032 auf 33,9 Mio. (statt 35,3 Mio.) würde den erforderlichen Beitragssatz 2032 um 0,6 Prozentpunkte erhöhen, eine Verminderung der Zahl der Beschäftigten auf 36,8 Mio. würde hingegen den erforderlichen Beitragssatz 2032 um 0,6 Prozentpunkte vermindern (Deutscher Bundestag 2018, S. 28, 36). Eine dauerhaft um drei Prozentpunkte höhere Arbeitslosenquote hätte im Jahr 2060 einen um 0,2 bis 0,3 Prozentpunkte geringeres Rentenniveau und einen um 0,2 Prozentpunkte höheren Beitragssatz zur Folge (und umgekehrt) (Fenge/Peglow 2017, S. 15, 30f.). Ein Anstieg der Erwerbsbeteiligung der Frauen auf 95% des Niveaus der Männer bis 2040 würde das Rentenniveau um 0,1 bis 0,4 Prozentpunkte erhöhen und den Beitragssatz zur Rentenversicherung um 0,1 bis 0,2 Prozentpunkte vermindern (Fenge/Peglow 2017, S. 12, 30, 32). Ehrentraut/Huschik et al. (2018) untersuchen die Auswirkungen einer stärkeren Erwerbsbeteiligung von Müttern mit Kind(ern) im Alter bis 17 Jahren. Sie gehen von einem Szenario aus, bei dem der Anteil der erwerbstätigen Mütter von 66,9% und einer durchschnittlichen Arbeitszeit von 26,3 Stunden wöchentlich bis zum Jahr 2050 auf 85,5% und 29,6 Stunden wöchentlich (statt 71,3% und 26,3 Stunden wöchentlich) steigt. Dies würde zu einer sukzessiven Erhöhung des Rentenniveaus um bis zu 0,8 Prozentpunkte (2050) führen, der Beitragssatz wäre ab 2036 um 0,5 Prozentpunkte geringer.[57] Ein Anstieg der Erwerbsbeteiligung insbesondere von Älteren nach 2031 bis 2060 (in der Altersgruppe 60 bis 69 Jahre um 9 bis 12 Prozentpunkte) würde im Jahr 2060 das Rentenniveau um 1,1 Prozentpunkte erhöhen und den Beitragssatz zur Rentenversicherung um einen Prozentpunkt reduzieren (Fenge/Peglow 2017, S. 15, 31f.).

- Annahmen zur Lebensarbeitszeit:[58] Nach allen vorliegenden Studien würde sich eine Erhöhung der Regelaltersgrenze und damit eine Verlängerung der Lebensarbeitszeit günstig auf Rentenniveau und Beitragssatz auswirken. Börsch-Supan/Bucher-Koenen et al. (2016, S. 37f.) untersuchen eine weitere Erhöhung der Regelaltersgrenze von 67 Jahren im Jahr 2031 bis 2060 auf etwa 69 Jahre und sieben Monate (anstelle von konstant 67 Jahren ab dem Jahrgang 1964). Dies würde im Jahr 2060 zu einem um einen Prozentpunkt höheren Rentenniveau führen; zudem würde ab 2037 der Beitragssatz um 0,3 Prozentpunkte und um 2047 um einen halben Prozentpunkt geringer ausfallen. Buslei (2017, S. 1094f.) analysiert eine weitere Erhöhung der Regelaltersgrenze von 67 Jahren im Jahr 2031 bis 2045 auf 68 Jahre. Dies würde von 2040 bis 2045 das Rentenniveau um etwa 0,6 Prozentpunkte erhöhen und den Beitragssatz von Mitte der 2030er Jahre bis 2045 um etwa 0,4 Prozentpunkte reduzieren. Werding (2016b, S. 11-13; 2018, S. 32-35) untersucht die Wirkungen einer sofortigen Rückkehr zur Regelaltersgrenze von 65 Jahren. Das Rentenniveau würde sich vermindern, ab 2060 betrüge die Reduktion etwa anderthalb Prozentpunkte. Der Beitragssatz hingegen wäre nach der früheren Studie 2060 und 2080 jeweils um einen Prozentpunkt, nach der späteren jeweils um 1,4 Prozentpunkte höher. Der deutlichere Anstieg des Beitragssatzes nach der späteren Studie dürfte maßgeblich auf die dort

---

[57] E-Mail der Prognos AG vom 7. Februar 2019.

[58] Darüber hinaus untersucht auch die Deutsche Bundesbank (2016) die Wirkungen einer Verlängerung der Lebensarbeitszeit auf das Rentenniveau. Dabei verändert sie entsprechend der verlängerten Lebensarbeitszeit zugleich die Berechnung des Rentenniveaus, indem mehr als 45 Beitragsjahre unterstellt werden. Daher sind deren Berechnungen nicht mit den übrigen hier zitierten vergleichbar.

ISÖ
Institut für
Sozialökologie

angenommene endogene Erwerbslosenquote zurückzuführen sein.[59] Werding (2016b, S. 11-13) untersucht zudem die Wirkungen einer weiteren Erhöhung der Regelaltersgrenze ab 2031 um einen Monat jährlich, wodurch sie 2060 gut 69 Jahre und 2080 rund 71 Jahre betragen würde. Das Rentenniveau wäre dadurch 2060 um etwa anderthalb und 2080 um etwa einen halben Prozentpunkt höher, der Beitragssatz um 1,6 bzw. 1,3 Prozentpunkte geringer. Die langfristig geringere Wirkung sei Folge der mit der verlängerten Lebensarbeitszeit einhergehenden höheren Rentenansprüche. Werding (2018, S. 32-35) untersucht die Auswirkungen einer an die Verlängerung der Lebenserwartung gekoppelten Erhöhung der Regelaltersgrenze, indem für jedes Jahr verlängerter Lebenserwartung die Regelaltersgrenze um acht Monate erhöht wird. Dies würde das Rentenniveau 2060 und 2080 um jeweils 0,8 Prozentpunkte erhöhen und den Beitragssatz um 0,6 bzw. 0,7 Prozentpunkte vermindern. Buslei/Haan et al. (2017, S. 64f.) untersuchen bis 2045 die Folgen unterschiedlicher Annahmen über die tatsächliche Verlängerung der Lebensarbeitszeit (1,0, 1,4 und 1,8 Jahre) infolge der sukzessiven Anhebung der Regelaltersgrenze von 65 Jahren auf 67 Jahren ab dem Jahrgang 1964. Die größten Auswirkungen der unterschiedlichen Annahmen ergeben sich danach um 2030; hier führt eine Erhöhung der Lebensarbeitszeit um 1,4 Jahre zu einer Erhöhung des Rentenniveaus um 0,4 Prozentpunkte und zu einer Senkung des Beitragssatzes um 0,3 bis 0,4 Prozentpunkte. Die Unterschiede zwischen den drei Varianten sind gering, da eine kürzere Lebensarbeitszeit höhere Rentenabschläge zur Folge hat.

---

[59]  E-Mail der Ruhr-Universität Bochum vom 18. Februar 2019.

Institut für
Sozialökologie

Tabelle 16: Vorausberechnungen für das Rentenniveau netto vor Steuern

| Studie und Variante | 2025 | 2030 | 2035 | 2040 | 2045 | 2050 | 2060 | 2080 |
|---|---|---|---|---|---|---|---|---|
| Bundesbank (2016) | 46,0% | 44,1% | 42,3% | 41,8% | 41,7% | 41,4% | 40,4% | |
| BMAS (2016) | 46,5% | 44,5% | 42,7% | 42,0% | 41,7% | | | |
| Buslei (2017)[a] | 45,3% | 43,8% | 42,2% | 41,4% | 41,4% | | | |
| Börsch-Supan/Rausch (2018) (Referenzszenario) | 47,4% | 45,0% | 43,3% | 42,4% | 42,3% | 42,0% | 41,1% | |
| RV-Bericht 2018[b] | 48,0% | 45,8% | 44,9% (2032) | | | | | |
| Ehrentraut/Huschik et al. (2018) (Referenzszenario) | 45,5% | 43,8% | 42,3% | 41,7% | 41,4% | 40,9% | | |
| Fenge/Peglow (2017)[c] (Basisszenario) | >46% | <45% | ~43½ % | <43% | <42½ % | <42% | 40,9% | |
| Werding (2016b) (Basisszenario) | 47,9% | 47,1% | 45,6% | 44,8% | 44,2% | 43,4% | 42,0% | 41,3% |
| Werding (2018) (Referenzvariante) | 47,3% | 46,3% | 44,7% | 43,8% | 43,2% | 42,3% | 40,5% | 38,8% |

[a] Variante mit der (geringeren) Lebenserwartung entsprechend Variante 2 der 13. koordinierten Bevöl-kerungsvorausberechnung (vgl. Tabelle 3 in Abschnitt 2.2).

[b] Mittlere Beschäftigungsentwicklung und mittlere Lohnvariante.

[c] Angaben teilweise aus Abbildung abgelesen, daher nur ungefähre Werte.

Anmerkung: Das Rentenniveau gibt die Rente nach 45 Jahren Beitragszahlung aus einem Durchschnitts-verdienst ohne Abschläge nach Abzug von Beiträgen zur Kranken- und Pflegeversicherung in Relation zum Durchschnittsverdienst nach Anl. 10 SGB VI nach Abzug von Sozialversicherungsbeiträgen an. Rentenniveau 2017: 48,3%; BMAS: Bundesministerium für Arbeit und Soziales; RV-Bericht 2018: Renten-versicherungsbericht 2018 (Deutscher Bundestag 2018).

Quelle: Börsch-Supan/Rausch (2018, S. 7) und E-Mail des Munich Center for the Economics of Aging (MEA) vom 11. Februar 2019; Bundesministerium für Arbeit und Soziales 2016, S. 55; Buslei 2017, S. 1094 und E-Mail des Deutschen Instituts für Wirtschaftsforschung vom 10. Januar 2019; Deutsche Bundesbank 2016, S. 74 und E-Mail der Deutschen Bundesbank vom 7. Februar 2019; Deutscher Bundestag 2018, S. 29; Ehrentraut/Huschik et al. 2018, S. 14 und E-Mail der Prognos AG vom 7. Februar 2019; Fenge/Peglow 2017, S. 28f.; Werding (2016b, S. 6; 2018, S. 28).

Tabelle 17: Vorausberechnungen für den Beitragssatz zur gesetzlichen Rentenversicherung

| Studie und Variante | 2025 | 2030 | 2035 | 2040 | 2045 | 2050 | 2060 | 2080 |
|---|---|---|---|---|---|---|---|---|
| Bundesbank (2016)[a] | | 21,8% | 22,8% | | | | >24% | |
| BMAS (2016) | 20,2% | 21,8% | 23,0% | 23,3% | 23,6% | | | |
| Buslei (2017)[b] | 20,6% | 21,9% | 23,2% | 23,5% | 23,5% | | | |
| Börsch-Supan/Rausch (2018) (Referenzszenario) | 20,1% | 21,6% | 22,6% | 22,9% | 23,0% | 23,3% | 24,0% | |
| RV-Bericht 2018[c] | 20,0% | 22,1% | 22,5% (2032) | | | | | |
| Ehrentraut/ Huschik et al. (2018) (Referenzszenario) | 20,6% | 21,9% | 23,1% | 23,5% | 23,8% | 24,1% | | |
| Fenge/Peglow (2017)[d] (Basisszenario) | ~20½% | ~21½% | ~22½% | >23% | ~23½% | 24% | 24,7% | |
| Aretz et al. (2016) (Referenzszenario[e]) | 19,6% | 20,5% | 21,4% | 22,0% | 22,5% | 23,1% | 24,0%[f] | 24,3%[f] |
| Werding (2018) (Referenzvariante) | 19,6% | 20,7% | 21,8% | 22,5% | 23,2% | 23,9% | 25,4% | 26,8% |
| Werding/Läpple (2019) (Referenzvariante) | 19,7% | 20,7% | 21,8% | 22,5% | 23,1% | 23,9% | 25,4% | 27,0% |

[a] Es handelt sich offenbar nicht um eine Berechnung, sondern um eine Annahme.
[b] Variante mit der (geringeren) Lebenserwartung entsprechend Variante 2 der 13. koordinierten Bevölkerungsvorausberechnung (vgl. Tabelle 3 in Abschnitt 2.2).
[c] Mittlere Beschäftigungsentwicklung und mittlere Lohnvariante.
[d] Angaben teilweise aus Abbildung abgelesen, daher nur ungefähre Werte.
[e] Ohne erhöhte Flüchtlingsmigration bis 2020.
[f] Andere Angaben von Werding (2016b, S. 10) sind unzutreffend (E-Mail der Ruhr-Universität Bochum vom 18. Februar 2019).

Anmerkung: BMAS: Bundesministerium für Arbeit und Soziales; RV-Bericht 2018: Rentenversicherungsbericht 2018 (Deutscher Bundestag 2018).

Quelle: Börsch-Supan/Rausch 2018, S. 8 und E-Mail des Munich Center for the Economics of Aging (MEA) vom 11. Februar 2019; Bundesministerium für Arbeit und Soziales 2016, S. 55; Buslei 2017, S. 1094 E-Mail des Deutschen Instituts für Wirtschaftsforschung vom 10. Januar 2019; Deutsche Bundesbank 2016, S. 74; Deutscher Bundestag 2018, S. 29; Ehrentraut/Huschik et al. 2018, S. 13 und E-Mail der Prognos AG vom 7. Februar 2019; Fenge/Peglow 2017, S. 26f.; Aretz et al. 2016, S. 16f., Werding (2016b, S. 6f.; 2018, S. 31) und E-Mail der Ruhr-Universität Bochum vom 18. Februar 2019; Werding/Läpple 2019, S. 19 und E-Mail der Ruhr-Universität Bochum vom 18. März 2019.

ISÖ
Institut für
Sozialökologie

Türk et al. (2018) haben einen gänzlich anderen Ansatz für ihre Vorausberechnung gewählt. Sie fokussieren auf die Entwicklung der Relation der EmpfängerInnen öffentlicher Transferleistungen (Renten, Pensionen, unterbeschäftigte Personen[60]) zu den Erwerbstätigen (ohne MinijobberInnen) (ökonomische Abhängigkeitsrelation). In ihrem Standardszenario (vgl. Szenario I in Tabelle 18) gehen sie von der Bevölkerungsprojektion von Eurostat aus dem Jahr 2014 aus (siehe Tabelle 3 in Abschnitt 2.2) und schreiben die Anteile der Erwerbstätigen (ohne MinijobberInnen), der Beschäftigungslosen und RentnerInnen entsprechend den bisherigen Entwicklungstrends fort.

Tabelle 18: Annahmen und Ergebnisse der Vorausberechnung von Türk et al. (2018) für die Alterssicherung

| Merkmal | Ist | Szenario I | | Szenario II | | Szenario III | |
|---|---|---|---|---|---|---|---|
| | 2013 | 2040 | 2060 | 2040 | 2060 | 2040 | 2060 |
| Bevölkerungsprojektion (vgl. Tabelle 3 in Abschnitt 2.2) | - | pessimistisch: Eurostat 2014 | | | | optimistisch: Eurostat (2017) | |
| Erwerbsprojektion: | - | pessimistisch:[a] | | optimistisch:[b] | | | |
| Erwerbsquote[c] Männer | 72,8% | 72,7% | 72,4% | 78,3% | 80,6% | 78,3% | 80,6% |
| Erwerbsquote[c] Frauen | 57,8% | 60,4% | 60,6% | 57,8% | 71,7% | 57,8% | 71,7% |
| Ökonomische Abhängigkeitsquote | 68% | 97% | 103% | 81% | 80% | 74% | 75% |

[a] Außerdem wird angenommen, dass die (erweiterte) Arbeitslosenquote im Wesentlichen konstant bleibt.

[b] Außerdem wird angenommen, dass sich die (erweiterte) Arbeitslosenquote sukzessive auf 4% bis 2050 vermindert.

[c] Anteil der Erwerbstätigen (ohne MinijobberInnen) an der Bevölkerung im Alter von 15 bis 64 Jahren.

Quelle: Türk et al. 2018, S. 13-15.

In diesem Szenario ergibt sich eine Erhöhung der ökonomischen Abhängigkeitsquote von 68% im Jahr 2013 auf 97% im Jahr 2040 und auf 103% im Jahr 2060. Alternativ (Szenario II) nehmen die Autoren an, dass sich die alters- und geschlechtsspezifischen Erwerbsquoten sukzessive bis 2050 an die entsprechenden Quoten in Schweden im Jahr 2016 angleichen (optimistische Erwerbsprojektion). Für diesen Fall ermitteln die Autoren lediglich eine Steigerung der ökonomischen Abhängigkeitsquote auf 81% (2040) bzw. 80% (2060). Wird zudem noch die

---

[60] Unterbeschäftigung i.e.S. (Bundesagentur für Arbeit), also Arbeitslose nach § 16 SGB III, TeilnehmerInnen an arbeitsmarktpolitischen Maßnahmen (ohne Kurzarbeit, Altersteilzeit und Förderung der Selbständigkeit) und Sonderregelungen für Ältere nach § 428 SGB III ggf. i.V.m. § 65 Abs. 4 SGB II und § 252 Abs. 8 SGB VI.

ISÖ
Institut für
Sozialökologie

optimistischere Bevölkerungsprojektion von Eurostat (2017) unterstellt (Szenario III), so steigt die Quote lediglich auf 74% (2060) bzw. 75% (2080).

Werding/Läpple (2019, S. 30) kritisieren, dass Türk et al. (2018) zwar den Umfang des Erwerbs-volumens der Erwerbstätigen berücksichtigen, nicht jedoch die Höhe der Rentenansprüche und sonstiger Leistungsansprüche der Älteren. Eine entsprechende Kennziffer, die solche Ge-wichtungen beiderseits vornimmt, gebe es mit dem Äquivalenz-Rentnerquotient bereits, der seit 2005 bei laufenden Rentenanpassungen berücksichtigt wird.

Darüber hinaus gibt es verschiedene Studien, die sich mit der Verteilung künftiger Alterse in-kommen befassen. Die Verteilung ist vor allem das Resultat von Erwerbsbiografien, Altersvor-sorge, Vermögensaufbau und Partnerwahl und weniger Folge der demographischen Entwick-lung. Gleichwohl ist die Verteilung künftiger Alterseinkommen zur Entwicklung von Strategien zur Bewältigung des demographischen Wandels von Interesse. Daher werden hier die Ergeb-nisse ausgewählter Studien vorgestellt, deren Projektionszeitraum mindestens bis 2030 reicht.

Heien/Krämer (2018) untersuchen in der Studie „Lebensverläufe und Altersvorsorge" mit Kon-tendaten der gesetzlichen Rentenversicherung, die mit Angaben aus einer Befragung im Jahr 2016 verknüpft wurden, die Altersvorsorge von 9.447 Personen der Geburtsjahrgänge 1957 bis 1976 in Privathaushalten im Inland und der mit ihnen gemeinsam lebenden PartnerInnen. Da-nach hat etwa jede vierte bis fünfte Person der genannten Geburtsjahrgänge aktuell keine Part-nerin bzw. keinen Partner. Sowohl in West- als auch in Ostdeutschland haben Männer und Frauen ganz überwiegend Anwartschaften auf eine Alterssicherung[61] oder beziehen bereits entsprechende Leistungen aus einem Regelleistungssystem. Je nach Altersgruppe haben in Westdeutschland zwischen 2% und 4% der Frauen keine Anwartschaften, ansonsten sind es meist lediglich zwischen 0,2% und 1,6%.[62] Der Anteil mit Anwartschaften bei der gesetzlichen Rentenversicherung schwankt meist um die 90%. Die Unterschiede im Hinblick darauf, bei wel-chen Alterssicherungssystemen Anwartschaften bestehen, sind zwischen den Geschlechtern und West- und Ostdeutschland eher gering. So ist die Alterssicherung der Landwirte in Ost-deutschland nahezu bedeutungslos und Männer in Ostdeutschland haben seltener Anwart-schaften auf eine Beamtenversorgung und aus einer betrieblichen Altersversorgung.

---

[61] Berücksichtigt werden die gesetzliche Rentenversicherung, die Beamtenversorgung, die Alterssicherung der Landwirte, be-rufsständische Versorgung sowie betriebliche und private Altersversorgung.

[62] Höhere Anteile haben Frauen in Ostdeutschland der Jahrgänge 1967 bis 1971 mit 4,4% (wegen geringer Fallzahlen nur mit Vorsicht zu interpretieren, vgl. Heien/Krämer 2018, S. 41) und Männer in Ostdeutschland der Jahrgänge 1972 bis 1976 mit 2,6%.

Allerdings ist in Ostdeutschland der Anteil derjenigen, die ausschließlich Anwartschaften in der gesetzlichen Rentenversicherung erworben haben, vor allem bei Männern je nach Altersgruppe zwischen 5 und 15 Prozentpunkten höher als in Westdeutschland. Die Höhe der bereits erworbenen Anwartschaften ist im Durchschnitt bei der Beamtenversorgung und der berufsständischen Versorgung meist ungefähr doppelt so hoch wie bei der gesetzlichen Rentenversicherung.[63] Die Verteilung der gesamten Anwartschaften an inländische Altersicherungssysteme nach Kohorte und Geschlecht im Jahr 2016 zeigt Abbildung 9.

Abbildung 9: Verteilung der Anwartschaften bei inländischen Altersicherungssystemen nach Kohorte und Geschlecht 2016

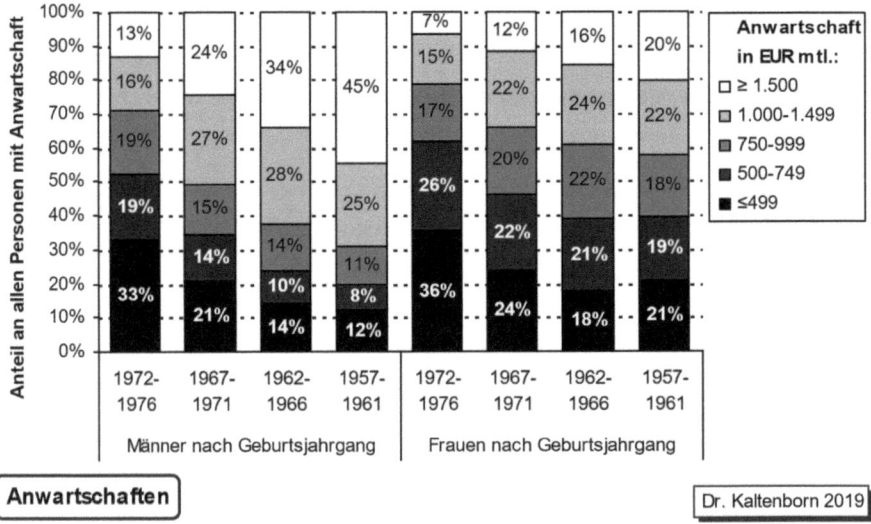

Anmerkung: Berücksichtigt sind inländische Anwartschaften aus der gesetzlichen Rentenversicherung, der Beamtenversorgung, der Alterssicherung der Landwirte, berufsständischer Versorgung sowie betrieblicher und privater Altersversorgung; nur Personen ohne Regelleistungsbezug aus einem Alterssicherungssystem.

Quelle: Heien/Krämer 2018, S. 177; eigene Berechnungen.

Danach haben 20% der Männer der rentennahen Jahrgänge Anwartschaften auf eine Alterssicherung von weniger als 750 EUR monatlich, bei den Frauen sind es 30%. Bei den Jüngeren sind es jeweils mehr, allerdings haben sie auch noch mehr Zeit für den Aufbau von

---

[63] Für Ostdeutschland liegen wegen geringer Fallzahlen nur sehr unvollständige Angaben zur berufsständischen Versorgung vor.

ISÖ
Institut für
Sozialökologie

Anwartschaften. Bei Personen mit PartnerIn sind die Geschlechterunterschiede in Westdeutschland deutlicher ausgeprägt als in Ostdeutschland (Heien/Krämer 2018, S. 58f.). Allerdings werden in Westdeutschland bei einer Betrachtung der durchschnittlichen Ansprüche von Paaren die Geschlechterdifferenzen deutlich nivelliert (Heien/Krämer 2018, S. 58).

Trotz der von Heien/Krämer (2018, S. 177) ermittelten hohen Anteile von Personen mit geringen Anwartschaften an Alterssicherungssysteme projizieren Haan et al. (2017) und Kaltenborn (2019) nur einen moderaten Anstieg der Armutsrisikoquote im Alter bzw. des Grundsicherungsbezugs im Alter in den nächsten ein bis anderthalb Dekaden. Die Projektion von Haan et al. (2017) schreibt ausgehend vom Basisjahr 2013 mikroanalytisch die bisherigen Versicherungsverläufe der Bevölkerung in Privathaushalten bis zum Jahr 2036 fort. Die Projektion bezieht sich jeweils auf die 67-Jährigen in den Jahren 2015 bis 2036. Um jeweils ausreichende Fallzahlen zu gewährleisten, wurden die Projektionen für jeweils fünf oder sechs Jahre zusammengefasst.

Haan et al. (2017, S. 70) ermitteln für die jeweils 67-Jährigen ausgehend von einer Armutsrisikoquote - des Anteils derjenigen, deren Nettoäquivalenzeinkommen[64] weniger als 60% des Medians[65] beträgt - von 16,2% im Durchschnitt der Jahre 2015 bis 2020 einen moderaten Anstieg auf 20,3% im Durchschnitt der Jahre 2031 bis 2036. Ebenfalls moderat steigt danach der Anteil der 67-Jährigen, die Grundsicherung im Alter und bei Erwerbsminderung beziehen, und zwar von 5,4% im Durchschnitt der Jahre 2015 bis 2020 auf 7,1% im Durchschnitt der Jahre 2031 bis 2036.[66] Der projizierte Anstieg würde durch eine Stabilisierung des Rentenniveaus bei 46% nur wenig reduziert (6,7%) (Haan et al. 2017, S. 82). Die Auswirkung ist gering, da von der Stabilisierung des Rentenniveaus nicht speziell RentnerInnen an der Grundsicherungsschwelle, sondern alle RentnerInnen, insbesondere jedoch solche mit hohen Rentenanwartschaften profitieren.

Kaltenborn (2019, Kap. 14) verfolgt einen anderen Ansatz zur Projektion der älteren EmpfängerInnen von Grundsicherung im Alter und bei Erwerbsminderung. Nach Kaltenborn (2019, Kap. 6) sind die geschlechtsspezifischen Hilfequoten eines Geburtsjahrgangs nach Erreichen

---

64  Das Nettoäquivalenzeinkommen berücksichtigt, dass in größeren Haushalten zwar mehr Nettoeinkommen für den gleichen Lebensstandard benötigt wird, der erforderliche Anstieg jedoch unterproportional zur Zahl der Personen ist. Haan et al. (2017, S. 68) verwenden die sogenannte neuere OECD-Skala, danach benötigt ein Haushalt mit zwei Erwachsenen für den gleichen Lebensstandard das anderthalbfache Nettoeinkommen einer bzw. eines Alleinstehenden.

65  Das Medianeinkommen ist jenes Einkommen, das jeweils von der Hälfte der Population über- und unterschritten wird.

66  Für eine kritische Würdigung der Berechnung vgl. Kaltenborn (2019, Unterabschnitt 14.3.2).

Institut für
Sozialökologie

der (Regel-) Altersgrenze[67] bei der Grundsicherung weitgehend konstant, allerdings sind sie von Geburtsjahrgang zu Geburtsjahrgang gestiegen. Durch Trendfortschreibung[68] ermittelt er eine Zunahme der Hilfequote von 3,2% Ende 2017 auf 4,4% bis 5,3% Ende 2030. Danach sind zudem anders als bislang die Hilfequoten der Männer künftig höher als jene der Frauen.

---

[67]  Die (Regel-) Altersgrenze von ursprünglich 65 Jahren steigt sukzessive auf 67 Jahre ab dem Geburtsjahrgang 1964.

[68]  Dabei geht er von zwei alternativen Varianten aus: Die geschlechtsspezifische Hilfequote erhöht sich nicht weiter von Geburtsjahrgang zu Geburtsjahrgang bzw. sie erhöht sich entsprechend dem bisherigen Trend. In beiden Fällen geht er davon aus, dass die kohortenspezifischen Hilfequoten nach Erreichen der (Regel-) Altersgrenze konstant bleiben.

Tabelle 19: Annahmen verschiedener Vorausberechnungen für die gesetzliche Rentenversicherung

| Parameter | RV-Berichte / BMAS (2016) / Deutsche Bundesbank (2016) | Buslei (2017) Buslei/Haan et al. (2017) | Börsch-Su-pan/Rausch (2018) | Fenge/Peglow (2017) | Ehrentraut/ Huschik et al. (2018) |
|---|---|---|---|---|---|
| Variante | RV-Berichte: mittlere Beschäftigungsentwicklung und mittlere Lohnvariante | Basisfall / Mittleres Basisszenario | Referenzszenario | Basisszenario | Referenzszenario |
| Basisjahr | jeweils letzter Datenstand | 2012/13 | 2016 | 2015 | 2014/15 |
| Rechtsstand | jeweils zum Zeitpunkt der Erstellung beschlossene, im Gesetzgebungsverfahren befindliche sowie vom Bundeskabinett beschlossene Maßnahmen | Buslei/Haan et al. (2017): „aktuell" | 2017 (ohne 2017 beschlossene Rentenreform) | 2017 (offenbar ohne 2017 beschlossene Rentenreform) | k.A. |
| Simulationsmodell(e) | Gemeinsames Rentensimulationsmodell des Bundesministeriums für Arbeit und Soziales und der Deutschen Rentenversicherung | Rentensimulationsmodell PenPro (DIW) | Rentensimulationsmodell MEA-Pensim | Rentensimulationsmodell | VIEW (Weltwirtschaft) und OCCUR (Sozialversicherung) |
| Demographische Annahmen (zu den Varianten vgl. Tabelle 3 in Abschnitt 2.2) | weitgehend analog Variante 2 (bis RV-Bericht 2016 und Deutsche Bundesbank 2016) bzw. Variante 2-A (ab RV-Bericht 2017) jeweils mit Anpassung an aktuelle Entwicklung | Variante 2 | weitgehend analog Variante 2-A (aber: Anstieg der Lebenserwartung bei Geburt auf 84,77 für Jungen und auf 88,8 Jahre für Mädchen) | weitgehend analog Variante 6 (aber: Wanderungssaldo +200.000 jhrl. bereits ab 2020) | Variante 2-A |
| Ökonomische Annahmen | k.A. | k.A. | Inflation: 1,5% jhrl. Wachstum der Arbeitsproduktivität um 1,5% jhrl. | k.A. | makroökonomische Modellierung der Weltwirtschaft mit Einbettung der nationalen Sozialversicherungszweige |

ISÖ
Institut für
Sozialökologie

| Parameter | RV-Berichte / BMAS (2016) / Deutsche Bundesbank (2016) | Buslei (2017) Buslei/Haan et al. (2017) | Börsch-Su-pan/Rausch (2018) | Fenge/Peglow (2017) | Ehrentraut/ Huschik et al. (2018) |
|---|---|---|---|---|---|
| Annahmen zum Arbeitsmarkt | Lohnwachstum ab dem 6. Jahr nach dem RV-Bericht um jeweils 3% in West- und Ostdeutschland (Ausnahme: RV-Bericht 2015 nimmt für Ostdeutschland ab 2021 eine Zunahme um 5,3% jährlich an), in den ersten fünf Jahren zwischen 2,4% und 3,1% jhrl. (Varianten mit einer um einen Prozentpunkt verminderten bzw. erhöhten Entgeltveränderung jhrl.); Abnahme der Beschäftigung binnen 14 Jahren auf ca. 30 Mio. in Westdeutschland und ca. 5 Mio. in Ostdeutschland (Alternativ: geringere / höhere Beschäftigungsentwicklung) | steigende Erwerbsbeteiligung von Frauen und Älteren | nominales Lohnwachstum 3% jhrl. (analog zur mittleren Variante des Rentenversicherungsberichts 2017) | steigende Erwerbsbeteiligung von Frauen und Älteren; Anstieg der Arbeitslosenquote auf 7;0% bis 2020; Lohnwachstum 2.5% jhrl. | zumindest steigende Erwerbsbeteiligung von Müttern (Zunahme der Erwerbstätigenquote von Müttern mit Kinder bis 17 Jahren von 66,9% 2015 auf 71,3% 2050) |

| Parameter | RV-Berichte / BMAS (2016) / Deutsche Bundesbank (2016) | Buslei (2017) Buslei/Haan et al. (2017) | Börsch-Su-pan/Rausch (2018) | Fenge/Peglow (2017) | Ehrentraut/ Huschik et al. (2018) |
|---|---|---|---|---|---|
| Annahmen zum Renteneintritt | k.A. | Anstieg des effektiven Renteneintrittsalters um 0,7 Jahre je Jahr der Anhebung der Regelaltersgrenze (bis 2031) | über 62-Jährige schieben ihren Renteneintritt analog zur Anhebung der Regelaltersgrenze um 2 Jahre auf | Anstieg des effektiven Renteneintrittsalters um 9 Monate je Jahr der Anhebung der Regelaltersgrenze (bis 2031) | k.A. |

| Endjahr der Vo-rausberechnung | RV-Berichte: 14 Jahre nach dem Be-richtsjahr (2029 bis 2032)<br>BMAS (2016): 2045;<br>Deutsche Bundesbank (2016): 2060 | 2045 | 2060 | 2060 | 2050 |
|---|---|---|---|---|---|

Anmerkung: RV-Bericht(e): Rentenversicherungsbericht(e) (2015 bis 2018) der Bundesregierung (Deutscher Bundestag 2015; 2016a; 2017b; 2018); BMAS: Bundesministerium für Arbeit und Soziales; jhrl.: jährlich.

Quelle: Deutscher Bundestag (2015; 2016a; 2017b; 2018); Bundesministerium für Arbeit und Soziales 2016; Börsch-Supan/Rausch 2018 und E-Mail des Munich Center for the Economics of Aging (MEA) vom 11. Februar 2019 (Rechtsstand); Buslei 2017; Buslei/Haan et al. 2017; Deutsche Bundesbank 2016; Fenge/Peglow 2017.

ISÖ
Institut für
Sozialökologie

## 2.3.2.2 Krankenversicherung

Die gesetzliche Krankenversicherung hatte im Jahresdurchschnitt 2017 etwa 56,0 Mio. Mitglieder, einschließlich beitragsfrei mitversicherten Familienangehörigen gab es 72,4 Mio. Versicherte (siehe Tabelle 20).

Tabelle 20: Eckdaten zur gesetzlichen Krankenversicherung

| Merkmal | Wert |
|---|---|
| Versicherte (2017) | 72,4 Mio. |
| Mitglieder (2017) | 56,0 Mio. |
| davon: Allgemeine Krankenversicherung | 39,2 Mio. |
| davon: KVdR | 16,8 Mio. |
| Allgemeiner Beitragssatz (seit 2015) | 14,6% |
| Durchschnittlicher kassenindividueller Zusatzbeitragssatz (Prognose für 2019) | 0,9% |
| Einnahmen des Gesundheitsfonds (2017) | 229,6 Mrd. EUR |
| davon: Beiträge | 215,2 Mrd. EUR |
| davon: sonstige Einnahmen (insb. Bundeszuschuss[a]) | 14,4 Mrd. EUR |
| Ausgaben (2017) | 230,4 Mrd. EUR |
| davon: Leistungsausgaben | 204,8 Mrd. EUR |
| davon: Verwaltung (netto) | 10,9 Mrd. EUR |

[a] Außerdem beteiligt sich der Bund an der Finanzierung der landwirtschaftlichen Krankenversicherung (2017: 1,4 Mrd. EUR).

Anmerkung: KVdR: Krankenversicherung der RentnerInnen.

Quelle: § 241, § 242 SGB V; Bundesministerium für Gesundheit (2018, S. 117f., 133f., 140); GKV Spitzenverband (https://www.gkv-spitzenverband.de/krankenversicherung/kv_grundprinzipien/finanzierung/zusatzbeitragssatz/zusatzbeitragssatz.jsp) (Prognose des durchschnittlichen kassenindividuellen Zusatzbeitrags); Sozialversicherung für Landwirtschaft, Forsten und Gartenbau 2018, S. 5; eigene Berechnungen.

Die Finanzierung erfolgt zu 94% durch Beiträge. Der allgemeine Beitragssatz beträgt 14,6%, hinzu kommt ein kassenindividueller Zusatzbeitragssatz, der 2019 voraussichtlich im Durchschnitt 0,9% beträgt. Der Bundeszuschuss ist seit 2017 gesetzlich auf 14,5 Mrd. EUR jährlich fixiert (§ 221 SGB V). Die Ausgaben in Höhe von 230,4 Mrd. EUR entfallen mit 204,8 Mrd. EUR ganz überwiegend auf Leistungsausgaben. Diese nehmen - abgesehen von den höheren

Ausgaben für Säuglinge - tendenziell mit dem Alter deutlich zu (Abbildung 10). Dementsprechend hat die demographische Entwicklung einen maßgeblichen Einfluss auf die künftigen Leistungsausgaben. Die Ausgaben für die Verwaltung (10,9 Mrd. EUR) hatten mit 4,7% einen nur geringen Anteil an den gesamten Ausgaben.

Abbildung 10: Leistungsausgaben der gesetzlichen Krankenversicherung nach Alter und Geschlecht 2017

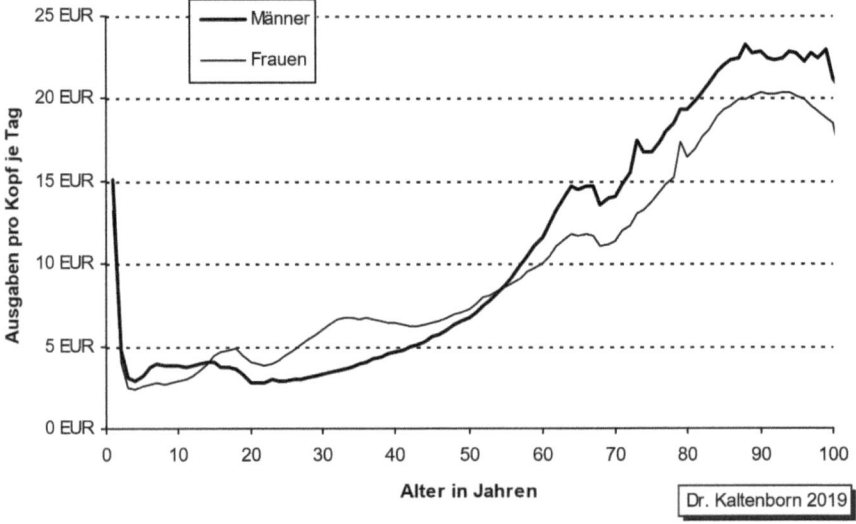

Anmerkung: 100: mindestens 100 Jahre; ein unplausibler negativer Wert für das Krankengeld für Mädchen im Alter von acht Jahren wurde auf null gesetzt.

Quelle: Bundesversicherungsamt 2018; eigene Berechnungen.

Es gibt mehrere Studien, die die zur Ausgabendeckung künftig erforderlichen Beitragssätze für die Krankenversicherung projizieren.[69] Ausgangspunkt der Projektionen sind grundsätzlich jeweils alters- und geschlechtsspezifische Einnahmen- und Ausgabenprofile. Einnahmen werden grundsätzlich erst mit Erreichen des Erwerbsalters erzielt, sie nehmen dann bis zum Erreichen des Ruhestandsalters tendenziell zu und sind bei Männern höher als bei Frauen (Arentz/Ulrich 2017, S. 13). Ein ähnliches Profil weisen die Krankengeldausgaben auf (Arentz/Ulrich 2017, S. 17). Die übrigen Leistungsausgaben nehmen ebenso wie die Leistungsausgaben

---

[69]   Hier ist jeweils die Summe aus Allgemeinen Beitragssatz und durchschnittlichem kassenindividuellen Beitragssatz gemeint.

ISÖ
Institut für
Sozialökologie

insgesamt der Krankenversicherung - nach dem Säuglingsalter - tendenziell mit dem Alter zu (Arentz/Ulrich 2017, S. 15, 18; Gasche/Rausch 2016, S. 211; auch Abbildung 10).[70]

In der Krankenversicherung gibt es größere Unsicherheiten über die künftige Entwicklung. Im einfachsten Fall wird für eine Projektion angenommen, dass die derzeitigen alters- und geschlechtsspezifischen Ausgabenprofile unverändert bleiben und die Wachstumsraten der alters- und geschlechtsspezifischen Ausgaben je Kopf und der - für die Einnahmen relevanten - Bruttoentgelte identisch sind. In diesem einfachen Szenario wird die künftige Beitragssatzentwicklung im Wesentlichen von der demographischen Entwicklung bestimmt; zudem führt wegen der Beitragspflicht der RentnerInnen das künftig sinkende Rentenniveau (vgl. Unterabschnitt 2.3.2.1) zu höheren Beitragssätzen zur Krankenversicherung. Von diesem einfachen Szenario können sich jedoch insbesondere aus folgenden Gründen Abweichungen ergeben:

- Allgemeiner Kostendruck: Allgemeiner Kostendruck kann durch den medizinisch-technischen Fortschritt entstehen, der generell die Ausgaben überproportional erhöht.
- Medikalisierungsthese: Die Medikalisierungsthese unterstellt, dass die durch neue Behandlungsformen gewonnenen Lebensjahre mit höherer Wahrscheinlichkeit in Krankheit verbracht werden. Dementsprechend führt ein Anstieg der Lebenserwartung zu höheren altersspezifischen Ausgaben in späteren Lebensjahren.
- Kompressionsthese („gesundes Altern"): Nach der Kompressionsthese nimmt mit der Lebenserwartung die Zahl der Lebensjahre, die in Gesundheit verbracht werden, überproportional zu. Damit verwandt ist die These, dass die Ausgaben vor allem von der Restlebenserwartung abhängen. In beiden Fällen verschiebt sich die kostenintensive Phase in höhere Lebensalter.

Die Annahmen von drei aktuellen Projektionen des Beitragssatzes zeigt Tabelle 21. Die Projektionen von Aretz et al. (2016, S. 16), Werding (2018, S. 17) und Werding/Läpple (2019) basieren auf einem umfassenden Simulationsmodell, das auch für Berechnungen zur Tragfähigkeit der öffentlichen Finanzen verwendet wird (vgl. Unterabschnitt 2.3.1.2 und Tabelle 6 in Unterabschnitt 2.3.1.1). Sie schreiben die alters- und geschlechtsspezifischen Leistungsausgaben der Krankenversicherung mit der Wachstumsrate von Arbeitsproduktivität und Löhnen fort.[71] Werding (2018, S. 15) und Werding/Läpple (2019)[72] gehen zudem von allgemeinem Kostendruck

---

[70] Müssten RentnerInnen die für sie anfallenden Ausgaben vollständig decken, so müsste der Beitragssatz zur Krankenversicherung für sie 35% betragen (ohne Berücksichtigung des Bundeszuschusses) (Arentz/Ulrich 2017, S. 20).

[71] Aretz et al. 2016, S. 13f., Werding 2018, S. 15 und E-Mail der Ruhr-Universität Bochum vom 18. März 2019 hinsichtlich der Vorausberechnung von Werding/Läpple 2019.

[72] E-Mail der Ruhr-Universität Bochum vom 18. März 2019.

und partieller Kompression aus.[73] Tabelle 22 gibt einen Überblick über die wesentlichen Ergebnisse.[74]

Aretz et al. (2016, S. 16) und Arentz/Ulrich (2017, S. 30f.) projizieren als Folge der demographischen Veränderung (ohne allgemeinen Kostendruck, Medikalisierung und Kompression) einen sukzessiven Anstieg des erforderlichen Beitragssatzes zur Krankenversicherung bis 2060 auf 18,3% bis 18,9%. Gasche/Rausch (2016, S. 217) projizieren für diesen Fall einen Beitragssatzanstieg auf 24,7%. Der markante Unterschied dürfte insbesondere auf den von ihnen angenommenen deutlich höheren Anstieg der Lebenserwartung,[75] und einen „minimalen Ausgabendruck" (Gasche/Rausch 2016, S. 217f.) zurückzuführen sein. Für den Fall eines deutlich geringeren Anstiegs der Lebenserwartung[76] projizieren Gasche/Rausch (2016, S. 225f.) bis 2060 einen Anstieg des Beitragssatzes auf 23,0%. Nach Arentz/Ulrich (2017, S. 30f.) führt eine Variation des Anstiegs der Lebenswartung zu einer weniger deutlichen Änderung des Beitragssatzes.[77] Kochskämper (2017a, S. 19f.), Werding (2018, S. 17) und Werding/Läpple (2019, S. 19) projizieren unter Berücksichtigung der Kompressionsthese bei geringem allgemeinen Kostendruck und ansonsten ähnlichen Annahmen wie Aretz et al. (2016) und Arentz/Ulrich (2017)[78] für 2050 mit mindestens 20% einen um anderthalb bis zwei Prozentpunkte höheren Beitragssatz als die anderen.

Eine höhere Geburtenrate würde den erforderlichen Beitragssatz mittelfristig minimal erhöhen und langfristig minimal senken. Dies liegt daran, dass zunächst zusätzliche Ausgaben für Kinder anfallen würden, ohne dass zugleich zusätzliche Einnahmen resultieren würden.[79] Mit Eintritt ins Erwerbsleben würden dann zusätzliche Einnahmen erzielt werden, denen allerdings auch - in geringerem Umfang - zusätzliche Ausgaben gegenüberstehen würden.

---

[73]  Überproportionaler Anstieg der alters- und geschlechtsspezifischen Leistungsausgaben um 0,5 Prozentpunkte jährlich und gleichzeitig Verzögerung des Anstiegs der alters- und geschlechtsspezifischen Leistungsausgaben um neun Monate je Jahr der Zunahme der Lebenserwartung.

[74]  Für einen Überblick über ältere Studien vgl. Gasche/Rausch 2016, S. 199.

[75]  Gasche/Rausch 2016, S. 216 gehen von einem Anstieg der Lebenserwartung bei Geburt bis 2060 auf 89,2 / 92,34 Jahre für Jungen / Mädchen aus (statt 86,7 / 90,4 Jahre bei Werding (2018) und statt 84,8 / 88,8 Jahre bei den vier anderen Studien) (Arentz/Ulrich 2017, S. 22, geben für die Lebenserwartung ab Geburt für Jungen vermutlich irrtümlich 84,4 Jahre an).

[76]  Anstieg der Lebenserwartung bei Geburt bis 2060 auf 85 / 89,2 Jahre für Jungen / Mädchen (statt 89,2 / 92,34 Jahre für Jungen / Mädchen im Basisszenario).

[77]  Dies gilt nicht nur absolut, sondern auch in Relation zum Ausmaß der Variation der Lebenserwartung.

[78]  Werding/Läpple (2019) gehen allerdings von einer höheren (kostenträchtigen) Geburtenrate und einem etwas höheren (kostenträchtigen) Anstieg der Lebenserwartung ab Geburt aus, Werding 2018 nimmt einen deutlich höheren Anstieg der Lebenserwartung ab Geburt an.

[79]  Die beiden Studien hierzu (Arentz/Ulrich 2017 und Gasche/Rausch 2016) berücksichtigen zudem nicht, dass es infolge geringerer Erwerbsbeteiligung der Eltern zu Einnahmeausfällen kommen kann.

ISÖ
Institut für
Sozialökologie

Tabelle 21: Annahmen verschiedener Vorausberechnungen für den Beitragssatz zur gesetzlichen Krankenversicherung

| Parameter | Kochskämper (2017a) | Gasche/Rausch (2016)[a] | Arentz/Ulrich (2017) |
|---|---|---|---|
| Basisjahr | 2015/2016 | k.A. (vermutlich 2011) | 2015 |
| Demographische Annahmen | Variante 2 (vgl. Tabelle 3 in Abschnitt 2.2) | Geburtenrate: 1,4; Anstieg der Lebenserwartung ab Geburt bis 2060 auf 89,2 / 92,34 Jahre für Jungen / Mädchen Wanderungssaldo: +150.000 jhrl. | Variante 2 (vgl. Tabelle 3 in Abschnitt 2.2)[b] |
| Annahmen zum Arbeitsmarkt | k.A. (implizit wird wohl strukturelle Konstanz unterstellt) | Erwerbs- und Arbeitslosenquoten konstant Wachstum der Bruttoentgelte ab 2020 3,0% jhrl. | k.A. (implizit wird wohl strukturelle Konstanz unterstellt) |
| Bundeszuschuss | ab 2017 14,5 Mrd. EUR jhrl. | ab 2017 14,5 Mrd. EUR jhrl. | ab 2017 14,5 Mrd. EUR jhrl. bzw. Dynamisierung analog der beitragspflichtigen Einnahmen |
| Ohne Kostendruck | - | Ausgaben je Versicherten steigen wie Bruttoentgelte, gleichwohl „minimaler Ausgabendruck" | alle alters- und geschlechtsspezifischen Parameter (Gesundheitsausgaben, Einkommen, Mitversichertenquoten) bleiben auf dem Niveau von 2015 |
| Allgemeiner Kostendruck | Leistungsausgaben (außer Krankengeld) für Männer steigen um 0,5 Prozentpunkte stärker als die Wachstumsrate der Bruttolöhne | - | Ausgabenprofile erhöhen sich um 0,49 / 1,49 / 2,49 Prozentpunkte stärker als die Einkommensprofile[c] |
| Medikalisierungsthese | - | überproportionaler Anstieg der Ausgaben für über 60-Jährige bis 2060, mit dem Alter von 0% für die 60-Jährigen zunehmend bis auf 20% für mindestens 90-Jährige | - |

ISÖ
Institut für
Sozialökologie

| Parameter | Kochskämper (2017a) | Gasche/Rausch (2016)[a] | Arentz/Ulrich (2017) |
|---|---|---|---|
| Kompressionsthese | Verschiebung der Ausgabenprofile entsprechend der längeren Lebenserwartung | Ausgabenprofile werden entsprechend dem Anstieg der Lebenserwartung von 2011 bis 2060 um 10,9 / 9,2 Jahre bei Männern / Frauen nach rechts verschoben | - |
| Endjahr d. Vorausberechnung | 2050 | 2060 | 2060 |

[a] Die Autoren verwenden das (Renten-)Simulationsmodell MEA-Pensim, das um ein Kranken- und Pflegeversicherungsmodul ergänzt wurde. Die Ergebnisse des Zensus 2011 gingen wohl noch nicht in die Bevölkerungsvorausberechnung ein.

[b] Abweichend von der Variante 2 der 13. koordinierten Bevölkerungsvorausberechnung geben Arentz/Ulrich (2017, S. 22) die Lebenserwartung ab Geburt für Jungen mit 84,4 Jahren (statt 84,8 Jahren) an.

[c] Vorliegend wird nur die Variante mit einem Anstieg der altes- und geschlechtsspezifischen beitragspflichtigen Einnahmen um 1,46% jährlich berücksichtigt (mit unterschiedlichem Anstieg der Ausgabenprofile).

Anmerkung: Teilweise werden in einzelnen Szenarien abweichende Annahmen für die Geburtenrate und die Lebenserwartung getroffen (vgl. Tabelle 22); jhrl.: jährlich.

Quelle: Arentz/Ulrich 2017; Gasche/Rausch 2016 und E-Mail des Munich Center for the Economics of Aging (MEA) vom 12. Februar 2019; Kochskämper 2017a und telefonische Auskunft des Instituts der deutschen Wirtschaft Köln vom 13. Februar 2019.

Arentz/Ulrich (2017, S. 41f.) berücksichtigen auch Varianten mit allgemeinem Kostendruck. Nach Arentz/Ulrich (2017, S. 33) sind im Zeitraum von 1995 bis 2015 die beitragspflichtigen Einnahmen je Mitglied durchschnittlich um 1,46% jährlich gestiegen, während die Ausgaben je Kopf durchschnittlich um 2,95% jährlich zugenommen haben. Entsprechend der Differenz unterstellen sie für die mittlere Variante eines allgemeinen Kostendrucks einen um 1,49 Prozentpunkte stärkeren Anstieg der alters- und geschlechtsspezifischen Ausgaben als der alters- und geschlechtsspezifischen beitragspflichtigen Entgelte.[80] Würden die alters- und geschlechtsspezifischen Ausgaben um 0,49, 1,49 bzw. 2,49 Prozentpunkte stärker als die alters- und geschlechtsspezifischen beitragspflichtigen Entgelte steigen, dann wäre - selbst bei einer Dynamisierung des Bundeszuschusses - im Jahr 2060 der erforderliche Beitragssatz um rund 4, 19 bzw. 30 Prozentpunkte höher als ohne allgemeinen Kostendruck.

---

[80] Allerdings ist der stärkere Anstieg der Ausgaben je Kopf als der Einnahmen je Mitglied im Basiszeitraum von 1995 bis 2015 nicht (nur) auf allgemeinen Kostendruck, sondern (auch) auf die demographische Entwicklung zurückzuführen; so stieg von 1995 bis 2015 der Altenquotient (Personen im Ruhestandsalter ab 65 Jahren je 100 Personen im Erwerbsalter von 20 bis 64 Jahren) von 24,7 auf 34,7 (Deutsche Rentenversicherung Bund 2018, S. 290). Insoweit dürfte die angenommene künftige überproportionale Ausgabensteigerung eine Trendfortschreibung deutlich übertreffen.

ISÖ
Institut für
Sozialökologie

Tabelle 22: Vorausberechnungen für den Beitragssatz zur gesetzlichen Krankenversicherung

| Studie | G[a] | L[b] | AK[c] | M[d] | K[e] | A[f] | 2030 | 2040 | 2050 | 2060 |
|---|---|---|---|---|---|---|---|---|---|---|
| **ohne Dynamisierung des Bundeszuschusses** | | | | | | | | | | |
| Aretz et al. (2016)[g] | 1,4 | | - | - | - | | 16,5% | 17,8% | 18,1% | 18,3% |
| Werding (2018)[h] | 1,4 | | 0,5 | - | x[i] | | 17,7% | 19,5% | 20,3% | 20,9% |
| Werding/Läpple (2019)[j] | 1,5 | | 0,5 | - | x[i] | | 17,8% | 19,4% | 20,0% | 20,5% |
| Kochskämper (2017a) | 1,4 | | 0,5[k] | - | x | | | 19,2% | 20,2% | |
| Gasche/Rausch (2016) | 1,4 | | - | - | - | | 19,5% | 21,9% | 23,6% | 24,7% |
| | 1,6 | | - | - | - | | 19,6% | 22,0% | 23,5% | 24,2% |
| | 1,4 | -[l] | - | - | - | | 19,1% | 21,2% | 22,4% | 22,9% |
| | 1,4 | | - | x | - | | 20,0% | 22,9% | 25,3% | 26,9% |
| | 1,4 | | - | - | x | | 17,9% | 19,1% | 19,7% | 19,8% |
| Arentz/Ulrich (2017) | 1,4 | | - | - | - | | 17,2% | 18,2% | 18,7% | 18,9% |
| | 1,6 | | - | - | - | | 17,3% | 18,4% | 18,7% | 18,8% |
| | 1,4 | +[m] | - | - | - | | 17,3% | 18,4% | 19,1% | 19,5% |
| | 1,4 | | - | - | - | +[n] | 16,2% | 17,2% | 17,7% | 17,9% |
| | 1,4 | | 1,49 | - | - | | 21,9% | | | 38,4% |
| **Dynamisierung des Bundeszuschusses analog der beitragspflichtigen Einnahmen** | | | | | | | | | | |
| Arentz/Ulrich (2017) | 1,4 | | 0,49 | - | - | | 18,6% | 20,7% | 22,4% | 23,9% |
| | 1,4 | | 1,49 | - | - | | 21,7% | 26,8% | 32,1% | 37,8% |
| | 1,6 | | 1,49 | - | - | | 21,9% | 27,0% | 32,1% | 37,6% |
| | 1,4 | +[m] | 1,49 | - | - | | 21,9% | 27,2% | 32,8% | 38,9% |
| | 1,4 | | 2,49 | - | - | | 25,3% | 34,5% | 45,5% | 59,1% |

[a] Geburtenrate.
[b] Variation des Anstiegs der Lebenserwartung (+: Erhöhung; -: Verminderung).
[c] Allgemeiner Kostendruck (jährlich überproportionaler Anstieg der Ausgaben in Prozentpunkten).
[d] Medikalisierungsthese.
[e] Kompressionsthese.
[f] Variation der Annahmen zum Arbeitsmarkt.
[g] 2070: 18,8%; 2080: 18,9%.
[h] 2070: 22,1%; 2080: 23,2%.
[i] Partielle Kompression (Verzögerung des Anstiegs der alters- und geschlechtsspezifischen Leistungsausgaben um neun Monate je Jahr der Zunahme der Lebenserwartung).
[j] 2070: 21,6%; 2080: 22,5%.

ISÖ
Institut für
Sozialökologie

k Nur Männer und nur Leistungsausgaben ohne Krankengeld.

l Anstieg der Lebenserwartung ab Geburt bis 2060 auf 85 / 89,2 Jahre für Jungen / Mädchen (statt 89,2 / 92,34 Jahre).

m Anstieg der Lebenserwartung ab Geburt bis 2060 auf 86,7 / 90,4 Jahre für Jungen / Mädchen (statt 84,8 / 88,8 Jahre) (falls die von Arentz/Ulrich (2017, S. 22) vermutlich irrtümlich angegebene Lebenserwartung ab Geburt für Jungen von 84,4 Jahren zuträfe, dann wäre es ein Anstieg auf 86,3 Jahre).

n Es wird angenommen, dass Frauen die gleichen Mitgliedsquoten haben wie Männer (ohne Anpassung der Entgelte an das Niveau der Männer).

Anmerkung: zur Finanzierung der Ausgaben (unter Berücksichtigung des Bundeszuschusses in konstanter Höhe) erforderlicher Beitragssatz (allgemeiner Beitragssatz und durchschnittlicher kassenindividueller Zusatzbeitragssatz).

Quelle: Aretz et al. 2016, S. 16, Werding (2018, S. 15, 17) und E-Mail der Ruhr-Universität Bochum vom 18. Februar 2019; Werding/Läpple 2019, S. 19 und E-Mail der Ruhr-Universität Bochum vom 18. März 2019; Arentz/Ulrich (2017, S. 31, 36-38, 40-42); Gasche/Rausch (2016, S. 217, 224-227) und E-Mail des Munich Center for the Economics of Aging (MEA) vom 12. Februar 2019; Kochskämper 2017a, S. 19f.; eigene Berechnungen.

Die darin enthaltene beitragssatzreduzierende Wirkung der Dynamisierung des Bundeszuschusses vermindert für den mittleren Fall des allgemeinen Kostendrucks den Beitragssatz um 0,6 Prozentpunkte.

Demgegenüber sind die Effekte einer Medikalisierung und Kompression vergleichsweise gering. Die von Gasche/Rausch (2016, S. 223f.) angenommene Variante der Medikalisierung (Tabelle 22) führt im Jahr 2060 lediglich zu einem um 2,2 Prozentpunkte höheren Beitragssatz. Hingegen würde die von ihnen unterstellte Kompression den erforderlichen Beitragssatz im Jahr 2060 um 4,7 Prozentpunkte vermindern.

## 2.3.2.3 Pflegeversicherung

Die Versicherung in der sozialen Pflegeversicherung folgt grundsätzlich der Versicherung in der gesetzlichen Krankenversicherung. Dementsprechend sind die Zahl der Mitglieder mit 56,0 Mio. (2017) und die Zahl der Versicherten mit 72,3 Mio. (2017) (siehe. Tabelle 23) ähnlich wie bei der gesetzlichen Krankenversicherung (Tabelle 20 in Unterabschnitt 2.3.2.2). Der Beitragssatz wurde Anfang 2019 um 0,5 Prozentpunkte angehoben und beträgt seither für Personen mit Kind(ern) sowie für Kinderlose bis 22 Jahre 3,05% und für Kinderlose ab 23 Jahren 3,3%. Daraus resultierten Einnahmen im Jahr 2017 in Höhe von etwa 36 Mrd. EUR. Davon wurden 1,4 Mrd. EUR dem Pflegevorsorgefonds zugeführt, der aus Beitragseinnahmen der Jahre 2015 bis 2033 gespeist wird, um ab 2035 den Beitragssatz zu reduzieren (§§ 135-136 SGB XI). Die Verwaltungskosten (1,2 Mrd. EUR) hatten einen Anteil von 3,1% an den gesamten Ausgaben. Die Leistungsausgaben beliefen sich im Jahr 2017 auf 35,5 Mrd. EUR. Das

ISÖ
Institut für
Sozialökologie

Leistungsniveau soll alle drei Jahre überprüft werden, das nächste Mal im Jahr 2020 (§ 30 SGB XI). Als Orientierungswert für eine Anpassung dient die Preisentwicklung, wobei die Leistungen höchstens entsprechend der Bruttolohnentwicklung angehoben werden sollen.

Tabelle 23: Eckdaten zur sozialen Pflegeversicherung

| Merkmal | Wert |
|---|---|
| Versicherte (2017) | 72,3 Mio. |
| Mitglieder (2017) | 56,0 Mio. |
| LeistungsempfängerInnen (Ende 2017) | 3,3 Mio. |
| Beitragssatz für Personen mit Kind[a] (2017/18 / ab 2019) | 2,55% / 3,05% |
| Beitragssatz für Kinderlose[b] (2017/18 / ab 2019) | 3,05% / 3,30% |
| Einnahmen (2017) | 36,1 Mrd. EUR |
| davon: Beiträge | 36,0 Mrd. EUR |
| davon: sonstige Einnahmen | 0,1 Mrd. EUR |
| Ausgaben (2017) | 38,5 Mrd. EUR |
| davon: Leistungsausgaben | 35,5 Mrd. EUR |
| davon: Verwaltung | 1,2 Mrd. EUR |
| davon: Zuführung zum Pflegevorsorgefonds | 1,4 Mrd. EUR |

[a] Gilt auch für Kinderlose bis 22 Jahre.
[b] Gilt nur für Kinderlose ab 23 Jahren.

Quelle: § 55 SGB XI, Bundesministerium für Gesundheit (2018, S. 147, 151, 154).

Ende 2017 gab es 3,3 Mio. Pflegebedürftige mit Bezug von Leistungen nach dem SGB XI (Tabelle 23), das waren 3,1% der männlichen und 5,1% der weiblichen Bevölkerung. Dabei sind die Pflegequoten bis zum Erreichen des Ruhestandsalters deutlich geringer, danach nehmen sie deutlich mit dem Alter zu (Abbildung 11). Dementsprechend hat die demographische Entwicklung einen maßgeblichen Einfluss auf die künftigen Leistungsausgaben. Abbildung 12 zeigt die Verteilung der Pflegebedürftigen Ende 2017 auf die Anfang 2017 eingeführten fünf Pflegegrade. Der Pflegegrad 1 ist quantitativ bedeutungslos, auf die Pflegegrade 2 und 3 entfallen zusammen gut drei Viertel der Pflegebedürftigen, knapp ein Viertel entfällt auf die beiden höchsten Pflegegrade.

Abbildung 11: Pflegequote nach Alter und Geschlecht Ende 2017

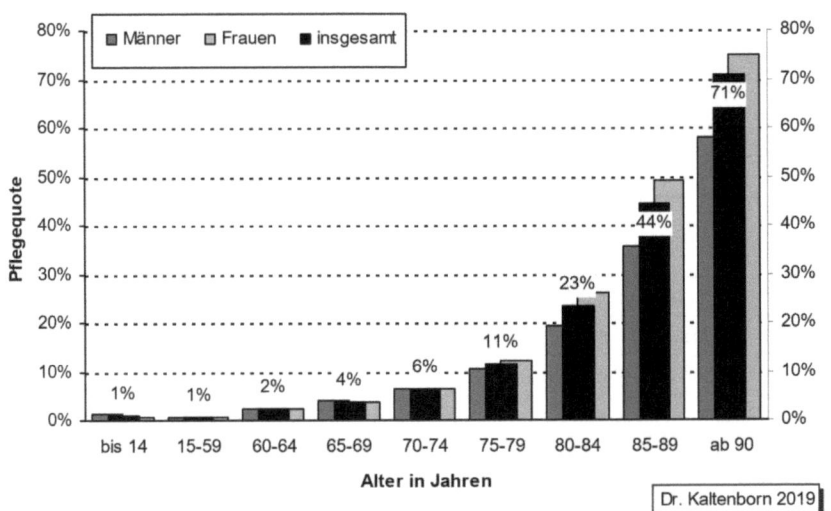

Anmerkung: Pflegequote: Anteil der Pflegebedürftigen mit Bezug von Leistungen nach dem SGB XI an der Bevölkerung gleichen Alters und Geschlechts.

Quelle: Statistisches Bundesamt 2018d, S. 20.

Der Ersatz der früheren drei Pflegestufen Anfang 2017 durch fünf Pflegegrade aufgrund des Ende 2015 beschlossenen Zweiten Pflegestärkungsgesetz war mit erheblichen Leistungsverbesserungen verbunden. Daher werden hier nur Vorausberechnungen einbezogen, die diese Reform bereits berücksichtigen.[81] Analog zur gesetzlichen Krankenversicherung (Unterabschnitt 2.3.2.2) erfolgt der Vergleich wiederum anhand der zur Finanzierung der vorausberechneten Ausgaben erforderlichen Beitragssätze.

---

[81] Die Projektion von Aretz et al. (2016, S. 12) berücksichtigen zwar grundsätzlich den Rechtsstand vom 1. Januar 2016 einschließlich verbindlich geregelter Änderungen, nicht jedoch das Zweite Pflegestärkungsgesetz (E-Mail der Ruhr-Universität Bochum vom 27. Februar 2019). Daher wird diese Vorausberechnung hier nicht berücksichtigt.

ISÖ
Institut für
Sozialökologie

Abbildung 12: Verteilung der Pflegegrade Ende 2017

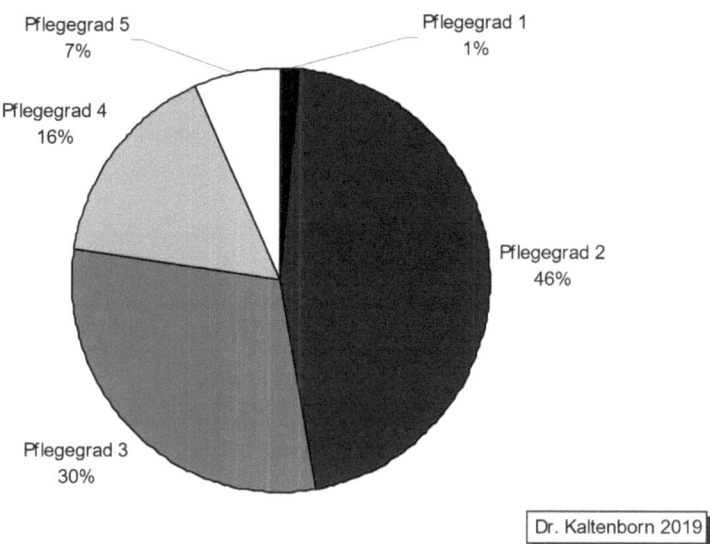

Dr. Kaltenborn 2019

Anmerkung: nur Pflegebedürftige mit Bezug von Leistungen nach dem SGB XI; ohne wenige Fälle, bei denen noch keine Zuordnung zu einem Pflegegrad erfolgt war.

Quelle: Statistisches Bundesamt 2018d, S. 18; eigene Berechnungen.

Die Annahmen der hier berücksichtigten Studien zeigt Tabelle 24. Die Vorausberechnungen von Werding (2018) und Werding/Läpple (2019) basieren auf einem umfassenden Simulationsmodell, das auch für die Berechnungen zur Tragfähigkeit der öffentlichen Finanzen verwendet wird (Unterabschnitt 2.3.1.2). Die Vorausberechnungen von Bahnsen et al. (2018) und Bahnsen/Raffelhüschen (2019) basieren auf einem Modell zur Generationenbilanzierung, das auch von Bahnsen/Manthei et al. verwendet wird (vgl. Unterabschnitt 2.3.1.1). Die Vorausberechnung von Ehrentraut/Huschik (2019) bis 2045 basiert auf dem makroökonomischen Weltwirtschaftsmodells VIEW und dem nationalen Sozialversicherungsmodell OCCUR von Prognos. Die Vorausberechnung von Kochskämper (2017a) bezieht sich lediglich auf die Kranken- und Pflegeversicherung.

Anders als die übrigen Studien konnten Kochskämper (2017a) und Werding (2018) noch nicht auf die alters- und geschlechtsspezifischen Pflegeausgaben nach Einführung der fünf Pflegegrade Anfang 2017 zurückgreifen, sie berücksichtigen die Reform jedoch durch Annahmen.

ISÖ
Institut für
Sozialökologie

103

Beide gehen ebenso wie Werding/Läpple (2019)[82] und anders als die anderen beiden Studien für die Entwicklung der Ausgabenprofile ganz bzw. partiell von der Kompressionsthese aus (vgl. hierzu Unterabschnitt 2.3.2.2). Alle Vorausberechnungen gehen davon aus, dass die Pflegeausgaben nicht - wie gesetzlich intendiert (§ 30 SGB XI) - lediglich entsprechend der Preisentwicklung, sondern entsprechend der Lohnentwicklung bzw. des nominalen Bruttoinlandsprodukts je Kopf steigen.

Tabelle 24: Annahmen verschiedener Vorausberechnungen für den Beitragssatz zur sozialen Pflegeversicherung

| Parameter | Kochskämper (2017a) | a) Werding (2018) b) Werding/Läpple (2019) | a) Bahnsen et al. (2018) b) Bahnsen/Raffelhüschen (2019) | Ehrentraut/Huschik (2019) |
|---|---|---|---|---|
| Basisjahr | 2015/2016 | Pflegeausgaben: a) 2016 b) 2017 | Pflegeausgaben: 2017 | Pflegeausgaben: 2017 |
| Vorausberechnungsmodell | isolierte Vorausberechung | Simulationsmodell für demographieabhängige Ausgaben (vgl. Unterabschnitt 2.3.1.2 und Tabelle 6 am Ende von Unterabschnitt 2.3.1.1) | Generationenbilanzierung analog Bahnsen/Manthei et al. (vgl. Unterabschnitt 2.3.1.1, insb. Tabelle 6) | makroökonomisches Weltwirtschaftsmodell VIEW und nationales Sozialversicherungsmodell OCCUR von Prognos |
| Demographische Annahmen | Variante 2 (vgl. Tabelle 3 in Abschnitt 2.2) | vgl. Tabelle 3 in Abschnitt 2.2 | vgl. Tabelle 3 in Abschnitt 2.2 | k.A. |
| Dynamisierung[a] analog | Bruttolöhne | Arbeitsproduktivität und Löhne | Produktivität und Löhne | nominales Bruttoinlandsprodukt je Kopf (über der Inflationsrate, unter den Bruttolohnsteigerungen) |

---

[82]  E-Mail der Ruhr-Universität Bochum vom 18. März 2019.

ISÖ
Institut für
Sozialökologie

| Parameter | Kochskämper (2017a) | a) Werding (2018) b) Werding/Läpple (2019) | a) Bahnsen et al. (2018) b) Bahnsen/Raffelhüschen (2019) | Ehrentraut/Huschik (2019) |
|---|---|---|---|---|
| Spezifischer Kostendruck | - | - | - | Anstieg des Anteils der EmpfängerInnen vollstationärer Pflege; reine Angehörigenpflege verliert an Bedeutung |
| Kompressionsthese | Verschiebung der Ausgabenprofile entsprechend der längeren Lebenserwartung | Verschiebung der Ausgabenprofile um neun Monate je Jahr längerer Lebenserwartung | - | - |
| Ermittelter Beitragssatz | Durchschnitt der Beitragssätze für jene mit und jene ohne Kind | Durchschnitt der Beitragssätze für jene mit und jene ohne Kind | Beitragssatz für Personen mit Kind(ern) | Beitragssatz für Personen mit Kind(ern) |
| Endjahr d. Vorausberechnung | 2050 | 2080 | a) 2066 b) 2060 | 2045 |

[a] Dynamisierung der alters- und geschlechtsspezifischen Pflegeausgaben.

Quelle: Kochskämper 2017a und telefonische Auskunft des Instituts der deutschen Wirtschaft Köln vom 13. Februar 2019; Werding 2018; Werding/Läpple 2019 und E-Mail der Ruhr-Universität Bochum vom 18. März 2019; Bahnsen et al. 2018, S. 12; Bahnsen/Raffelhüschen 2019; Ehrentraut/Huschik 2019.

Nach den Vorausberechnungen von Kochskämper (2017a, S. 19f.) und Werding (2018, S. 17) beträgt der im Durchschnitt für Personen mit und ohne Kind erforderliche Beitragssatz rund 3% im Jahr 2040 und 3,7% bzw. 3,0% im Jahr 2050 (Tabelle 25). Ihre seinerzeit noch erforderlichen Annahmen zu den Auswirkungen der Anfang 2017 in Kraft getretenen Pflegereform auf die geschlechts- und altersspezifischen Ausgaben (Ausgabenprofile) waren jedoch zu optimistisch.[83] Dementsprechend projizieren Werding/Läpple (2019, S. 19) auf Basis von Daten zu Pflegeausgaben nach Inkrafttreten der Reform etwas höhere Beitragssätze. Anders als diese drei Studien gehen die übrigen Studien nicht von der Kompressionsthese aus und projizieren dementsprechend deutlich höhere Beitragssätze. Bahnsen et al. (2018, S. 16f.) und

---

[83]  E-Mail des Instituts der deutschen Wirtschaft Köln vom 13. Februar 2019 und E-Mail der Ruhr-Universität Bochum vom 27. Februar 2019.

Bahnsen/Raffelhüschen (2019, S. 33) ermitteln bis Mitte der 2030er Jahre einen Anstieg des erforderlichen Beitragssatzes für Kinderlose auf 4,0% und bis 2060 einen Anstieg auf 5,9%. Die Projektion von Ehrentraut/Huschik (2019, S. 5) führt zu leicht geringeren Beitragssätzen, u.a. aufgrund der Dynamisierung der Pflegeausgaben lediglich mit dem nominalen Bruttoinlandsprodukt je Kopf.

Tabelle 25: Vorausberechnungen für den Beitragssatz zur sozialen Pflegeversicherung

| Studie | 2025 | 2030 | 2035 | 2040 | 2045 | 2050 | 2060 | 2070 | 2080 |
|---|---|---|---|---|---|---|---|---|---|
| **Basisjahr für Pflegeausgaben: vor 2017** | | | | | | | | | |
| Kochskämper (2017a)[a] | 2,7% | 2,9% | 2,9% | 3,2% | 3,5% | 3,7% | | | |
| Werding (2018)[a] | 2,8% | 2,8% | 2,8% | 2,8% | 2,8% | 3,0% | 3,2% | 3,1% | 3,3% |
| **Basisjahr für Pflegeausgaben: 2017** | | | | | | | | | |
| Werding/Läpple (2019)[a] | 3,1% | 3,2% | 3,2% | 3,4% | 3,6% | 3,7% | 3,8% | 3,7% | 3,8% |
| Bahnsen et al. (2018) und Bahnsen/Raffelhüschen (2019)[b] | 3,5% | 3,8% | 4,0% | 4,2% | 4,8% | 5,3% | 5,9% | | |
| Ehrentraut/Huschik (2019)[b] | 3,25% | 3,55% | 3,65% | 3,85% | 4,25% | | | | |

[a] Durchschnittlicher Beitragssatz von Personen mit und ohne Kind.
[b] Beitragssatz von Personen mit Kind(ern).
Anmerkung: zur Finanzierung der Ausgaben erforderlicher Beitragssatz.

Quelle: Bahnsen et al. 2018, S. 16f., Bahnsen/Raffelhüschen 2019, S. 33 und E-Mail der Universität Freiburg vom 12. Februar 2019; Ehrentraut/Huschik 2019, S. 5; Kochskämper 2017a, S. 19f. und E-Mail des Instituts der deutschen Wirtschaft Köln vom 13. Februar 2019; Werding 2018, S. 17 und E-Mails der Ruhr-Universität Bochum vom 18. und 27. Februar 2019; Werding/Läpple 2019, S. 19 und E-Mail der Ruhr-Universität Bochum vom 18. März 2019.

## 2.4 Fazit

Deutschland steht in den nächsten Dekaden ein tiefgreifender demographischer Wandel bevor. Eine geringe Geburtenrate und eine steigende Lebenserwartung als die Determinanten der natürlichen Bevölkerungsentwicklung tragen zu einer weiter alternden und gleichzeitig schrumpfenden Bevölkerung bei. Zuwanderung von jungen Erwachsenen wirkt der natürlichen

ISÖ
Institut für
Sozialökologie

Bevölkerungsentwicklung entgegen, kann diese bei einem positiven Wanderungssaldo auf dem Niveau der letzten Dekaden von 100.000 bis 200.000 Personen jährlich allerdings nicht aufhalten, sondern nur abmildern. Nach den vorliegenden aktuellen amtlichen Bevölkerungs-vorausberechnungen vom Statistischen Bundesamt und von Eurostat wird die Bevölkerung von 82,8 Mio. Ende 2017 auf 67,6 bis 80,7 Mio. Ende 2060 zurückgehen (siehe Tabelle 26). Damit verbunden ist ein Anstieg der Relation von Personen im Ruhestandsalter ab 65 Jahren zu jeweils 100 Personen im Erwerbsalter (20 bis 64 Jahre) von 35,5 Ende 2017 auf 58,5 bis 69,4 Ende 2060.

Tabelle 26: Eckdaten aktueller amtlicher Bevölkerungsvorausberechnungen

| Merkmal | | Ist (Ende) 2017[a] | Projektion für (Ende) 2060 | |
|---|---|---|---|---|
| | | | Minimum | Maximum |
| Geburtenrate | | 1,57 | 1,4 | 1,64 |
| Lebenserwartung bei Geburt | Jungen | 78,4 Jahre | 84,7 Jahre | 86,7 Jahre |
| | Mädchen | 83,2 Jahre | 88,6 Jahre | 90,4 Jahre |
| Fernere Lebenserwar-tung von 65-Jährigen | Männer | 17,80 Jahre | 21,9 Jahre | 23,7 Jahre |
| | Frauen | 21,00 Jahre | 24,9 Jahre | 26,5 Jahre |
| Wanderungssaldo | | +416.000 | +100.000 | +200.000 |
| Bevölkerung | | 82,8 Mio. | 67,6 Mio. | 80,7 Mio. |
| Altenquotient[b] | 15-64 Jahre | 32,8 | 53,7 | 64,1 |
| | 20-64 Jahre | 35,5 | 58,5 | 69,4 |

[a] Lebenserwartung: 2015/17.

[b] Ältere ab 65 Jahren je 100 Personen im Erwerbsalter von 15 bzw. 20 bis 64 Jahren.

Anmerkung: Berücksichtigt wurden die acht Varianten der 13. koordinierten Bevölkerungsvorausberech-nung (Statistisches Bundesamt 2015b; 2015c), die später aktualisierte Variante (Statistisches Bundes-amt 2017) und die Basisvariante der Bevölkerungsvorausberechnung von Eurostat (2017).

Quelle: Eurostat 2017; Statistisches Bundesamt (2015b; 2015c; 2017; 2018c; 2019); Statis-tisches Bundesamt (GENESIS Online-Datenbank, Statistik 12612-0009) (Geburtenrate 2017); Statistisches Bundesamt (GENESIS Online-Datenbank, Statistik 12411-0005) (Bevölkerung und Altenquotient Ende 2017); E-Mail des Statistischen Bundesamts vom 16. Januar 2019 (fernere Lebenserwartung von 65-Jährigen im Jahr 2060 der Variante 2-A der 13. koordinierten Be-völkerungsvorausberechnung); Eurostat-Datensatz „Bevölkerungsvorausberechnung auf natio-naler Ebene (2015-2080)"; eigene Berechnungen.

Die schrumpfende und vor allem alternde Bevölkerung sind eine Herausforderung für die sozi-alen Sicherungssysteme. Betroffen sind hauptsächlich die gesetzliche Rentenversicherung, die gesetzliche Krankenversicherung und die soziale Pflegeversicherung, weil im

ISÖ
Institut für
Sozialökologie

Ruhestandsalter hier typischerweise keine oder nur vergleichsweise geringe Beiträge gezahlt werden und gleichzeitig die meisten Leistungen beansprucht werden. Für die Gebietskörperschaften ergeben sich hingegen tendenziell Entlastungen bei Ausgaben für Kinderbetreuung und andere familienpolitische Leistungen sowie bei Bildungsausgaben, allerdings Belastungen für Beamtenversorgung und Beihilfe; insgesamt dürfte es bei den Gebietskörperschaften künftig fiskalischen Spielraum geben. Geht man von unveränderten Beitragssätzen zur Sozialversicherung aus, dann beträgt der Gegenwartswert der Finanzierungslücke bei der Rentenversicherung (unter Berücksichtigung regelgebunden steigender Bundeszuschüsse) etwa das Anderthalbfache des jährlichen Bruttoinlandsprodukts,[84] bei der Krankenversicherung sind es rund 80% und bei der Pflegeversicherung rund 40% des jährlichen Bruttoinlandsprodukts.

Werden jenseits der gesetzlich festgelegten Bundeszuschüsse zur Renten- und Krankenversicherung wie bislang die Ausgaben dieser beiden Versicherungszweige sowie der Pflegeversicherung durch Beiträge gedeckt, so müssen die Beitragssätze infolge der zu erwartenden demographischen Entwicklung deutlich steigen. Für die Rentenversicherung ergibt sich bis Mitte der 2030er Jahre - nach dem Erreichen des Ruhestandsalters der geburtenstarken Jahrgänge von Mitte der 1950er bis Ende der 1960er Jahre - ein Anstieg des Beitragssatzes von derzeit 18,6% auf etwa 22% bis 23%, 2060 müsste er um etwa weitere zwei Prozentpunkte und bis 2080 um nochmals etwa einen weiteren Prozentpunkt erhöht werden. In der Krankenversicherung dürfte aufgrund des amtlich vorausberechneten demographischen Wandels der erforderliche Beitragssatz (einschließlich kassenindividueller Zusatzbeitragssatz) von derzeit 15,5% bis 2040 auf 18% bis 21% und 2060 auf 19% bis 23% steigen. In der Pflegeversicherung dürfte der erforderliche Beitragssatz für Personen mit Kind(ern) von derzeit 3,05% bis 2040 auf bis zu 4% und bis 2060 auf 4% bis 6% steigen. In der Summe der drei Sozialversicherungen ergibt sich danach ein Anstieg des Beitragssatzes von derzeit 37,15% auf 44% bis 48% um 2040 und auf 47% bis 54% um 2060. Gleichzeitig würde das Rentenniveau netto vor Steuern von derzeit 48,3% auf 42% bis 44% um 2040 und auf rund 41% um 2060 sinken. Trotz des sinkenden Rentenniveaus dürfte bis Mitte der 2030er Jahre der Anteil Älterer, die bedürftigkeitsgeprüfte Fürsorgeleistungen beziehen oder als armutsgefährdet gelten, nur moderat zunehmen.

Die ausschließliche Betrachtung der künftig erforderlichen Erhöhungen der Beitragssätze überzeichnet allerdings die Folgen des anstehenden demographischen Wandels, da

---

[84] Steigt künftig der Beitragssatz zur gesetzlichen Rentenversicherung so ergibt sich auch eine Entlastung durch die daraus resultierende Reduktion der Rentenanpassungen.

ISÖ
Institut für
Sozialökologie

gleichzeitig die Gebietskörperschaften tendenziell entlastet werden (vgl. oben). Um dies zu berücksichtigen, kann die Entwicklung der demographieabhängigen Ausgaben in Relation zum Bruttoinlandsprodukt betrachtet werden. Sie steigen nach den vorliegenden Projektionen bis 2060 je nach Annahmen um drei bis neun Prozent des jeweiligen Bruttoinlandsprodukts.

Die skizzierten Vorausberechnungen hängen in unterschiedlicher Intensität von den zugrunde liegenden demographischen und weiteren Annahmen ab:

- Geburtenrate: Eine Erhöhung der Geburtenrate führt kurz- und mittelfristig aufgrund zusätzlicher Ausgaben für Kinderbetreuung, weitere familienpolitische Leistungen und Bildung sowie ggf. einer geringeren Erwerbsbeteiligung der Eltern zu moderaten zusätzlichen Belastungen für die öffentliche Hand, sehr langfristig per Saldo zu moderaten Entlastungen.
- Lebenserwartung: Ein weiterer Anstieg der Lebenserwartung führt zu hohen zusätzlichen fiskalischen Belastungen, weil Ältere deutlich überproportional Leistungen der Renten-, Kranken- und Pflegeversicherung in Anspruch nehmen und unterproportional zu ihrer Finanzierung beitragen.
- Wanderungsbewegungen: Wanderungsgewinne führen nicht nur zu einer Vergrößerung, sondern auch zu einer Verjüngung der Bevölkerung, da Wanderungsbewegungen ganz überwiegend junge Erwachsene betreffen. Inwieweit zusätzliche Zuwanderung zu fiskalischen Be- oder Entlastungen führt, hängt entscheidend von der Qualifikation der Zuwanderer und der Geschwindigkeit ihrer Arbeitsmarktintegration ab. Langfristig fiskalisch vorteilhaft sind bereits Zuzüge, wenn mehr als 20% der Zuwanderer im Durchschnitt wie Deutsche und weniger als 80% wie die im Inland lebenden AusländerInnen Steuern und Abgaben entrichten und Sozialleistungen erhalten.
- Lebensarbeitszeit: Eine langfristige sukzessive Verlängerung der Lebensarbeitszeit - insbesondere infolge einer Erhöhung der Regelaltersgrenze über 67 Jahre hinaus ab 2031 - führt zu zusätzlichen Steuer- und Beitragseinnahmen und verschiebt die Rentenzahlungen. Allerdings fallen dadurch die Rentenanpassungen höher aus und infolge der längeren Lebensarbeitszeit steigen die individuellen Rentenansprüche. Insgesamt ergeben sich dauerhaft positive Auswirkungen auf die öffentlichen Haushalte, während der Phase der Verlängerung der Lebensarbeitszeit deutlich, anschließend nachlassend.
- Wirtschaftliche Entwicklung: Produktivitäts- und Wirtschaftswachstum haben nur geringe Auswirkungen auf öffentliche Finanzierungsdefizite und Beitragssätze zur Sozialversicherung. Dies liegt daran, dass mit dem Wachstum dieser Größen nicht nur die Einnahmen, sondern auch die Ausgaben für Sozialleistungen annähernd proportional steigen. Gleichwohl sind bei stärkerem Wachstum erforderliche Senkungen der Leistungsniveaus bzw. erforderliche Erhöhungen von Steuer- und Beitragssätzen ggf. weniger einschneidend.
- Arbeitsmarktentwicklung: Eine hohe Arbeitsmarktbeteiligung und eine geringe Erwerbs- bzw. Arbeitslosenquote wirken sich unmittelbar positiv und vergleichsweise deutlich auf die öffentlichen Haushalte aus.

- Gesundheit im Alter: Inwieweit die zusätzlichen Lebensjahre infolge steigender Lebenserwartung in Gesundheit oder Krankheit verbracht werden, hat ebenfalls deutliche fiskalische Auswirkungen. Auch generell steigende Gesundheitsausgaben infolge des medizinisch-technischen Fortschritts können sich fiskalisch erheblich auswirken.

Von den drei demographischen Determinanten Geburtenrate, Lebenserwartung und Wanderungsbewegungen wirken sich also vor allem die Lebenserwartung und die Wanderungsbewegungen und mit Einschränkungen auch die Lebensarbeitszeit auf die sozialen Sicherungssysteme aus. Insgesamt weisen die vorliegenden Projektionen der demographischen Entwicklung und ihrer Folgen für die sozialen Sicherungssysteme auf Reformbedarf hin, allerdings lassen sich aus ihnen unmittelbar keine konkreten Reformen ableiten.

# 3 Auswirkungen der Digitalisierung auf die Soziale Sicherung

*Alexander Spermann*

## 3.1 Einführung

In dieser Expertise werden die wichtigsten Studien zum Thema Digitalisierung mit Blick auf den Arbeitsmarkt und die sozialen Sicherungssysteme als Literaturüberblick zusammengefasst sowie über die Konsequenzen für die sozialen Sicherungssysteme reflektiert, insbesondere die Arbeitslosenversicherung und Grundsicherung. Abschnitt 3.2 stellt die Digitalisierung in einen wirtschaftshistorischen Kontext. Dabei wird der Effekt der Digitalisierung auf die Arbeitsproduktivität und die sozialen Sicherungssysteme vor dem Hintergrund der ersten industriellen Revolution dargestellt. In Abschnitt 3.3 werden die wichtigsten Studien zu den Wirkungen der Digitalisierung auf den Arbeitsmarkt dargestellt. Dieser Abschnitt aktualisiert und erweitert den Überblicksartikel von Spermann (2016). In Abschnitt 3.4 wird der Zusammenhang zwischen Digitalisierung und sozialen Sicherungssystemen reflektiert. Dabei ist zu beachten, dass der Effekt des Schlüsselfaktors Digitalisierung isoliert betrachtet und nicht in Kombination mit dem Schlüsselfaktor Demographie analysiert wird. Abschnitt 3.5 fasst die Ergebnisse des Beitrags zusammen.

## 3.2 Digitalisierung im wirtschaftshistorischen Kontext

### 3.2.1 Die erste industrielle Revolution und die Geburt der Sozialversicherung

Die erste industrielle Revolution im 18./19. Jahrhundert – die Mechanisierung mit Dampfkraft – hat die jahrhundertelange Seitwärtsbewegung des Wohlstands in Europa beendet. Während im Mittelalter keine Wachstumsschübe zu beobachten waren, stieg der Lebensstandard – gemessen als Bruttoinlandsprodukt je Kopf – plötzlich stark an. Gleichzeitig geht die gemessene Arbeitszeit in Stunden seitdem trendmäßig zurück. Auch entwickelte sich als Reaktion auf die sozialen Folgewirkungen der Industrialisierung der Bismarck-Sozialstaat: die

ISÖ
Institut für
Sozialökologie

Sozialversicherungen, die heute aus fünf Säulen bestehen (Renten-, Kranken-, Arbeitslosen-, Pflege- und Unfallversicherung).

Aus ökonomischer Sicht hatten sich die relativen Preise verändert, so dass sich bisher unrentable Technologien plötzlich lohnten. Konkret wurden energieintensive Technologien durch die Erfindung der Dampfmaschine wesentlich kostengünstiger. Dieser Preisschock führte zu massiven Veränderungen: Arbeitsintensive Produktionen wurden durch energieintensive Produktionen ersetzt. Die klassischen Beispiele sind die Dampfschifffahrt und Dampflokomotiven, die nicht nur den Verkehrssektor massiv veränderten. Durch diesen Substitutionseffekt gingen viele Arbeitsplätze in schrumpfenden Sektoren verloren – neue Stellen, die andere Qualifikationen erforderten, entstanden.

Der Übergang von der Agrar- zur Industriegesellschaft war mit massiven sozialen Umstrukturierungen verbunden, die ein soziales Sicherungsnetz erforderlich machten. Aus heutiger Sicht handelte es sich bei der Bismarck-Sozialversicherung mit Beitragsfinanzierung durch Arbeitgeber und Arbeitnehmer jedoch um ein sehr löchriges Netz. So deckte die zuerst eingeführte Krankenversicherung (1883) nur minimale Leistungen ab. Auch kamen nur wenige Deutsche in den Genuss von Auszahlungen der Rentenversicherung (1889), weil die Lebenserwartung deutlich unter dem Renteneintrittsalter lag. Die Arbeitslosenversicherung wurde erst 1927 eingeführt. Das steuerfinanzierte Sozialhilfesystem als Ergänzung der Leistungen der Sozialversicherung wurde sogar erst nach dem zweiten Weltkrieg entwickelt.

### 3.2.2 Die digitale Revolution und das soziale Sicherungssystem

In der deutschen Diskussion wird seit einigen Jahren der Begriff Industrie 1.0 für die erste industrielle Revolution verwendet. Dagegen steht Industrie 2.0 für die Fließbandfertigung und den Einsatz elektrischer Energie im 20. Jahrhundert. Die Automatisierung in den siebziger Jahren des letzten Jahrhunderts gilt als Industrie 3.0. Die interaktive Vernetzung von Geräten mit dem Internet unter Einsatz von Sensoren wird als Industrie 4.0 oder als „Internet der Dinge" – die digitale Revolution - bezeichnet (Lorenz et al. 2015, Wolter et al. 2015).

Eine weitere Begrifflichkeit, die sich in der heutigen Diskussion findet, ist das „Maschinenzeitalter". Das erste Maschinenzeitalter beginnt nach dieser Terminologie mit der Einführung der Dampfmaschine von James Watt (1775), das zweite Maschinenzeitalter hat gerade begonnen – und ist mit der Verbreitung digitaler Technologien verbunden. Dazu zählen auch neuere

ISÖ
Institut für
Sozialökologie

Entwicklungen der künstlichen Intelligenz und der Blockchain-Technologie. Diese Entwicklungen führen häufig zu disruptiven Geschäftsmodellen, die sich in einem innovativen Start-up Umfeld entwickeln (Brynjolfsson/McAfee 2014, Thiel 2014, Keese 2014).

Aus ökonomischer Sicht verändern sich durch die Digitalisierung erneut die relativen Preise, so dass sich bisher unrentable Technologien plötzlich lohnen. Die Kostenersparnis kommt dieses Mal über den massiv gesunkenen Preis für Daten (Bytes). Damit ist im Wesentlichen die Datenbeschaffung, -speicherung und -verarbeitung gemeint. Dazu kam es, weil fünf Entwicklungen gleichzeitig geschehen – sie lassen sich plakativ im Akronym DANCE zusammenfassen. D steht für Daten, „big data", also digitale Daten, die mit einer exponentiellen Wachstumsrate produziert werden (z.B. digitale Bilder). A bedeutet Algorithmen, die Daten automatisch nach vorgegebenen Regeln aufbereiten (z.B. Machine learning). N spiegelt immer schneller werdende Netze wider (z.B. 5G), C betont die Bedeutung der Cloud als kostengünstiges Medium für Datenspeicherung. Schließlich steht E für das exponentielle Wachstum der Datenspeicherkapazitäten nach dem Gesetz von Moore (Verdopplung der Speicherkapazitäten alle 18 Monate). Ergänzend muss der unerwartete Entwicklungssprung bei der Entwicklung der künstlichen Intelligenz (AI = artificial intelligence) als weiteres Element genannt werden (McAfee/Brynjolfsson 2017).

Die digitale Revolution hat ein fundamental neues Geschäftsmodell ermöglicht, das eine Vielzahl der nach Marktkapitalisierung weltweit erfolgreichsten Firmen auszeichnet: die Plattformökonomie. Kern dieses Geschäftsmodells ist die Kombination aus zweiseitigen Märkten, Netzwerkeffekten, großen Elastizitäten und Nullgrenzkosten der Bereitstellung digitaler Daten. Typischerweise verbindet eine Plattform als Intermediär zwei Marktseiten, z.B. die Gastgeber und Kurzzeitmieter bei Airbnb oder die Busunternehmer und Reisenden bei Flixbus. Die Netzwerkeffekte sind umso größer je mehr Teilnehmer auf beiden Marktseiten (kostenlos) bei der Plattform angemeldet sind. Wenn z.B. nur wenige Gastgeber auf Airbnb zu finden wären, wird das wenig potenzielle Übernachtungsgäste anziehen. Umgekehrt, wenn nur wenige Gäste bei der Plattform gemeldet sind, dann wird das nur wenige Anbieter von Unterkünften anziehen.

Schwieriger zu verstehen sind die Konzepte der großen Elastizität und der Nullgrenzkosten. Mit Elastizität ist die Preiselastizität der Nachfrage gemeint: Wenn zum Beispiel der Preis um ein Prozent sinkt, dann steigt die Nachfrage um ein Prozent bei konstanter Preiselastizität von eins. Große Elastizität heißt nun, dass eine Preissenkung von einem Prozent die Nachfrage um mehr als einem Prozent steigen lässt. In einem solchen Fall führen Preissenkungen zu mehr

Umsatz. Große Elastizitäten betreffen die Nachfrageseite des Marktes. Die Besonderheit der digitalen Produkte von Plattformen liegen auf der Angebotsseite. Wenn sich ein zusätzlicher Nutzer bei Facebook oder Airbnb anmeldet, dann sind die zusätzlichen Kosten für die Plattform Null. Erst wenn ein zusätzlicher Server gekauft werden muss, dann entstehen sogenannte sprungfixe Kosten, aber jeder zusätzliche Nutzer auf dem neu angeschafften Server ist wieder mit zusätzlichen Kosten von Null verbunden – man spricht von Nullgrenzkosten. Was ist der gewinnmaximale Preis eines digitalen Produkts aus Sicht einer Plattform, wenn die Nachfrage eine große Elastizität aufweist und Nullgrenzkosten vorliegen? Da der Gewinn die Differenz von Umsatz und Kosten ist, liegt das Gewinnmaximum dort, wo die zusätzlichen Umsätze den zusätzlichen Kosten entsprechen. Die zusätzlichen Kosten sind jedoch Null, so dass kurzfristig die Preise sogar Null sein können, um maximale Nachfrage zu generieren. Es wird demnach deutlich: Aufgrund der großen Preiselastizität der Nachfrage und der Nullgrenzkosten auf der Angebotsseite ist es für Plattformen gewinnmaximal, ihre digitalen Produkte zu sehr niedrigen Preisen anzubieten – im Gegensatz zu Industrieunternehmen, die ihre (patentgeschützten) Innovationen hochpreisig anbieten, um kurzfristige Monopolgewinne zu realisieren. Je nach Geschäftsmodell, wird dann über individualisierte Werbung (z.B. Facebook, Google), Abonnementsgebühren für weitergehende Dienstleistungen (z.B. Netflix, Spotify) oder Servicegebühren für Transaktionen der beiden Marktseiten (z.B. Airbnb, booking.com) zusätzlicher Gewinn gemacht (McAfee/Brynjolfsson 2017).

Was heißt das für das soziale Sicherungssystem? Plattformen erreichen Marktbewertungen in Milliardenhöhe, doch sie beschäftigen im Vergleich zu Industrieunternehmen mit vergleichbarer Marktbewertung wesentlich weniger Menschen. Steueroptimierungsmodelle erlauben legal sehr niedrige Gewinnsteuern, soweit überhaupt Gewinne erzielt werden. Umsätze der Digitalunternehmen werden derzeit in Europa nicht besteuert – eine EU-Digitalsteuer ist lediglich in der Diskussion (Wambach/Müller 2018). Damit fallen deutlich geringere Sozialversicherungsbeiträge und Steuereinnahmen im Vergleich zu vergleichbar hoch marktbewerteten Industrieunternehmen an. Es ist offensichtlich, dass die Finanzierung des sozialen Sicherungssystems schwieriger würde, wenn sich diese Entwicklung weiter fortsetzte und Politik nicht gegensteuerte.

ISÖ
Institut für
Sozialökologie

### 3.2.3   Die Arbeitsproduktivitätsschwäche in Deutschland

Für das Verständnis der Effekte der Digitalisierung auf den Arbeitsmarkt und die soziale Sicherung in Deutschland ist der Begriff der Arbeitsproduktivität zentral. Formal gilt für die Produktivität, dass sie als Quotient Output/Input gemessen wird. Die Produktivität kann demnach ge-
steigert werden, in dem die gleiche Menge mit geringerem Mitteleinsatz produziert wird (Mini-
malprinzip) oder mit gegebenem Mitteleinsatz mehr Output generiert wird (Maximalprinzip).
In der Praxis finden Produktivitätssteigerungen auch dadurch statt, in dem der Outputzuwachs
den Inputzuwachs übertrifft.

Theoretisch wird zwischen Arbeitsproduktivität, Kapitalproduktivität und totaler Faktorproduktivität unterschieden. In der empirischen Forschung und in der wirtschaftspolitischen Diskussion steht jedoch die Arbeitsproduktivität im Mittelpunkt der Analysen (OECD 2019). Dabei
wird Arbeitsproduktivität typischerweise als Stundenproduktivität gemessen, so dass im Nen-
ner das geleistete Arbeitsvolumen in Arbeitsstunden steht. Mit der Arbeitsproduktivität wird
jedoch nicht nur die reine Anstrengung der Arbeitnehmer in Stunden gemessen, sondern auch
die Ausstattung mit Humankapital, Produktionstechnologie sowie die Art der Arbeits- und Be-
triebsorganisation und Regulierung (Ademmer et al. 2017).

Seit der Wiedervereinigung ist das Wachstum der Arbeitsproduktivität in Deutschland trendmäßig zurückgegangen. In den letzten Jahren war der Rückgang noch deutlicher – die Wachstumsrate lag deutlich unter einem Prozent. Insbesondere zeichnen sich die Sektoren „Information und Kommunikation", „Handel, Verkehr und Gastgewerbe" und „Produzierendes Gewerbe"
durch Produktivitätszuwächse aus. Das niedrigere Produktivitätswachstum der letzten Jahre
ist im Wesentlichen auf die Verlangsamung des Wachstums im Produktionssektor zurückzuführen, wie Abbildung 13 verdeutlicht.

Abbildung 13: Produktivitätsentwicklung in Deutschland (1991-2015)

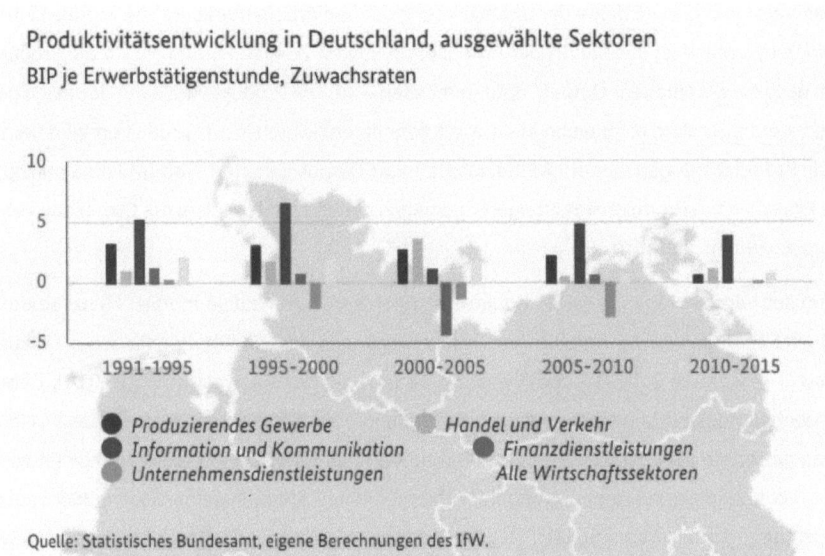

**Produktivitätsentwicklung in Deutschland, ausgewählte Sektoren**
BIP je Erwerbstätigenstunde, Zuwachsraten

● Produzierendes Gewerbe
● Information und Kommunikation
● Unternehmensdienstleistungen
● Handel und Verkehr
● Finanzdienstleistungen
Alle Wirtschaftssektoren

Quelle: Statistisches Bundesamt, eigene Berechnungen des IfW.

Quelle: Bundesministerium der Finanzen 2017, S. 10.

Woran liegt das? Ein Element eines Ursachenbündels ist die Digitalisierung. Es zeigt sich, dass die Digitalisierung das Produktivitätswachstum in Deutschland weniger stark stimulierte als in den USA oder im Vereinigten Königreich. Das liegt zum einen an der vergleichsweisen starken Regulierung von Güter- und Arbeitsmärkten. Zum anderen spielt auch die größere Bedeutung kleiner und mittlerer Unternehmen eine Rolle, die neue Technologien im Vergleich zu Großunternehmen weniger effektiv einsetzen (Ademmer et al. 2017).

### 3.2.4 Digitalisierung, Arbeitsproduktivität und soziale Sicherung

Geringes Wachstum der Arbeitsproduktivität ist jedoch kein deutsches Phänomen, sondern wird in vielen europäischen Ländern diagnostiziert. Neuere OECD-Untersuchungen identifizieren ein Paradoxon: Man beobachtet den schnellen technologischen Wandel in der Realität, aber findet lediglich langsames gesamtwirtschaftliches Produktivitätswachstum in den Statistiken. Jedoch lässt sich beobachten, dass es Vorreiter und Nachzügler bei der Anwendung digitaler Technologien gibt, wobei die Produktivitätslücke zwischen den beiden Gruppen zunimmt. Deshalb hat die OECD eine Reihe von Politikempfehlungen entwickelt – mit dem Ziel, die Produktivitätseffekte auf die gesamte Volkswirtschaft übertragen zu können. Dazu

ISÖ
Institut für
Sozialökologie

gehören neben dem Ausbau der digitalen Infrastruktur auch die Investitionen in die Kompetenzen der Mitarbeiter sowie die Förderung digitaler Technologien bei kleinen und mittleren Unternehmen sowie die Ermöglichung des Strukturwandels durch einen geeigneten Regulierungsrahmen (OECD 2015, 2019).

Sollten die vorgeschlagenen Maßnahmen ergriffen werden, dann würde die Digitalisierung in stärkerem Maße als bisher zum Wachstum der Arbeitsproduktivität beitragen. Das Wirtschaftswachstum würde zunehmen, das Bruttoinlandsprodukt je Kopf würde ebenfalls steigen, doch es wären weniger Arbeitnehmerstunden für einen gegebenen Output nötig. Eine hochproduktive Gesellschaft mit hohem Einsatz digitaler Technologien benötigte für die in Deutschland produzierten Güter und Dienstleistungen weniger Menschen, angesichts der demographischen Entwicklung im Grunde eine positive Aussicht. Doch die Einnahmenbasis für den beitragsfinanzierten Bismarck-Sozialstaat und die steuerfinanzierte Grundsicherung wäre nicht dauerhaft gesichert. Anders formuliert: Je erfolgreicher die Digitalisierung, desto mehr Herausforderungen kommen insbesondere auf die sozialen Sicherungssysteme zu.

### 3.2.5  Zwischenergebnis

Es lassen sich zwei zentrale Ergebnisse der bisherigen Analyse festhalten. Zum einen bewirkt das zweite Maschinenzeitalter, dass bisherige Industrieunternehmen im Vergleich zu Plattform-Unternehmen an Bedeutung verlieren. Diese Unternehmen beschäftigen jedoch bei gleicher Marktkapitalisierung wesentlich weniger Arbeitnehmer. Zum anderen würde eine erfolgreiche Digitalisierung der Wirtschaft, insbesondere der kleineren und mittleren Unternehmen, zwar die Arbeitsproduktivität und damit das Wirtschaftswachstum erhöhen, doch wären relativ weniger Menschen in den digitalisierten Sektoren beschäftigt. Wenn nicht in anderen Sektoren zusätzliche Arbeitsplätze mit vergleichbar hohen Bruttoeinkommen entstehen, dann würde die Bemessungsgrundlage für Sozialversicherungsbeiträge und Steuern schrumpfen. Somit käme es zu enormen Finanzierungsproblemen für das Bismarck-Sozialversicherungssystem und das Hartz-Grundsicherungssystem. Deshalb muss die Politik jetzt Alternativen durchdenken.

## 3.3 Wirkungen der Digitalisierung auf den Arbeitsmarkt

### 3.3.1 Polarisierung und das Verschwinden der Routinejobs

In den letzten fünfzehn Jahren wird das Thema Jobpolarisierung in der wissenschaftlichen Literatur ausführlich diskutiert. Im Kern geht es um das Verschwinden von Routinejobs durch Automatisierung (Autor et al. 2003). Damit geht das „Aushöhlen" von Tätigkeiten einher, die mittlere Qualifikationen erfordern, so dass Tätigkeiten mit geringen und hohen Anforderungen an die Qualifikation anteilsmäßig zunehmen. So kommt es zur so genannten „Jobpolarisierung" (Goos/Manning 2003).

Die ersten Studien zur Jobpolarisation untersuchten dieses Phänomen mit US-Daten für die Jahre 1979-2012. So konnte empirisch belegt werden, dass in diesem Zeitraum in großem Umfang Routinejobs, für die mittlere Qualifikationen (z.B. Verkäufer, Büro- und Verwaltungsangestellte und Industriearbeiter) erforderlich sind, automatisiert wurden. Während im Jahr 1979 noch 60% der Jobs mittlere Qualifikationen erforderte, waren es im Jahr 2012 nur noch 46% (Autor et al. 2003 und 2006). Eine ähnliche Entwicklung lässt sich für den Zeitraum 1993-2010 auch für 16 europäische Länder zeigen (Goos et al. 2014). Der Grund: Durch den massiven Preisverfall für Hard- und Software rechnete sich die Automatisierung für Arbeitgeber.

Dagegen nahmen Nicht-Routinejobs anteilsmäßig zu – und zwar sowohl niedrig- als auch hochqualifizierte Stellen. Dieses Phänomen wird Jobpolarisierung genannt – es lässt sich besser verstehen, wenn man – was Arbeitsmarktökonomen gerne tun – den Arbeitsmarkt als Kuchen interpretiert, der wachsen oder schrumpfen kann (Boeri/van Ours 2013). Die Größe des Kuchens wird durch das Arbeitsvolumen, also die Zahl der Arbeitsstunden bestimmt. Jobpolarisierung kann man sich in diesem Bild folgendermaßen vorstellen. Die unterste Schicht des Kuchens sind Jobs mit einem hohen Anteil an Nichtroutinetätigkeiten, die lediglich geringe Qualifikation erfordern – sie können derzeit nicht oder nur mit hohen Kosten automatisiert werden wie z.B. einfache Dienstleistungen im Gesundheits- und Reinigungsbereich oder in der Sicherheitsbranche. Ihr Anteil am Gesamtkuchen hat zugenommen. Die oberste Schicht des Kuchens sind Jobs mit einem hohen Anteil an Nichtroutinetätigkeiten, die hohe Qualifikationen wie Problemlösungskompetenzen, Intuition, Kreativität und hohe Analyse- und Kommunikationsfähigkeiten erfordern. Ihr Anteil am Gesamtkuchen hat ebenfalls zugenommen. Damit schrumpft der Anteil der mittleren Qualifikationen, wenn die Größe des Kuchens unverändert

ISÖ
Institut für
Sozialökologie

bleibt. Wichtig ist zu verstehen, dass die absolute Zahl der Arbeitsstunden bei den mittleren Qualifikationen gleichbleiben oder sogar zunehmen kann, wenn der Kuchen wächst.

Abbildung 14: Job-Polarisierung in den USA und der Europäischen Union

Quelle: OECD 2016, eigene Darstellung.

Die erste empirische Studie für Deutschland wurde von Spitz-Oener (2006) vorgelegt – und bestätigte die aus den USA bekannte empirische Evidenz für den Zeitraum 1979-1999. Demnach bewirkt die Automatisierung durch den verstärkten Einsatz von Maschinen und Computern das Verschwinden von Routine-Tätigkeiten. Vereinfacht ausgedrückt: Arbeitnehmer mit mittleren Qualifikationen wie Buchhalter und Steuerfachgehilfen verlieren, während Arbeitnehmer mit einfachen Qualifikationen wie Servicekräfte in der Gastronomie und Reinigungspersonal sowie hochqualifizierte Berater und Manager zumindest anteilsmäßig gewinnen.

Eine OECD-Studie zeigt die Entwicklung in den USA im Vergleich zu den 28 EU-Staaten für den Zeitraum 2002 bis 2014. Dort bestätigt sich der anteilsmäßige Rückgang der Routinejobs – sie nahmen in beiden Regionen um knapp zehn Prozentpunkte ab. Der Unterschied liegt jedoch bei den Nichtroutinetätigkeiten für mittlere Qualifikationen, die in den europäischen Staaten um gut drei Prozentpunkte zunahmen, während sie in den USA um knapp einen Prozentpunkt abnahmen, wie Abbildung 14 zeigt (OECD 2016).

### 3.3.2 Jobentfall durch Automatisierung

Das Thema Digitalisierung und die Wirkungen auf den Arbeitsmarkt wurde durch die vielbeachteten Veröffentlichungen von Frey/Osborne (2013, 2017) zur Automatisierung durch Computereinsatz und Brynjolfsson/McAfee (2014) zum „zweiten Maschinenzeitalter" verstärkt in die arbeitsmarkt- und sozialpolitische Diskussion gerückt. Seitdem ist eine Vielzahl an Studien erschienen – nicht nur aus der Wissenschaft, sondern auch von internationalen Unternehmensberatungen und verschiedenen Institutionen wie Denkfabriken und Verbänden.

Abbildung 15: Automatisierungspotential auf dem deutschen Arbeitsmarkt

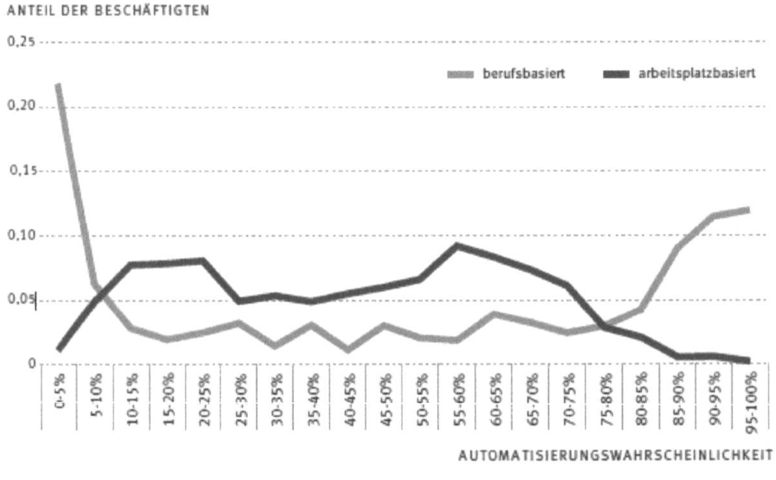

Quelle: Arnold et al. 2016, S. 2.

Die Studie von Frey/Osborne basiert auf einer Befragung von Computerexperten. Dabei sollten die Experten die Automatisierungspotenziale in verschiedenen Sektoren in den USA beurteilen. Das Hauptergebnis: Nach deren Einschätzung arbeiten 47% der Beschäftigten in den USA in

ISÖ
Institut für
Sozialökologie

Berufen, die in den nächsten zehn bis zwanzig Jahren mit über 70%-iger Wahrscheinlichkeit automatisiert werden könnten. Dabei liegt die Automatisierungswahrscheinlichkeit z.B. bei Kreditanalysten, Köchen und Sachbearbeitern bei mehr als 90 Prozent. Zahnärzte, Grundschullehrer, Psychologen, Allgemeinärzte und Gesundheitsberater hatten dagegen eine unter einprozentige Automatisierungswahrscheinlichkeit (Frey/Osborne 2013).

In einer Studie des Zentrums für Europäische Wirtschaftsforschung (ZEW) im Auftrag des Bundesministeriums für Arbeit und Soziales wird die Studie von Frey/Osborne kritisch reflektiert. Insbesondere wird zwischen Jobs und Tätigkeiten unterschieden. Denn in der Praxis zeigt sich häufig, dass lediglich einzelne Tätigkeiten bestehender Stellenprofile und Berufsbilder durch Computer ersetzt werden können. Die Autoren kommen zu dem Ergebnis, dass lediglich 12% der Arbeitsplätze eine relativ hohe Automatisierungswahrscheinlichkeit haben, wie Abbildung 15 verdeutlicht (Bonin et al. 2015).

Im internationalen Vergleich ist das ein überdurchschnittlicher Wert. So kommt eine weitere ZEW-Studie im Auftrag der OECD zu dem Schluss, dass im OECD-Durchschnitt 9% der Arbeitsplätze eine hohe Automatisierungswahrscheinlichkeit haben. Dabei sind Arbeiternehmer mit niedriger Bildung einem höheren Risiko ausgesetzt. Zudem betonen die Autoren, dass sich wahrscheinlich in vielen Bereichen die mit dem Beruf verbundenen Aufgaben und Anforderungen ändern, aber der Arbeitsplatz wird nicht zwangsweise wegfallen (Arntz et al. 2016).

Mehrere IAB-Studien messen sogenannte Substituierbarkeitspotenziale, das heißt, in welchem Ausmaß Berufe durch Computer ersetzt werden könnten. Für das Jahr 2013 wurde geschätzt, dass etwa 15% der sozialversicherungspflichtig Beschäftigten in Deutschland einem sehr hohen Substituierbarkeitspotenzial ausgesetzt sind (Dengler/Matthes 2015). Jedoch hat dieses Potenzial innerhalb von nur drei Jahren auf 25% im Jahr 2016 zugenommen. Das ist eine dramatische Steigerung um zehn Prozentpunkte oder 66% (Dengler/Matthes 2018).

Auch die Automatisierung durch Industrieroboter ersetzt Arbeitsplätze. Zwischen 1994 und 2014 ging die Industriebeschäftigung in Deutschland stark zurück: Von den etwa 1,2 Millionen abgebauten Industriejobs gingen etwa 280.000 durch den Einsatz von Industrierobotern verloren. Insgesamt ging in den Regionen mit einem hohen Anteil an Industrierobotern (z.B. Wolfsburg) die Beschäftigung jedoch nicht zurück. Auch das individuelle Arbeitslosigkeitsrisiko für Arbeitnehmer in digitalisierten Regionen ist in diesem Zeitraum nicht angestiegen. Das lag daran, dass Arbeitnehmer, deren Tätigkeiten von Industrierobotern übernommen wurden, andere

Tätigkeiten übernehmen und bis zur (frühzeitigen) Verrentung in den Unternehmen verbleiben konnten. Jüngere Arbeitnehmer starteten dagegen in geringerem Umfang eine Tätigkeit in der Industrie – stattdessen orientierten sie sich in Richtung Dienstleistungssektor (Dauth et al. 2018).

Internationale Unternehmensberatungen haben in den letzten Jahren ebenfalls zahlreiche Studien zu den Arbeitsmarktwirkungen der digitalen Revolution erstellt. So stellt eine Studie des McKinsey Global Institute (2017) fest, dass zwar nur 5% der Jobs von Arbeitnehmern voll automatisierbar sind, jedoch bei 60% aller Jobs zumindest 30% der Tätigkeiten automatisierbar sind. Studien der Boston Consulting Group kommen zu dem Ergebnis, dass Automatisierung bis 2025 die Stellen von fast acht Millionen Beschäftigten in Deutschland verändern wird. Dabei besitzen sechs von zehn dieser Arbeitnehmer die Qualifikation von Fachkräften (Rentmeister et al. 2017). Weiterhin ist bis 2025 der Verlust von bis zu 300.000 Arbeitsplätzen in der deutschen Industrie durch den Einsatz von Robotern zu erwarten. Dabei ist nicht der Effekt von klassischen Industrierobotern (z.B. Schweißroboter in der Automobilindustrie) gemeint, sondern der Einsatz von selbstständig handelnden, smarten Industrierobotern, die mit Menschen zusammenarbeiten (Boston Consulting Group 2019). Eine Studie der Unternehmensberatung A.T. Kearney kommt zu der Schlussfolgerung, dass 45% der Jobs in Deutschland in den nächsten 20 Jahren durch Roboter bedroht sein werden. Die Top 3 der gefährdeten Berufe sind Büro- und Sekretariatskräfte, Verkaufskräfte und Berufe im Gastronomieservice (Lorenz et al. 2015).

Auch Denkfabriken und Verbände setzen mit Studien Akzente in der Diskussion zu den Arbeitsmarktwirkungen der Digitalisierung. Nach einer Untersuchung für das Weltwirtschaftsforum in Davos, die auf einer Umfrage unter Managern der 350 größten Konzerne der Welt basiert, werden zwischen 2016 und 2021 etwa fünf Millionen Arbeitsplätze in Industrieländern wegfallen (World Economic Forum 2016). Für mediales Aufsehen sorgte eine Studie des IT-Verbands Bitkom aus 2018. Danach würde die Digitalisierung 3,4 Millionen Stellen innerhalb von fünf Jahren in Deutschland zerstören, so dass jeder Zehnte bald arbeitslos sein würde (FAZ v. 2.2.2018). Es wurde darauf hingewiesen, dass es in der deutschen Kommunikationstechnik in den neunziger Jahren 200.000 Stellen gab, doch jetzt nur noch 20.000 – ein Rückgang um 90%. Die Grundlage dieser Aussage ist eine Umfrage bei 505 deutschen Unternehmen (DIE ZEIT v. 8.2.2018).

Prognosen zum Ende der Arbeit existieren seit Beginn der industriellen Revolution. Am bekanntesten sind die sogenannten „Maschinenstürmer" (Ludditen) zu Beginn des 19. Jahrhunderts,

ISÖ
Institut für
Sozialökologie

die gegen die Automatisierung in der Textilindustrie protestierten, indem sie Webstühle zerstörten. In den sechziger Jahren des 20. Jahrhunderts war der Wegfall von Bürojobs durch die Automatisierung ein intensiv diskutiertes Thema in den USA, das zur Einsetzung einer Regierungskommission führte (Autor 2015).

Abbildung 16: Entwicklung der sozialversicherungspflichtigen Beschäftigung (1998-2018)

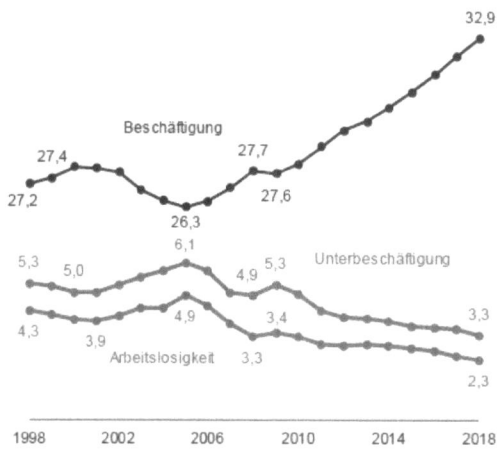

**Sozialversicherungspflichtige Beschäftigung, Arbeitslosigkeit und Unterbeschäftigung**

in Millionen
Deutschland
1998 bis 2018

Werte zur sozialversicherungspflichtigen Beschäftigung jeweils Ende Juni.
Wert zur Unterbeschäftigung 2018 vorläufig hochgerechnet.

Quelle: Bundesagentur für Arbeit 2018, S. 44.

Vor über zwanzig Jahren prägte der US-Autor Jeremy Rifkin den Begriff vom „Ende der Arbeit" (Rifkin 1995). In Deutschland prognostizieren prominente Autoren wie Götz W. Werner (2007) und Richard David Precht (2018) den massiven Rückgang von Jobs durch Automatisierung. Alle Autoren eint, dass sie mit einprägsamer anekdotischer Evidenz arbeiten. Empirisch lässt sich die Hypothese vom Ende der Arbeit in Deutschland jedoch bis heute falsifizieren: Noch nie haben so viele Menschen so viele Arbeitsstunden wie derzeit gearbeitet – etwa 60 Milliarden Stunden (Fuchs et al. 2017). Auch die Zahl der sozialversicherungspflichtigen

ISÖ
Institut für
Sozialökologie

Beschäftigungsverhältnisse, die insbesondere für die Finanzierung der sozialen Sicherungssysteme relevant ist, befindet sich auf einem Rekordhoch, wie Abbildung 16 zeigt.

### 3.3.3 Mehr geschaffene als zerstörte Jobs?

Autor (2015) stellt vor dem Hintergrund zahlreicher Studien, die lediglich den Jobentfall durch Automatisierung in den Mittelpunkt stellen, die provokative Frage: Weshalb gibt es noch so viele Jobs? Er kritisiert, dass viele Studien lediglich die Substitutionseffekte der Automatisierung betonen, jedoch nur bedingt die Potentiale der Komplementaritätseffekte beleuchten. Damit würden die Chancen auf zusätzliche „neue Mittelklassejobs" unterschätzt, also Jobs, die mittlere, aber andere Kompetenzen als bisher erfordern.

Diese Einsicht ist weder neu noch überraschend. Die Wirtschaftsgeschichte zeigt, dass der Weg von der Agrargesellschaft zur Industriegesellschaft sowie der Wandel von der Industriegesellschaft zur Dienstleistungsgesellschaft ein Prozess des dauernden Entfalls und der Schaffung von Jobs war und ist. Dabei ist die Herausforderung für Arbeitnehmer, dass neugeschaffene Jobs mit anderen Kompetenzen im gleichen Sektor oder in anderen Sektoren verbunden sind. Wem die Anpassung an die Erfordernisse der neuen Jobs nicht gelingt, der wird längerfristig auf soziale Sicherungsleistungen angewiesen sein.

So kommen einige Studien zu dem Ergebnis, dass durch Digitalisierung insgesamt keine Beschäftigungsverluste für die deutsche Volkswirtschaft entstehen. Nach einer IAB-Studie ist der Strukturwandel hin zu mehr Dienstleistungen und die Verbreitung des Internets der Dinge (Industrie 4.0) nicht mit Beschäftigungsverlusten verbunden (Wolter et al. 2015). Nach einer Studie der Unternehmensberatung Boston Consulting Group werden in Deutschland bis zum Jahr 2025 zwar 610.000 Jobs in der Industrieproduktion entfallen, jedoch 960.000 Jobs insbesondere im Informatiksektor neu entstehen, so dass im Ergebnis die Nettobeschäftigung um 350.000 neue Stellen zunimmt (Lorenz et al. 2015). Eine Studie des Zentrums für Europäische Wirtschaftsforschung (ZEW) kommt zu dem Ergebnis, dass der technologische Wandel mit schwach positiven Beschäftigungseffekten einhergeht. Dazu wurden die Auswirkungen der Computerisierung in den Jahren 1995-2011 analysiert. Auf dieser Basis wurden die Beschäftigungswirkungen für die Jahre 2016-2021 simuliert. Es zeigt sich, dass die Gesamtbeschäftigung um 1,8% zunimmt. Das entspricht einem jährlichen Beschäftigungszuwachs um 0,4%, was – interessanterweise – ein doppelt so hoher Beschäftigungszuwachs als in den vergangenen fünf Jahren ist (Arntz et al. 2018).

Die aktuellste Studie von Gregory et al. (2019) mit Daten zu 27 Ländern der Europäischen Union für die Jahre 1999-2010 verweist auf Nettobeschäftigungsgewinne. Die Autoren betonen, dass die Wirkung des technischen Fortschritts durch Digitalisierung theoretisch unbestimmt ist. Deshalb ist es eine empirische Frage, ob die Beschäftigung netto zu- oder abnimmt. In ihrer Analyse schätzen sie zum einen die negativen Substitutionseffekte, die zu einem Beschäftigungsrückgang führen. Aber sie vernachlässigen – im Gegensatz zu den unter 3.2 aufgeführten Studien – nicht die Gütermarkteffekte, die zu mehr Beschäftigung führen können. Konkret kann die Arbeitsnachfrage von Unternehmen durch zusätzliche Güternachfrage zunehmen. Die zusätzliche Güternachfrage, z.B. nach Smartphones, wird durch Preissenkungen ausgelöst, die sich durch die gesunkenen Kosten für Datenspeicherung und -verarbeitung ergeben. Nach dieser Studie beobachten wir ein „Rennen mit der Maschine" statt ein Rennen gegen die Maschine (Brynjolffson/McAfee 2011). Auch Dauth et al. (2018) betonen ökonomische Gegenkräfte, die Substitutionseffekten entgegenwirken. So führt höhere Arbeitsproduktivität zu geringeren Kosten und damit zu geringeren Preisen, wodurch Mehrnachfrage und damit auch Mehrbeschäftigung generiert werden kann.[85]

### 3.3.4   Mehr Ungleichheit als Folge der Digitalisierung?

Die zunehmende Jobpolarisierung durch den Wegfall von Routinejobs ist für die OECD-Länder und explizit auch für Deutschland empirisch belegt. Doch ist damit auch eine Polarisierung der Löhne und Einkommen verbunden?

Empirisch lässt sich für Deutschland steigende *Lohn*ungleichheit für den Zeitraum Mitte der neunziger Jahre bis 2010 belegen (Biewen et al. 2017; Dustmann et al. 2009; Antonczyk et al. 2018). Für den Zeitraum nach 2010 sehen einige Autoren eine Trendwende (Möller 2016), jedoch verhindert ein Strukturbruch in der zugrundeliegenden Datenbasis eine klare Aussage (Fitzenberger 2017). Empirisch lässt sich für Deutschland ebenfalls steigende *Einkommens*ungleichheit für den Zeitraum 1991-2015 feststellen (neuere Daten liegen nicht vor). Ein wesentlicher Indikator zur Messung von Einkommensungleichheit ist der sogenannte Gini-Koeffizient, der zwischen 0 und 1 liegen kann. Die gemessene Ungleichheit ist umso größer, je näher der Wert bei Eins liegt. Der Gini-Koeffizient der Haushaltsmarkteinkommen ist zwischen 2005 und 2009 gesunken. Bis 2015 hat die Ungleichheit der Markteinkommen wieder zugenommen – und erreichte 2015 ungefähr das Niveau von 2005 (Gini-Koeffizient unter 0,5). Der Gini-

---

85   Siehe auch „Wenn die Roboter kommen", Die Zeit v. 11. April 2018.

Koeffizient der verfügbaren Haushaltseinkommen war zwischen 2005 und 2009 ebenfalls leicht rückläufig, um danach wieder tendenziell zuzunehmen (Gini-Koeffizient unter 0,3). Es ist jedoch zu betonen, dass Deutschland im internationalen Vergleich ein unterdurchschnittliches Niveau an Einkommensungleichheit aufweist. So stiegen die verfügbaren Realeinkommen in diesem Zeitraum für die 10% Reichsten um 30 Prozent, während die verfügbaren Realeinkommen der 10% Ärmsten mit Ausnahme des Zeitraums 1994-99 zurückgingen, wie Abbildung 17 zeigt (Grabka/Goebel 2018). Dagegen verharrt die *Vermögens*ungleichheit seit 2002 auf hohem Niveau (Grabka/Westermeier 2014).

Abbildung 17: Entwicklung der Einkommensungleichheit in Deutschland (1991-2015)

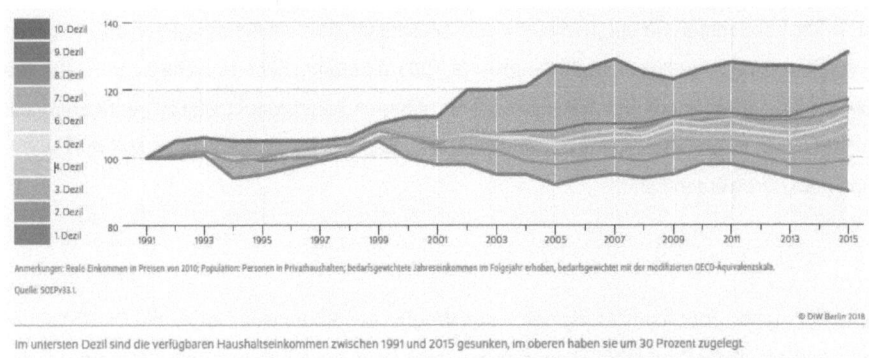

Quelle: Grabka/Goebel 2018, S. 452.

Arntz et al. (2018) zeigen, dass sich in den letzten 5 Jahren Beschäftigung und Löhne in geringem Umfang polarisiert haben. Das liegt daran, dass betriebliche Investitionen in neue Technologien zu mehr Beschäftigung und höherer Entlohnung in Hochlohnberufen und -sektoren geführt haben – bei deutlich geringeren Zuwächsen in mittel- und niedrig-entlohnten Berufen und Sektoren. Die Simulationen für die nächsten fünf Jahre zeigen hingegen kaum Polarisierungstendenzen. Somit gibt es Anzeichen für einen geringen positiven Beitrag der Digitalisierung zur Ungleichheit.

### 3.3.5 Regionale Analysen für Schleswig-Holstein

Das Institut für Arbeitsmarkt- und Berufsforschung (IAB) hat in einer Studie Substituierbarkeitspotentiale für Schleswig-Holstein berechnet – analog zum Analyseansatz für das Bundesgebiet (Dengler/Matthes 2015). Demnach sind nur 12% (Bundesdurchschnitt: 15%) der

ISÖ
Institut für
Sozialökologie

Beschäftigungsverhältnisse mit einem über 70%-igen Substituierungspotenzial verbunden. Dabei sind vor allem Beschäftigte in Produktionsberufen betroffen. Das IAB erklärt den unterdurchschnittlichen Wert durch die Wirtschaftsstruktur in Schleswig-Holstein, die durch weniger substituierbare Dienstleistungsberufe geprägt ist (Buch et al. 2016). Die Studie könnte folgendermaßen zusammengefasst werden: Eine Dienstleistungsgesellschaft mit vornehmlich nicht-handelbaren Dienstleistungen (z.B. Hotel- und Gaststättengewerbe) ist stärker gegen Automatisierung geschützt. Einschränkend ist anzumerken, dass sich diese Studie auf veraltete Daten bezieht.

Regionale Analysen, die zusätzliche Beschäftigungspotentiale durch digitalisierungsbedingte zusätzliche Güternachfrage analysieren, liegen derzeit nicht vor. Dabei könnten solche Studien – analog zu den Analysen von Arntz et al. (2018) und Gregory (2019) – zu der Einschätzung gelangen, dass sogar Nettobeschäftigungsgewinne zu erwarten sind. Es findet sich lediglich eine Fachkräfteprojektion 2035 für Schleswig-Holstein, die Maßnahmen aufzeigt, mit denen demographiebedingte drohende Fachkräfteengpässe abgemildert werden könnten (Christensen et al. 2018).

### 3.3.6 Zur Qualität von Studien zur Digitalisierung

Bei der Darstellung der unterschiedlichen Studien kann hier nicht auf methodische Details eingegangen werden. Kritische Rezipienten sollten jedoch „hinter die Kulissen" blicken, um Studien besser einschätzen zu können. Denn die Qualität der aufgeführten Studien ist völlig unterschiedlich. Typischerweise produzieren Verbände, aber auch Denkfabriken, Schlagzeilen auf der Basis von Befragungen. Selbst wenn die Befragung repräsentativ sein sollte (was häufig nicht der Fall ist): Wer ausschließlich Manager von Großunternehmen befragt (Beispiel: Studie des Weltwirtschaftsforums), der generiert selektive Wahrnehmung. Denn die möglicherweise gegenläufigen und bedeutenderen Effekte durch kleinere und mittlere Unternehmen werden ausgeblendet. Ein besonders auffälliger Fall ist die Bitkom-Studie, die massive Beschäftigungsverluste für Deutschland prognostiziert – mit Verweis auf eine Umfrage unter Verbandsmitgliedern und die Erfahrung der Branche mit Jobverlusten in der Vergangenheit. Interessanterweise produziert eine internationale Unternehmensberatung auf der Basis von nicht nachprüfbarer interner „Teamanalyse" das Ergebnis, dass ausgerechnet im IT-Sektor massiv Beschäftigung aufgebaut werden wird, so dass sich insgesamt für Deutschland Nettobeschäftigungsgewinne ergeben. Solche Studien sind fragwürdig und sollten wenig beachtet werden.

Auch vor eloquenten, selbsternannten Zukunftsforschern ist zu warnen. Häufig ignorieren sie die internationale und nationale Fachliteratur zum Thema Digitalisierung – und entwerfen ihr eigenes, plausibel klingendes Narrativ. Aber Plausibilität und vordergründige Einsichten helfen bei der verantwortungsvollen Analyse der hochkomplexen Thematik Digitalisierung und Arbeitsmarkt nicht weiter.

Wer die internationale und nationale Fachliteratur über Jahrzehnte studiert, der lernt unterschiedliche Qualität empirischer Forschung einzuschätzen. So wurde zum Beispiel die aufsehenerregende Prognose von Frey/Osborne (2013) erst vier Jahre später in einer unbedeutenden Fachzeitschrift veröffentlicht (Frey/Osborne 2017). Studien, die ausschließlich Substituierungspotentiale berechnen, sind auf einem Auge blind. Denn sie ignorieren theoretisch mögliche gegenläufige Effekte. Dagegen sind Studien, die theoretisch fundiert und empirisch mit hochwertigen Daten und fortschrittlichen Methoden arbeiten, besonders wertvoll. Derzeit sind die herausragenden deutschen Studien zum Thema Digitalisierung und Arbeitsmarkt die IAB-BIBB-Studie von Wolter et al. (2015) sowie die ZEW-Studie von Arntz et al. (2018) und die Studie von Gregory et al. (2019). All diese qualitativ hochwertigen Studien, die auf internationalen und nationalen Fachtagungen präsentiert wurden, kommen zu dem Ergebnis, dass Digitalisierung mit Nettobeschäftigungsgewinnen verbunden ist. Die Auswirkungen auf die sozialen Sicherungssysteme werden in diesen Beiträgen jedoch nur am Rande angesprochen.

### 3.3.7 Zwischenergebnis

Der Literaturüberblick hat gezeigt, dass Routinejobs durch Automatisierung zerstört werden – Nicht-Routinejobs jedoch sowohl für Geringqualifizierte und Hochqualifizierte zunehmen werden. Das Phänomen der Jobpolarisierung wird sich jedoch nach den Simulationen von Arntz et al. (2018) in Deutschland nicht ausweiten. Auch Autor (2016) geht für die USA davon aus, dass sich diese Entwicklung *nicht* fortsetzen wird, weil insbesondere Dienstleistungsjobs einen erheblichen Teil nicht-automatisierbarer, menschlicher Kompetenzen wie Flexibilität, Anpassungsfähigkeit, Problemlösungsfähigkeiten und zwischenmenschliche Interaktionen enthalten. Qualitativ hochwertige Studien kommen weiterhin zu dem Ergebnis, dass die *Netto*beschäftigung durch die Digitalisierung *zunehmen* wird. Jedoch gibt es Hinweise, dass die Digitalisierung in geringem Umfang zu mehr Ungleichheit führt. Kann also Entwarnung gegeben werden? Ist Digitalisierung gar nicht die große Bedrohung für die sozialen Sicherungssysteme, weil die Nettobeschäftigung zunimmt? Oder ist das bestehende soziale Sicherungssystem

ISÖ
Institut für
Sozialökologie

nicht mehr zeitgemäß, weil hoch entlohnte sozialversicherungspflichtige Beschäftigungsverhältnisse in großem Umfang verloren gehen und nur noch schlecht entlohnte Jobs auf Freelancer-Basis entstehen? Über diese Fragen wird im nächsten Abschnitt reflektiert.

## 3.4 Digitalisierung und soziale Sicherung

### 3.4.1 Chancen

Welche Chancen birgt die digitale Revolution aus ökonomischer Sicht? Digitalisierung erhöht die Arbeitsproduktivität, also den Output je Arbeitsstunde: Wer mit besserer Hard- und Software arbeitet, ist produktiver. Je höher die Arbeitsproduktivität ist, desto höher ist das Wirtschaftswachstum in Prozent, weil mit den gegebenen Ressourcen mehr an Güter und Dienstleistungen produziert werden kann. Damit steigt der Wohlstand, gemessen als Bruttoinlandsprodukt je Kopf. So entsteht eine hochproduktive Wohlstandsgesellschaft. Weiterhin ist aus den industriellen Revolutionen der Vergangenheit bekannt: Im Durchschnitt sinkt die Jahresarbeitszeit bei steigendem Wohlstand.

Doch was heißt das für die sozialen Sicherungssysteme? Bei steigendem Wirtschaftswachstum steigen auch die Bemessungsgrundlagen für die sozialen Sicherungssysteme – die Bruttoeinkommen. Der Aufschwung der letzten zehn Jahre hat diesen Zusammenhang wieder einmal verdeutlicht. So sind zum Beispiel die Beitragseinnahmen der Arbeitslosenversicherung durch den Anstieg der sozialversicherungspflichtigen Beschäftigung so stark gestiegen, dass die Beitragssätze deutlich reduziert werden konnten. Auch die Steuereinnahmen sind so stark gestiegen, dass die Grundsicherung auch ohne Nettokreditaufnahme finanziert werden konnte.

Die Digitalisierung birgt enorme Wachstumschancen für die Wirtschaft. So hat Deutschland im Bereich der Industrie 4.0, dem Internet der Dinge, derzeit eine vergleichsweise gute Ausgangssituation im internationalen Wettbewerb. Nach dem im Auftrag des Bundesverbandes der Deutschen Industrie (BDI) von Fraunhofer ISI und ZEW erstellten „Innovationsindikator 2018" gehört Deutschland zu den innovationsstärksten Ländern der Welt. Damit die Chancen der Digitalisierung zukünftig noch mehr als bisher genützt werden können, seien jedoch mehr Investitionen in die digitale Infrastruktur und in Anwendungen der künstlichen Intelligenz notwendig (Bundesverband der Deutschen Industrie 2018).

Wenn also die neu entstehenden Stellen mit den entfallenen Stellen mit Blick auf die Einkommenshöhe und das Vertragsverhältnis vergleichbar wären, dann würde die Digitalisierung das soziale Sicherungssystem stabilisieren. Die Beitragssätze könnten aufgrund der Digitalisierung weiter sinken, es wäre sogar eine Reduzierung des Schuldenstands möglich. Es besteht demnach die Chance auf eine Welt mit höherem Wohlstand und stabilen sozialen Sicherungssystemen bei abnehmender Jahresarbeitszeit für die Arbeitnehmer.

### 3.4.2 Risiken der Digitalisierung

Selbst wenn mit der Digitalisierung die *Netto*beschäftigung zunehmen würde, worauf die qualitativ hochwertigen Studien zur Digitalisierung hinweisen, dann gäbe es dennoch erhebliche Risiken für die sozialen Sicherungssysteme. Denn die Dynamik des Übergangsprozesses ist nicht vorhersehbar, und die für die neu entstehenden Jobs notwendigen Kompetenzen müssen teilweise erst erworben werden.

*Dynamik am Arbeitsmarkt bereits hoch*

Der Strukturwandel von der Industriegesellschaft zur Dienstleistungsgesellschaft ist ein seit Jahrzehnten andauernder Prozess: Nicht mehr rentable Arbeitsplätze verschwinden, neue Arbeitsplätze entstehen. Diese Arbeitsmarktdynamik lässt sich auch an den Daten der Bundesagentur für Arbeit erkennen. So meldeten sich im Jahr 2018 7,2 Millionen Menschen bei den Arbeitsagenturen und Jobcentern arbeitslos, während 7,4 Millionen Menschen ihre Arbeitslosigkeit beendeten. Dadurch sank die Bestandszahl an Arbeitslosigkeit auf 2,3 Millionen Beschäftigte (Bundesagentur für Arbeit 2018).

Würde die Dynamik an Entlassungen und Neueinstellungen durch die Auswirkungen der Digitalisierung zunehmen, dann würde die bestehende Personalkapazität der Bundesagentur für Arbeit mit derzeit etwa 100.000 Mitarbeiter nicht ausreichen. Zusätzliches Personal müsste durch höhere Beitragssätze finanziert werden. In der Wirtschafts- und Finanzkrise hat sich jedoch gezeigt, dass die Bundesagentur für Arbeit selbst auf sehr kurzfristige Entwicklungen reagieren kann. So war die Modifikation und Implementierung des Kurzarbeitergelds für eine Million Menschen innerhalb weniger Monate möglich – und hat damit wesentlich zur Abfederung des Konjunkturabschwungs nach der Wirtschafts- und Finanzkrise beigetragen.

ISÖ
Institut für
Sozialökologie

Gegen konjunkturelle Schwankungen und strukturellen Wandel ist das soziale Sicherungssystem demnach gut vorbereitet, solange die Finanzierungsbasis nicht ausgehöhlt wird. Es stellt sich also die Frage, ob die in den letzten Jahren stark angestiegene sogenannte Normalbeschäftigung – das sozialversicherungspflichtige Beschäftigungsverhältnis – durch Digitalisierung massiv zurückgehen wird.

*Rolle der Solo-Selbstständigen in der Gig-Economy*

Anders formuliert: Werden Beschäftigungsverhältnisse ohne volle Sozialversicherungspflicht wie Minijobs und Solo-Selbstständigkeit zu Lasten der Normalbeschäftigung wegen der Digitalisierung anteilsmäßig zunehmen?

Abbildung 18: Entwicklung der Solo-Selbstständigkeit in Deutschland (1991-2014)

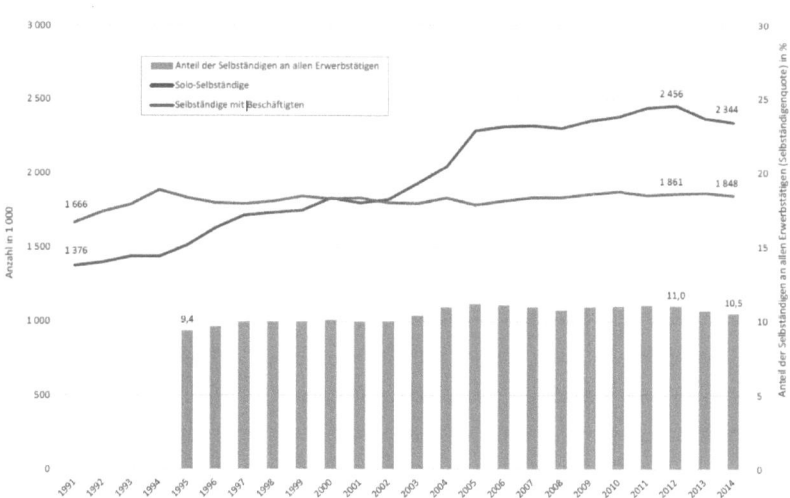

Quelle: Eurostat.

Quelle: Brenke/Beznoska 2016, S. 18.

Wenn das der Fall wäre, dann würde die Finanzierungsbasis der Sozialversicherung erodieren. So wird insbesondere befürchtet, dass die Digitalisierung die so genannte Gig-Economy befördert, in der Selbstständige ohne soziale Absicherung als digitale Tagelöhner Auftragsarbeit erledigen. Doch ist die Zahl der Solo-Selbstständigen, die bei gut zwei Millionen liegt, in den letzten Jahren sogar leicht zurück gegangen (Eichhorst/Spermann 2016, Brenke/Beznoska 2016), wie Abbildung 18 verdeutlicht. Dagegen sind Teilzeitbeschäftigung und Zeitarbeit in Deutschland in der Regel sozialversicherungspflichtig, so dass ihre Ausweitung zu zusätzlichen Beitragseinnahmen führen würde.

*Aushöhlung der sozialen Sicherung durch digital erbrachte Dienstleistungen?*

Mit dem unerwarteten Durchbruch bei der Entwicklung der künstlichen Intelligenz hat die Diskussion zur möglichen Substitution von hochqualifizierten Tätigkeiten seit einigen Jahren an Dynamik gewonnen. So könnten zum Beispiel Juristen, Ärzte, Lehrer und Banker durch den Einsatz von Apps zumindest teilweise ihre Stellen verlieren.[86] Legal-Tech-Start-Ups, Health Start-Ups, Education Start-Ups und Fintechs stehen sinnbildlich für die neuen, mit der Digitalisierung verbundenen Möglichkeiten. Damit wird aber auch das so genannte „Service offshoring", also der Import von Dienstleistungen aus dem Ausland leichter als bisher möglich. Heute geht es nicht nur um Mitarbeiter in Callcentern, die ihre Dienstleistungen aus dem Ausland (z.B. Irland) erbringen. Stattdessen ist auch das verstärkte Offshoring von hochqualifizierten Tätigkeiten (z.B. Telemedizin, Telelearning) möglich. Damit nimmt der Anteil der handelbaren Dienstleistungen am Welthandel zu – ein Trend, der bereits seit Jahrzehnten in der wissenschaftlichen Literatur diskutiert wird (Krugman et al. 2018).

Was heißt das für die soziale Sicherung? Auch hier prallen wieder Substitutionseffekte auf ökonomische Gegenkräfte, so dass der Nettoeffekt theoretisch nicht eindeutig ist. Ein pessimistisches Szenario würde den Ersatz hochqualifizierter Arbeit im Inland durch künstliche Intelligenz und Offshoring betonen, die betroffenen Hochqualifizierten würden arbeitslos oder würden zumindest weniger verdienen, wodurch die sozialen Sicherungssysteme belastet wären. Ein optimistisches Szenario würde die Komplementarität von künstlicher Intelligenz und Offshoring betonen, so dass sich lediglich die Tätigkeiten der Hochqualifizierten im Inland verändern würden. Damit gäbe es kein Problem für die soziale Sicherung, wenn im Übergangsprozess weder Arbeitslosigkeit noch Gehaltseinbußen einträten.

---

[86] „Automatisch recht bekommen", Die Zeit v. 22.9.2016; Special Report Artificial Intelligence, Economist v. 25.6.2016.

ISÖ
Institut für
Sozialökologie

*Qualifizierung für die neuen Jobs*

Ein zentraler Punkt bei der Diskussion zu Digitalisierung und sozialer Sicherung ist das Thema Qualifizierung. Einigkeit besteht über alle Studien hinweg darin, dass viele bestehende Jobs oder zumindest einzelne Tätigkeiten in zunehmendem Maße automatisiert werden. In vielen Unternehmen suchen „Robotics Teams" laufend nach Automatisierungsmöglichkeiten. Durch den verstärkten Einsatz von künstlicher Intelligenz könnten sich - vielleicht sogar mit höherer Geschwindigkeit als bisher - Stellenbeschreibungen ändern und neue Stellen, die neue Kompetenzen erfordern, entstehen. Ist das soziale Sicherungssystem darauf vorbereitet?

Hier stößt das soziale Sicherungssystem des 20. Jahrhunderts an seine Grenzen. Denn das Sozialversicherungssystem ist als Absicherung des Schadensfalls Arbeitslosigkeit konzipiert, nicht zur Prävention vor dem Schadensfall. Auch die Grundsicherung greift nicht präventiv ein. Zwar hat das Qualifizierungschancengesetz 2019 an dieser Stelle einige wenige Verbesserungen wie zum Beispiel die Ausweitung der Weiterbildungsförderung für Erwerbstätige gebracht. Doch ist das bestehende Mandat der Bundesagentur für Arbeit mit Blick auf den Kompetenzerwerb zur Vermeidung von Arbeitslosigkeit sehr eingeschränkt. Deshalb wird seit einigen Jahren zu Recht über den möglichen Umbau zu einer Bundesagentur für Arbeit *und Qualifizierung* diskutiert (Bundesministerium für Arbeit und Soziales 2016).

*Kompetenzerwerb erfordert neue Instrumente*

Doch es besteht das Risiko, dass es bei einer reinen Umfirmierung der Bundesagentur bleibt, so dass der schnelle Kompetenzerwerb durch vom Strukturwandel betroffener Menschen nur sehr begrenzt möglich ist. Zwar sind in den vergangenen Jahren immer wieder Modellversuche mit innovativen Instrumenten durchgeführt worden (z.B. Weiterbildungsberatung), doch beim Umbau sind viel weitergehende Konzepte zu durchdenken. So könnte zum Beispiel das Unterhaltsgeld in modifizierter Form wieder eingeführt werden, so dass Teilnehmer in Weiterbildung mehr Einkommen zur Verfügung haben als Arbeitslosengeldbezieher. Auch der Erwerb zusätzlicher Leistungspakete der Arbeitslosenversicherung für Weiterbildungsaktivitäten könnte durch Zahlung von Zusatzbeiträgen ermöglicht werden. Damit könnten nicht nur arbeitslose oder arbeitssuchende, sondern auch erwerbstätige Arbeitnehmer zum Beispiel nicht zertifizierte, digitale Bildungsangebote finanzieren, wie sie von Plattformen wie Udacity und Coursera zur Verfügung stehen. Dabei wäre es wichtig, die Wirkungsweise neuer Instrumente bereits von Anfang an empirisch zu evaluieren. In der Vergangenheit wurden Instrumente der beruflichen Weiterbildung oft erst im Nachhinein mit großem Aufwand evaluiert (Biewen et al. 2006, Fitzenberger/Völter 2007, Lechner et al. 2005).

*Anpassung der Grundsicherung ist notwendig*

Auch die Angst der Menschen vor dem schnellen Abstieg in Hartz IV nach Verlust eines Industriejobs durch Digitalisierung ist eine Folge der derzeitigen Ausgestaltung des bestehenden sozialen Sicherungssystems. So wird nach den Hartz-Reformen in der Regel lediglich ein Jahr Arbeitslosengeld gezahlt, soweit überhaupt Ansprüche gegenüber der Arbeitslosenversicherung erworben wurden.[87] Darüberhinausgehende Leistungen sind nur nach einer Bedürftigkeitsprüfung möglich. Im Hartz IV-Bezug steht dann die schnelle Vermittlung in zumutbare Arbeit im Mittelpunkt der Vermittlungsbemühungen der Jobcenter – und nur teilweise die Erweiterung bestehender und der Erwerb zusätzlicher Kompetenzen, um offene Stellen zukünftig besetzen zu können. Auch deshalb steht das Grundsicherungssystem immer wieder in der öffentlichen Kritik, wobei in den letzten 15 Jahren lediglich kleinere Reformen im Rahmen des Prinzips des Förderns und Fordern möglich waren (Spermann 2019a).

Doch sind nicht weitergehende, fundamentale Reformen des sozialen Sicherungssystems aufgrund der Digitalisierung notwendig? So plädiert zum Beispiel der Vorstandsvorsitzende der Deutschen Telekom, Tim Höttges, für ein bedingungsloses Grundeinkommen – mit Blick auf die bevorstehenden Umwälzungen am Arbeitsmarkt durch die Digitalisierung (Die Zeit v. 29.12.2015). In vielen Publikationen zur Digitalisierung und Arbeitsmarkt wird meist am Rande, häufig nur mit einem Satz, die Notwendigkeit der sozialen Abfederung des Strukturwandels durch Digitalisierung angesprochen. Neben dem Stichwort bedingungsloses Grundeinkommen fallen dabei auch Begriffe wie Bürgergeld, Bürgerversicherung, solidarisches Grundeinkommen und Garantiesicherung. Doch diese Frage ist von zentraler Bedeutung – sie ist kein Randaspekt. Ohne eine gelungene Anpassung der sozialen Sicherungssysteme, die die Risiken des Strukturwandels für die Menschen minimiert, wird es nicht möglich sein, die enormen Chancen der Digitalisierung zu realisieren. Bereits die letzte große Koalition hat das Thema Zukunft der Arbeit und die Entwicklung des Sozialstaates nach einem breiten Diskurs mit

---

[87] Die Dauer der Zahlung des Arbeitslosengeldes hängt von der Dauer der vorherigen sozialversicherungspflichtigen Beschäftigung und dem Alter ab. So können z.B. ältere Arbeitnehmer bis zu zwei Jahren Arbeitslosengeld erhalten (Bundesagentur für Arbeit 2019, S. 35f.).

ISÖ
Institut für
Sozialökologie

vielen Stakeholdern in einem „Weißbuch Arbeiten 4.0" zusammengefasst. Dabei wird ein „Persönliches Erwerbstätigenkonto" präferiert. Die Kernidee ist es, alle jungen Bürger im Sinne eines „Sozialerbes" mit einem Startkapital zur Verwendung u.a. für Qualifizierung auszustatten (Bundesministerium für Arbeit und Soziales 2017). Zur Jahreswende 2018/19 hat sich die politische Diskussion zur Reform der Grundsicherung wieder intensiviert. Es liegen eine Vielzahl unterschiedlicher Konzepte der politischen Parteien vor. Auch die wissenschaftliche Diskussion hat wieder an Dynamik gewonnen.[88]

## 3.5  Zusammenfassung

Diese Kurzexpertise hat den Zusammenhang zwischen Digitalisierung und sozialer Sicherung beleuchtet. Dabei wurde der isolierte Effekt des Schlüsselfaktors Digitalisierung auf die sozialen Sicherungssysteme, insbesondere die Arbeitslosenversicherung und die Grundsicherung, betrachtet. Es zeigt sich, dass – entgegen der öffentlichen Wahrnehmung – auf der Basis qualitativ hochwertiger Studien sogar *Netto*beschäftigungsgewinne durch die Digitalisierung zu erwarten sind. Zwar könnten in den nächsten Jahren Millionen Jobs verschwinden, doch mehr neue Jobs entstehen als entfallen werden. Doch damit sind enorme Umwälzungen am Arbeitsmarkt verbunden. Auch müssen neu entstehende Stellen besetzt werden können. Schon heute gibt es mehr als eine Million offener Stellen.

Gleichzeitiger Entfall und Schaffung von Jobs ist Normalität. Schon seit Jahren findet ein massiver Strukturwandel von der Industriegesellschaft zur Dienstleistungsgesellschaft statt, der sich jährlich in sieben Millionen Zugängen in und etwas mehr Abgängen aus Arbeitslosigkeit wiederspiegelt. Durch die Digitalisierung, insbesondere durch die Möglichkeiten der künstlichen Intelligenz und der Blockchain-Technologie, könnte sich jedoch diese Dynamik am Arbeitsmarkt noch verstärken. Vor kurzem hat die Bundesregierung die High-Tech Strategie 2025 auf den Weg gebracht, wodurch bis zum Jahr 2025 Mittel in Höhe von 3,5% des Bruttoinlandsprodukts für Forschung und Entwicklung ausgegeben werden sollen. Die verabschiedete Strategie „Künstliche Intelligenz" und eine geplante „Agentur für Sprunginnovationen" sind weitere Hinweise darauf, dass die Digitalisierung in den nächsten Jahren an Fahrt aufnehmen wird (Expertenkommission Forschung und Innovation 2019).

---

[88]  Siehe die Ausgabe 6/2019 des ifo Schnelldienst vom März 2019 und die Ausgabe des Wirtschaftsdienst vom April 2019.

Deshalb ist es wichtig, sich jetzt – in einer Zeit der Rekordbeschäftigung und geringer Arbeits-losigkeit – Gedanken zur Weiterentwicklung des sozialen Sicherungssystems zu machen. Das „Zukunftslabor Schleswig-Holstein" bietet dafür einen geeigneten Rahmen. Im Mittelpunkt steht dabei die Frage, wie sich die Risiken der Digitalisierung für die betroffen Arbeitnehmer verringern lassen. Es zeigt sich, dass das bestehende soziale Sicherungssystem des 20. Jahr-hunderts nur bedingt auf diese neuen Herausforderungen im 21. Jahrhunderts vorbereitet ist. Insbesondere die Prävention von Arbeitslosigkeit durch rechtzeitigen Kompetenzerwerb wird vom sozialen Sicherungssystem nur rudimentär unterstützt. Deshalb sind neue Instrumente sowohl in der Arbeitslosenversicherung als auch in der Grundsicherung notwendig. Auch wei-tergehende Reformvorschläge wie zum Beispiel Varianten eines Grundeinkommens sollten ei-ner eingehenden Prüfung zum Beispiel durch geeignete Experimente unterzogen werden (Spermann 2019a, b). Die Analyse des Schlüsselfaktors Digitalisierung hat verschiedene Indi-katoren (z.B. Anteil der Soloselbstständigen) identifiziert, die sich bei fortschreitender Digitali-sierung verändern können. Insofern finden sich inhaltliche Impulse für die Entwicklung der morphologischen Matrix durch das Projektteam (Kapitel 4). Es hat sich jedoch auch gezeigt, dass die Digitalisierung kein bestimmtes System der sozialen Sicherung erforderlich macht. So ist die schrittweise Anpassung des Bismarck-Sozialstaats und der Hartz-Grundsicherung eine mögliche Handlungsoption. Andere Handlungsoptionen wie zum Beispiel das Bürgergeld, die Bürgerversicherung oder das (bedingungslose) Grundeinkommen sollten vor dem Hinter-grund der vorliegenden Analyse jedoch ebenfalls durchdacht werden.

# 4 Zukunftsszenarien und Reformszenarien – Die morphologische Matrix als Instrument im Zukunftslabor

*Kathrin Ehmann, Michael Opielka, Sophie Peter*

Ziel des Zukunftslabor Schleswig-Holstein (ZLabSH) ist die Entwicklung von Reformszenarien für die Zukunft der Sozialen Sicherung in Deutschland. Die Entwicklung dieser Reformszenarien erfolgt im Zukunftslabor auf der Grundlage wissenschaftlicher Methoden. Ein zentrales Element dafür ist die Morphologische Matrix, die wir im Folgenden kurz erläutern, auf bisherige Anwendungserfahrungen eingehen und anschließend deren Einsatz im Zukunftslabor Schleswig-Holstein skizzieren.

## 4.1 Die Morphologische Matrix als Methode der Zukunftsforschung

Die Morphologische Analyse ist „ein[e] systematisch-analytisch[e] Kreativitätstechnik" (Kosow et al. 2008, S. 49f.), die vom Physiker Fritz Zwicky (1989, zuerst 1959) unter dem Begriff des „morphologischen Kastens" entwickelt wurde. Sie stellt eine häufig genutzte Methode in der Zukunftsforschung dar, die quantitative und qualitative Methodenelemente verbindet. Sie hat zum Ziel, die Gesamtheit von Zusammenhängen in multidimensionalen, nicht-quantifizierbaren Problemfeldern zu strukturieren und analysierbar zu machen (Ritchey 1998, S. 1). Insbesondere empfiehlt sich die Methode zudem, wenn das Problemfeld inhärente Unsicherheiten birgt und nicht bedeutungsvoll modellierbar oder simulierbar ist (Ritchey 2003). Die Anwendung einer morphologischen Analyse gliedert sich in folgende Schritte.

Im Vorfeld werden für die Problemstellung wesentliche Dimensionen identifiziert, die im Kontext der Sozialforschung als Schlüsselfaktoren oder (Mega-)Trends bezeichnet werden können. In einem ersten Schritt werden zu diesen Schlüsselfaktoren relevante Ausprägungen (Hypothesen) formuliert und in eine Matrix eingetragen. Deren Kombinationen ergeben das morphologische Feld. Damit wird die Analyse von nicht-(oder schwer-)quantifizierbaren und multidimensionalen Problemen möglich. Anders ausgedrückt erleichtert dies die Betrachtung

ISÖ
Institut für
Sozialökologie

möglicher Zukünfte, indem ein komplexer Sachverhalt in mögliche Kombinationen seiner Teil-aspekte aufgeteilt wird. Nach Erarbeitung der Ausprägungen und dem Eintrag in die n-dimen-sionale Matrix ist der nächste Schritt deren vertikale Kombination auf intuitive oder systema-tische Weise, um Szenarien zu entwickeln. Dies wird auch „Cross-consistency assessment" (CCA) genannt, womit schwache Ausprägungen identifiziert werden können und ein sogenann-ter „audit trail" entsteht, der den Prozess nachvollziehbar macht (Ritchey 1998, S. 8).

An dieser Stelle ist hervorzuheben, dass die Fokussierung auf eine begrenzte Anzahl relevanter Schlüsselfaktoren notwendigerweise mit einer Reduktion des Beobachtungsraums einher-geht. Die heuristische Vereinfachung der komplexen Realität ist erforderlich, um bestimmte Problemstellungen, wie die des ZLabSH, überhaupt systematisch verstehen und analysieren zu können. Vorteil der morphologischen Analyse ist die zunächst gesonderte Betrachtung der Schlüsselfaktoren und deren Ausprägungen sowie die anschließende systematische Kombi-nation. Damit werden eine hohe Transparenz und Dokumentation gewährleistet. Nachteile sind der Entscheidungsaufwand wie die normative Bedeutsamkeit der Ausprägungen sowie das Überforderungsrisiko der TeilnehmerInnen (Opielka/Peter 2017c).

## 4.2   Erfahrungen mit dem Einsatz der Morphologischen Matrix in der Zukunftsforschung

Morphologische Analysen wurden bereits in verschiedentlichen ISÖ-Projekten erfolgreich durchgeführt. Anhand ihrer Anwendung im Projekt "Zukunftsszenario Altenhilfe Schleswig-Holstein 2030/45" (ZASH2045) wird nachstehend der Einsatz einer Morphologischen Matrix beispielhaft erläutert (Opielka/Peter 2017b, c, 2018). ZASH2045 wurde durch das Diakonische Werk Schleswig-Holstein, Landesverband der Inneren Mission e.V. mit wissenschaftlicher Be-gleitung des ISÖ - Institut für Sozialökologie von September 2016 bis Juni 2018 durchgeführt. In diesem Projekt ging es darum, Pfade der künftigen Entwicklung im Bereich der Altenhilfe zu prognostizieren. Dies geschah durch einen partizipativ angelegten, moderierten Akteurs-Dia-log zu normativen, gestaltungsorientierten Perspektiven der Altenhilfe in Schleswig-Holstein. Die zentrale Frage war: „Wie können wir überall alt werden?". Durch den Szenarioprozess wur-den positive Zukunftsbilder und Gestaltungsziele, sogenannte „Narrative" von Alter und Pflege generiert. Rückblickend soll dadurch eine Pfadabhängigkeit geschaffen werden, die Qualitäts-sicherung, Engagement und Geborgenheit verknüpft.

ISÖ
Institut für
Sozialökologie

Das Projekt war in drei Workshop-Wellen unterteilt. Zwei Wellen von Zukunftswerkstätten konzentrierten sich auf die Szenario-Generierung und den -Transfer (März und September 2017). In der dritten Welle, der Zukunftskonferenz im Februar 2018, konzentrierte man sich auf die Umsetzung und Veröffentlichung der Ergebnisse.

Die Morphologische Matrix wurde in der ersten Workshop-Welle (Opielka/Peter 2017c) und in einer Online-Umfrage (Opielka/Peter 2017b) gezielt eingesetzt. Grundlage dafür war die Erarbeitung von sieben Trendanalysen zu zentralen Zukunftsfeldern in der Altenhilfe im Zwischenbericht des Projekts: Demographischer Wandel, Soziale Veränderungen, Wertewandel, Sozialsysteme, Pflege und Pflegeerbringung, Technologie und Mobilität (Opielka/Peter 2017a). Die Methodik der Zukunftswerkstatt sieht drei Phasen vor: Kritikphase, Fantasiephase und Umsetzungsphase (Opielka/Peter 2017c), um die Kreativität und das freie Denken der TeilnehmerInnen zu steigern. Der erste Schritt war damit in der Kritikphase die Entwicklung eines Dystopie-Szenarios (zukunftspessimistisches Szenario). Insgesamt gab es für die sieben Trends jeweils fünf Ausprägungen, aus denen die TeilnehmerInnen auswählen konnten. Jede und jeder erhielt einen Ausdruck der Morphologischen Matrix sowie ein Bewertungsblatt, um einzeln und in Kleingruppen die jeweiligen Ausprägungen bewerten zu können. Somit entstanden mehrere Dystopie-Szenarien, die dann kombiniert ein Szenario ergaben. Danach folgte die Entwicklung eines Utopie-Szenarios (zukunftsoptimistisches Szenario), immer mit der Projektleitfrage im Hinterkopf. Somit konnten vier normative Szenarien durch die erste Zukunftswerkstatt und die Konzentrierung durch das ISÖ und das Diakonische Werk Schleswig-Holstein erarbeitet werden. Eine Validierung erfolge im Rahmen einer Online-Beteiligung (Opielka/Peter 2017b). Das zentrale und wissenschaftliche hoch bedeutsame Ergebnis der Umfrage war, dass das gewünschte Szenario nicht als wahrscheinlich bewertet wurde. Darauf basierend wurden zwei finale Szenarien erarbeitet: $S1^2$ „Autonomie und Prävention in der Altenhilfe" und $S4^3$ „Altenhilfe geprägt durch Individualisierung und Rückzug des Staates". Die zweite Zukunftswerkstatt befasste sich anschließend mit dem „Szenario-Transfer" - von wünschenswert zu wahrscheinlich. Für weitere Informationen können Sie die Projekthomepage www.zash2045.isoe.org besuchen. Die Erfahrung mit dem Einsatz der Morphologischen Matríx bei der Szenarioentwicklung im Projekt ZASH2045 soll dem Projekt ZLabSH zugutekommen. Eine unmittelbare Übertragung der Erfahrung ist nicht möglich, da ein konfessioneller Wohlfahrtsverband andere Inklusionsanforderungen hat als eine Landesregierung und weil die sozialpolitische Detailnähe im neuen Projekt deutlich höher sein wird.

## 4.3 Praktischer Einsatz der Morphologischen Matrix im ZLabSH: Stakeholderworkshop

Die Morphologische Matrix ist Teil der zweiten Projektphase, basierend auf den vorangegangenen Teilstudien in Kapitel 2 „Demographie" und Kapitel 3 „Digitalisierung". Ziel ist die Entwicklung von Zukunftsszenarien, die als Basis für die Vertiefung in Reformszenarien und Folgenabschätzung dienen sollen.

Demographie, Digitalisierung und Sozialpolitik sind die drei Schlüsselfaktoren für eine Zukunftsbetrachtung der Sozialen Sicherung im ZLabSH. Ursprünglich war lediglich eine Betrachtung der Schlüsselfaktoren Demographie und Digitalisierung geplant. Sozialpolitik wäre dann als Variable dieser beiden Megatrends aufgegriffen worden. Wir haben entschieden „Sozialpolitik" als eigenen Schlüsselfaktor aufzunehmen. Grund dafür ist die Kontextualisierung der Szenarienbildung. Das ZLabSH bewegt sich nicht in einem leeren Raum, sondern muss im Sinne des soziologischen Neoinstitutionalismus (Meyer 2005, Opielka 2007) als politisch und gesellschaftlich gerahmt betrachtet werden. Deutschland und speziell Schleswig-Holstein, aber gegebenenfalls auch die EU, sind die hier relevanten konkreten Räume. Eine explizite Aufnahme als Schlüsselfaktor bedeutet, dass Sozialpolitik von einer abhängigen zu einer unabhängigen Variablen wird, die gestaltbar ist. Somit können Zukunftsszenarien vor dem Hintergrund alternativer Ausgestaltungen einzelner Sozialstaatskomponenten entwickelt werden. Dies hat allerdings eine noch größere Komplexität der Szenariengenerierung zur Folge, da mehr Variablen und Indikatoren in die Analyse aufgenommen werden müssen.

Eine mögliche Anwendung der Morphologischen Matrix im Projekt ZLabSH wird in Tabelle 27 fragmentarisch abgebildet. Sie wird nachfolgend erläutert. Jeder Schlüsselfaktor ist durch verschiedene, für die sozialen Sicherungssysteme relevante Dimensionen (Variablen) geprägt. Für „Demographie" sind dies beispielsweise das Erwerbspotential, die Migration sowie die Mortalität und Morbidität. Die Variablen ergeben sich auf Grundlage der Literaturstudie sowie aus Expertenbewertungen.[89] Jeder Variablen ist ein Indikator zugeordnet, der in einer oder mehreren quantitativen oder qualitativen Maßeinheiten bestimmbar ist. Indikatoren für Mortalität und Morbidität können beispielsweise die Lebenserwartung (ab Geburt oder ab dem Erreichen des 65. Lebensjahres), der Anteil von Menschen in Pflege und die Verteilung nach

---

[89] Neben den ExpertInnen des ISÖ sind hier vor allem auch Gruppengespräche mit Stakeholdern aus IMAG, dem Beirat und dem weiteren Projektteam (z.B. DIW) gemeint.

ISÖ
Institut für
Sozialökologie

Pflegegraden sowie die gesunde Lebenserwartung in Jahren (Entwicklung der Gesundheit im Alter) sein.

Bezugsrahmen für die Entwicklung der einzelnen Indikatoren ist der Zeitraum bis in die 2030er Jahre. Dieser Bezugsrahmen orientiert sich zum einen an den Zielen für nachhaltige Entwicklung der Mitgliedsstaaten der Vereinten Nationen (SDGs, United Nations 2015).[90] Zum anderen ist der Rahmen aufgrund der in Kapitel 2 dargestellten demografischen Entwicklung (Renteneintritt der ‚Babyboomer' Jahrgänge) naheliegend. Im Zeithorizont 2030+ können für jede Variable mehrere potentielle Ausprägungen gefunden werden. Die Ausprägung einer Variablen in der Morphologischen Matrix beschreibt eine logisch mögliche und empirisch plausible zukünftige Entwicklung dieser Variable. In den Zeilen der Matrix stehen folglich verschiedene Zukunftsentwicklungen der jeweiligen Variablen. Der in Tabelle 27 dargestellte Arbeitsstand zeigt die Ausprägung 1 momentan noch auf Ebene der Indikatoren an. Im Rahmen der Matrixentwicklung wird jedoch eine Bündelung dieser Indikatoren-Ausprägungen nach den drei Schlüsselfaktoren angestrebt, um eine kompaktere Darstellung und einfachere Gestaltung der geplanten partizipativen Bewertung des morphologischen Feldes zu erzielen. Die vorliegende Darstellung erfolgt deshalb so detailliert, um das Arbeitsprinzip der Morphologischen Matrix transparent zu machen.

Nicht alle Variablen können durch rein quantitative Indikatoren beschrieben werden, ihre Ausprägungen unterscheiden sich daher zum Teil qualitativ. Fünf verschiedene Ausprägungen, die den Möglichkeitsraum demographie-, digitalisierungs- und sozialstaatsbezogener Entwicklungen abdecken, sollen im Projektverlauf identifiziert werden. Dieser Möglichkeitsraum ist durch die vorhandene wissenschaftliche Literatur definiert. In einem offenen Feld als sechster Spalte wird den beteiligten Stakeholder(vertreter)n die Möglichkeit gegeben, ihre eigenen Entdeckungen möglicher Zukunftsentwicklungen einzubringen. Vertikal betrachtet sind die verschiedenen Variablen (Zeilen) prinzipiell unabhängig. Die Matrixspalten mit den Überschriften „Ausprägung 1" bis „Ausprägung 5" (die Spalten für die Ausprägungen 2 bis 5 werden im Folgenden nicht angezeigt) können also zunächst nicht als vertikale Sinneinheiten gelesen werden, sie beziehen sich jeweils nur auf die einzelnen Variablen.

---

[90] ZLabSH kann vor allem mit den Zielen 1 Armut beenden, 3 Gesundes Leben für Alle, 10 Ungleichheit verringern, 16 Frieden, Gerechtigkeit und starke Institutionen (United Nations 2015) in Verbindung gebracht werden.

ISÖ
Institut für
Sozialökologie

Tabelle 27: Anwendungsbeispiel einer Morphologischen Matrix im Projekt ZLabSH (Zeithorizont 2030+)

| Schlüssel-faktor/Trend | Variablen | Indikatoren | Maßeinheit | Ausprägung 1 |
|---|---|---|---|---|
| Demographie | Erwerbspotenzial (Qualität, Bildungs-niveau) | Akademikerquote | % | Die Akademikerquote steigt und liegt nun bei 38%. Die Berufsausbildungsquote sinkt auf 6%. |
| | Erwerbspotenzial (Quantität) | Renteneintritts-alter | Alter in Jahren | Das Renteneintrittsalter steigt sukzessive auf 70 Jahre (Kopplung an Lebenserwar-tung). |
| | Erwerbspotenzial (Quantität) | Altenquotient | Verhältnis: Perso-nen im Rentenal-ter/ Personen im erwerbsfähigen Alter | Der Altenquotient liegt bei 69,4 Personen im Alter 65+, pro 100 Personen zwischen 20-64 Jahren (sehr hoch). |
| | Erwerbspotenzial (Quantität) | Erwerbslosen-quote | % | Die Erwerbslosenquote ist niedrig, auch bei Ausländern (ohne dt. Pass). |
| | Lebens-/ Wohnformen | Versingelung/In-dividualisierung | Anteil 1-Personen Haushalte | Anteil 1-Personen Haushalte ist hoch, be-sonders Seniorinnen und Senioren. |
| | Lebens-/ Wohnformen | Wohnkosten | Anteil am verfüg-baren HH-Ein-kommen | Die Wohnkosten sind hoch und nehmen einen großen Anteil an Ausgaben ein. |
| | Lebens-/ Wohnformen | Familiensubsidia-rität (Haushalts-einkommen, Ost/West; Fami-lieninterne Trans-fers) | Anteil GRV-Ren-ten (Ost-West); Anteil Bafög-Emp-fänger unter Stu-denten | Stärkere Individualisierung, weniger Fami-liensubsidiarität. |
| | Migration | Netto-zuwanderung | Deutschland | Zuwanderung vor allem von jungen, gut ausgebildeten Erwachsenen. |
| | Migration | Stadt-Land Mobilität | „Urbanitätsquote" | Die Deutschen leben zu einem großen Teil in urbanen Räumen, der ländliche Raum ist vergreist. |
| | Mortalität / Morbidität | Lebenserwartung | in Jahren (ab Ge-burt/ 65. Geburts-tag) | Deutlicher Anstieg der Lebenserwartung. |
| | Mortalität / Morbidität | Pflegequote / Verteilung Pflege-grad | % | Durch den Anstieg der Lebenszeit steigt auch die Pflegequote im hohen Alter an. |
| | Mortalität / Morbidität | Gesundheit im Alter | healthy life expec-tancy at birth | Insgesamt lebt man lange gesund. |
| | Work-Family Balance | Geburtenrate | Geburten/Frau | Deutschland erlebt eine steigende Fertili-tät (2,1 Kinder pro Frau), überall Kinder! |
| | Work-Family Balance | Frauenerwerbsbe-teiligung | % | Die Frauenerwerbsbeteiligung ist so hoch wie die der Männer. |

ISÖ
Institut für
Sozialökologie

|  | Work-Family Balance | Diversität / Inklusionsquote | Schwerbehinder-tenquote, sexuelle Diversität (LGBTI) | Anderssein führt nicht zur Benachteiligung. |
|---|---|---|---|---|
| **Digitalisie-rung** |  |  |  |  |
|  | Erwerbseffekte (Income Mix, Erwerbs-verlauf) | Arbeitsplatzent-wicklung | nach Branche und Qualifikationsni-veau | Hoch qualifizierte und gering qualifizierte Berufe nehmen zu (Polarisierung). |
|  | Erwerbseffekte (Income Mix, Erwerbs-verlauf) | Struktur der Ar-beitsverhältnisse | Anteil Normalar-beitsverhältnisse, Solo-Selbststän-digkeit, Gig-Öko-nomie | Der Anteil der Tarifbeschäftigten nimmt zu. Prekäre Arbeitsverhältnisse nehmen ab. |
|  | Erwerbseffekte (Income Mix, Erwerbs-verlauf) | Bezahlung / Ein-kommensniveau | Anteil Sozialtrans-fers am verfügba-ren HH-EK der Er-werbspersonen | Der Anteil der Sozialtransfers nimmt für alle BürgerInnen deutlich zu. |
|  | Politische Steuerung | Bürgerrechte / Sozialkontierun-gen (Kommodifi-zierung Work-Fa-mily balance; In-novationspolitik) | Beyond GDP, Bet-terLife-Index | Schleswig-Holstein bleibt das glücklichste Bundesland in Deutschland. |
|  | Politische Steuerung | Staatl. Ausgaben für Innovationen | Anteil For-schungsausga-ben | 2,5% Ausgaben für Militär. Dadurch hohe Investitionen in künstliche Intelligenz. |
|  | Politische Steuerung | Wertschöpfungs-wirkungen | Spekulationsfrist für Aktien | Wertschöpfungssteigerungen vor allem in großen digitalen Plattform-Unternehmen, die auch auf Grund ihres geringen Perso-nalbedarfs große Gewinne verzeichnen. |
|  | Sozioökonomische Wirkungen | Ungleichheit | Gini | Größere Ungleichheit der Einkommen durch Job-Polarisierung, Gini-Koeffizeint steigt auf 0,35, Vermögensungleichheit verharrt auf hohem Niveau. |
|  | Sozioökonomische Wirkungen | Bildung | Anteil Bildungsni-veau Ausbildung / Hochschule / ohne Abschluss | s.o. |
|  | Sozioökonomische Wirkungen | Gender-Pay-Gap | bereinigte/unbe-reinigte Lohnquote nach Geschlecht | Industriejobs weniger, Care-Arbeit steigt |
|  | Sozio-technische Strukturveränderun-gen | Regionalisierung / geografische Begrenzung |  | Ländliche Räume profitieren von Digitali-sierung, 5G-Netz erlaubt mobiles Arbeiten aus dem Home Office von überall. |
|  | Sozio-technische Strukturveränderun-gen | Segmentierung / Expansion des Ar-beitsmarktes (Staat, Markt, Ge-meinschaft (Care)) | Anteil Einkom-men/Jobs im pri-vaten/öffentli-chen Sektor, Time-use data (Arbeit/Frei-zeit/Soziales) | Im klassischen Industriebereich führt die Digitalisierung zum Abbau. Im staatlichen Bereich entstehen mehr Arbeitsplätze (Verschiebung von Markt zu staatlich or-ganisierter Arbeit). |

ISÖ
Institut für
Sozialökologie

| | | | |
|---|---|---|---|
| | Sozio-technische Strukturveränderungen | Roboterisierung / Automatisierung (Produktivität) | | Hohe Produktivitätssteigerungen im industriellen Sektor und in der Verwaltungsbranche. Automatisierung sozialer Dienstleistungen schreitet nur langsam voran. |
| | Sozio-technische Strukturveränderungen | Sektoraler Strukturwandel / Branchenstrukturwandel | | Hohe Produktivitätssteigerungen in Industrie und Logistik, Arbeitskräftebedarf sinkt um 1/3. Expansion des Niedriglohn-Dienstleistungssektors. |
| | Sozio-technische Strukturveränderungen | Produktivität / Wohlstandsquellen | | Keine Lösung für die Besteuerung der Gewinne großer Plattform-Unternehmen, Digitalisierung kann kaum als neue Wohlstandsquelle genutzt werden. |
| | Sozio-technische Strukturveränderungen | Digitalisierungsindex | DESI (EU)/ SOEP Indikatoren für Digitalisierung | Weitere Fortschritte im Breitbandausbau, Onlinehandel und im Bereich eGovernment („digital citizen") |
| **Sozialstaat** | | | | |
| | Dekommodifizierung / Arbeitsmarktbezug | Aktivierung / Workfare | Sanktionierungsquote / Leistungsbezieher | Das Sanktionierungssystem wird ausgebaut. |
| | Dekommodifizierung / Arbeitsmarktbezug | Bedürftigkeitsbezug | Anteil bedürftigkeitsgeprüfter Leistungen / Sozialleistungen insgesamt | Erhöhung der Konditionalisierung für Sozialleistungen, Vermögensanrechung. |
| | Dekommodifizierung / Arbeitsmarktbezug | Sicherungsniveau | SocialWelfareGenerosity-Scores (Indikator aus: Sozialleistungsnivieau, Dauer, Finanzierungsanteilen etc) | Grundsicherungsniveau in Richtung 60% (Laeken-Indikator). |
| | Finanzierungsstruktur | Steuer, Beitrag, Sozialsteuern | je nach Sozialsystem (Alterssicherung/ Gesundheit/Pflege/ALV/ UV) | Soziale Sicherung ist über steuerähnliche Beiträge geregelt (Steuer für die Non-Affektationsprinzip nicht gilt), ähnlich den Systemen Schweiz/Holland |
| | Finanzierungsstruktur | Bürgerversicherungsquotient | Anteil von BV-Elementen an Ausgaben des Sozialen Sicherung | Deutschland wird Bürgerversicherungsstaat. |
| | Finanzierungsstruktur | Bundeszuschuss Rentenversicherung | Anteil / Ausgaben GRV | Der Bundeszuschuss steigt auf über 33%. |
| | Finanzierungsstruktur | (Anteil) Leistungen der Gebietskörperschaften (Grundsicherung, Pflegeleistung, Eingliederungshilfe, Leistungen für Kinder und Jugendliche, | | Gebietskörperschaften haben mehr Spielraum für gute Dienstleistungen und Infrastruktur. |

ISÖ
Institut für
Sozialökologie

| | | Pensionen) | | |
|---|---|---|---|---|
| | Leistungsumfang | Beitrags- äquivalenz | % | Das Rentenniveau (Eckrentner) steigt auf über 50%. |
| | Leistungsumfang | Renten eintrittsalter | Alter in Jahren | Siehe oben (Demographie) |
| | Leistungsumfang | Geld vs. Sachleistungen | % | Weniger Geld, aber gute Pflege und Gesundheit. |
| | Performance | Verwaltungs- kostenanteil (Effizienz) | % | Mehr Privatisierung, höhere Verwaltungskosten. |
| | Performance | Outcome / Leistungsfähigkeit (Effektivität) | | Evaluation sozialpolitischer Programme wird umfassend eingeführt und zeigt hohes Maß der Zielerreichung. |
| | Performance | Internationaler Vergleich (z.B. Abgabenquoten) | | Deutschland liegt im Mittelfeld von EU und OECD. |
| | Performance | Akzeptanz / Sozialstaatszu- stimmung | Beteiligung / Zu- stimmungsrate | Der Sozialstaat genießt sehr hohe Zustimmung. |
| | Solidaritätsfunktion (intergenerational) | Generationenbilanz | Raffelhüschen- Score | Mehr Ausgleich zwischen den Generationen, weniger Einseitigkeit. |
| | Solidaritätsfunktion | Rentenniveau / Lebensarbeitszeit | | Das Renteneintrittsalter wird an die Lebenserwartung gekoppelt und ist 2030 bei 69 Jahren für eine abschlagsfreie Rente. |
| | Solidaritätsfunktion | Organisation d. Übergänge: Erwerbsleben-Ruhestand (Work-Income Mix) | | RuheständlerInnen unter 75 gehen wöchentlich im Schnitt 6 Stunden bezahlter Arbeit nach, ArbeitnehmerInnen profitieren von flexiblen Arbeitszeitkonten. |
| | Solidaritätsfunktion (intergenerational) | Staatsschulden | absolute und relative Entwicklung | Renteneintritt der Babyboomer-Generationen erfordert massive Beitragserhöhungen bei der aktuellen Generation im Erwerbsfähigen Alter. |
| | Stratifikation (Korporatismus) | Private Systeme / staatl. Kapitaldeckung (Auswirkung auf Rendite) | Anteil Sondersysteme / Berufsständische Versorgungswerke | Berufsständische Versorgungswerke und Sondersysteme konzentrieren sich auf Zusatzversorgung oberhalb Bürgerversicherung. |
| | Umverteilung | Beitragsbemessungsgrenze | €/Monat oder Jahr | Die Beitragsbemessungsgrenze ist aufgehoben. |

Quelle: eigene Darstellung.

Im Rahmen des ZLabSH soll die Matrix in der nächsten Arbeitsphase vollständig ausgearbeitet werden. Anschließend dient sie als Arbeitsgrundlage in einem partizipativen Prozess, bei dem Stakeholdervertreter aus Politik und Zivilgesellschaft teilnehmen. Hierzu gehören Vertreter der Arbeitgeber- und Arbeitnehmerverbände, der Landesarbeitsgemeinschaft der Wohlfahrtsverbände, der Kranken- und Rentenversicherungsträger, der Bundesagentur für Arbeit, der

ISÖ
Institut für
Sozialökologie

Kommunalen Landesverbände, des Landes Schleswig-Holstein und der im Landtag vertretenen politischen Parteien. Darüber hinaus laden wir interessierte Menschen und Gruppen (z.B.
StudentInnen/SchülerInnen) in Schleswig-Holstein und darüber hinaus ein, sich mit Ihrer Bewertung des morphologischen Felds am Projekt zu beteiligen. Genauer werden die teilnehmen-
den Personen gebeten, jede Ausprägung einer Variablen als positiv, neutral oder negativ zu
bewerten. Darüber hinaus wäre denkbar, diesen Arbeitsschritt auch durch eine Onlineerhebung
mit einem völlig offenen Publikum durchzuführen, wie im Projekt ZASH2045 (Opielka/Peter
2017b). Dies ist im ZLabSH bisher nicht vorgesehen. Im digitalen Bewertungsprozess einer
Matrix, die ähnlich komplex ist wie die hier vorliegende detaillierte Matrix, wäre dem großen
Erläuterungsbedarf über Ausprägungen nur sehr schwer Rechnung zu tragen. Im Vergleich zu
den Workshop-basierten Möglichkeiten wäre ein kommunikativer Austausch jedenfalls deutlich erschwert. Nach einer partizipativen Bewertung der Ausprägungen innerhalb der Morphologischen Matrix erfolgt in einem weiteren Schritt die vertikale Rekombination einzelner Ausprägungen von Indikatoren zu Teilszenarien innerhalb eines Schlüsselfaktors. Hauptkriterium
für diese Rekombination ist die Bewertung der Stakeholder, es muss jedoch auf eine in sich
schlüssige Kombination geachtet werden. Schließlich werden durch die vertikale Verknüpfung
je eines Teilszenarios pro Schlüsselfaktor mehrere Zukunftsszenarien entstehen.

Aus der Kombination der dann ausgewählten Teilszenarien (hier vereinfacht durch eine und
nicht mehrere Ausprägungen) ergibt sich ein mögliches Zukunftsszenario:

| Teilszenario "Demographie" | Beispiel: *„Die deutsche Bevölkerung ist akademisch ge-bildet und führt ein langes, gesundes und gleichberech-tigtes Leben mit spätem Rentenalter. Der Lebensstil ist individuell, das Land erfährt Zuwachs durch Zuwande-rung und eine steigende Kinderzahl. Die Generationenbi-lanz ist positiv."* |
|---|---|
| Teilszenario "Digitalisierung" | Beispiel: *„Qualifikationen und gute, nachhaltige Arbeits-verhältnisse sind wichtig. Gerade der Dienstleistungsbe-reich blüht auf. Die Deutschen sind glücklich, der Staat kontrolliert durch technische Lösungen. Dadurch wird in innovative Forschungsansätze investiert."* |
| Teilszenario "Sozialstaat" | Beispiel: *„Der Sozialstaat erfährt Zustimmung, eine Bür-gerversicherung wird eingeführt, der Anteil der Steuerfi-nanzierung steigt stark. Das Grundsicherungsniveau ist hoch, der Arbeitsmarkt extrem flexibel. Armut ist unbe-kannt."* |
| **Szenario** | Beispiel: ***„Das skandinavische Deutschland"*** |

ISÖ
Institut für
Sozialökologie

Die Szenarien werden ein breites Spektrum von utopischen und dystopischen Zukunftsentwicklungen in den Bereichen Demographie, Digitalisierung und Sozialsysteme abbilden. Dabei ist offensichtlich, dass die Replizierbarkeit der Ergebnisse einer morphologischen Analyse grundlegend durch die kreativen Komponenten und die Beteiligung der Akteure eingeschränkt ist. Konkret bedeutet das im ZLabSH, dass je nach Grundgesamtheit der Teilnehmergruppe verschiedene Ergebnisse, also Zukunftsszenarien, erwartbar sind. Als potenzielle Stakeholder dieses Projekts, die wiederum unter sich nicht trennscharf abzugrenzen sind, könnten die BürgerInnen Schleswig-Holsteins und ihre institutionalisierte Vertretung im politischen Raum verstanden werden, aber auch die Deutschen oder Europäer.

Wie können aus Zukunftsszenarien Reformszenarien für die sozialen Sicherungssysteme entwickelt werden? Beim Ausblick auf die Erarbeitung von Reformszenarien zeigen sich einerseits der Gewinn durch eine explizite Inklusion des Schlüsselfaktors Sozialstaat sowie andererseits die Grenzen der Methode. Die Entwicklung einzelner Sozialstaatskomponenten, inklusive ihrer Bewertung, kann direkt mit Demographie- und Digitalisierungsentwicklungen verbunden werden. Dennoch wurde in Abschnitt 4.1 bereits auf die methodisch inhärente Notwendigkeit einer Reduktion des Beobachtungsraums hingewiesen. So muss deutlich sein, dass eine Selektion von drei Schlüsselfaktoren nicht den Gesamtraum der gesellschaftlichen Zukunft abzubilden vermag. Man denke an zukünftige Entwicklungen in Dimensionen wie Geschlechtergerechtigkeit, der politischen Grundprägung in Schleswig-Holstein und Deutschland, der demokratischen Konfliktlinien, der supranationalen Entwicklungen vs. Regionalisierung, oder Nachhaltigkeits- und Klimastrategien. Dennoch tauchen viele der angesprochenen Dimensionen indirekt in den Indikatoren auf. Im weiteren Fortgang der Arbeit im ZLabSH muss aufmerksam beobachtet werden, dass durch die Indikatorenwahl keine ungewollte Verkürzung vorgenommen wird. Beispielsweise sollte beachtet werden, dass sich verändernde Klimabedingungen den Handlungs- und Verteilungsspielraum maßgeblich eingrenzen könnten.

Vor dem Hintergrund all dieser Komplexitäten ist der Schritt von Zukunftsszenarien zu Reformszenarien anspruchsvoll. Der durch Zukunftsszenarien skizzierte Horizont plausibiliert dabei die Räume für die Pfadentwicklung der Reformszenarien. Er setzt wünschenswerte und befürchtete Entwicklungen ins Verhältnis und dient somit als grundlegende Ausrichtung für die Reformszenarien. Natürlich kann dadurch nicht sichergestellt werden, dass jedes Reformszenario von allen Akteuren gleichermaßen positiv oder negativ bewertet wird. Keine noch so partizipative Methode könnte solches je gewährleisten.

Ferner läge auf den ersten Blick nahe, dass sich Reformszenarien an klassischen Wohlfahrts-regimetypen orientieren. Das muss jedoch keineswegs der Fall sein. Es gibt bekanntlich libe-rale, konservative und Befürworter und Gegner eines Grundeinkommens. Die Komplexität und Interdependenz zwischen den Faktoren muss methodisch deshalb für die Analyse angemes-sen dargestellt und aufgearbeitet werden. Wir hoffen, dass die Morphologische Matrix als me-thodischer Ansatz dazu einen guten Beitrag leisten kann.

# 5 Auftaktveranstaltung am 2.5.2019 in Kiel

*Programm*

ISÖ
Institut für
Sozialökologie

SH
Schleswig-Holstein
Ministerium für Soziales,
Gesundheit, Jugend, Familie
und Senioren

**Auftaktveranstaltung Zukunftslabor Schleswig-Holstein –
Auswirkungen von Demographie und Digitalisierung auf die Sozialsysteme**

Fachhochschule Kiel, Auditorium Maximum, 2. Mai 2019, 14 bis 18 Uhr

| | |
|---|---|
| 14 Uhr | Sozialminister Dr. Heiner Garg<br>*Sozial durchstarten – Zukunft gestalten: Das Zukunftslabor Schleswig-Holstein* |
| 14.15 Uhr | Prof. Dr. Michael Opielka, ISÖ - Institut für Sozialökologie<br>*Das Zukunftslabor als Innovationsraum für die Zukunft der Sozialpolitik – Vorstellung der wissenschaftlichen Koordinierung des Zukunftslabors Schleswig-Holstein* |
| 14.30 Uhr | Dr. Bruno Kaltenborn, Wirtschaftsforschung und Politikberatung<br>*Demographie und die Sozialsysteme* |
| 14.50 Uhr | Prof. Dr. Alexander Spermann, wiss. Politikberatung<br>*Digitalisierung und die Sozialsysteme* |
| 15.10 Uhr | Dr. Stefan Bach, Deutsches Institut für Wirtschaftsforschung (DIW)<br>*Empirisches Wissen zur Zukunft des Sozialstaats* |
| 15:30 Uhr | Kaffeepause |
| 16 Uhr | Zukunftstalk<br>*Sozialminister Dr. Heiner Garg, Dr. Kaltenborn, Prof. Dr. Spermann und Dr. Bach im Gespräch mit interessierten Bürgerinnen und Bürgern*<br>*Moderation: Prof. Dr. Michael Opielka, Kathrin Ehmann* |
| 17. 30 | Ausklang |
| 18 Uhr | Ende |

ISÖ
Institut für
Sozialökologie

# 6 Literatur

Abraham, Martin/Rottmann, Miriam/Stephan, Gesine (2018): Was als gerecht empfunden wird. Sanktionen in der Grundsicherung. IAB-Kurzbericht 19-2018. Nürnberg: IAB.

Ademmer, M. et al. (2017): Produktivität in Deutschland – Messbarkeit und Entwicklung, Kieler Beiträge zur Wirtschaftspolitik Nr. 12/2017, Kiel.

Adriaans, Jule/Liebig, Stefan/Schupp, Jürgen (2019): Zustimmung für bedingungsloses Grundeinkommen eher bei jungen, bei besser gebildeten Menschen sowie in unteren Einkommensschichten. In: DIW Wochenbericht, 86/15, S. 264-270.

Antonczyk, Dirk/DeLeire, Thomas/Fitzenberger, Bernd (2018): Polarization and Rising Wage Inequality: Comparing the U.S. and Germany. In: Econometrics, 20/6, S. 1-33.

Arentz, Christine/Ulrich, Volker (2017): Entwicklung des GKV-Beitragssatzes in mittlerer und langer Frist. Mögliche Pfade und Szenarien. Universität Bayreuth, Wirtschaftswissenschaftliche Diskussionspapiere 04-17. Bayreuth. Im Internet unter: http://www.fiwi.uni-bayreuth.de/de/download/WP_04-17.pdf

Aretz, Bodo et al. (2016): Auswirkungen der Flüchtlingsmigration auf die langfristige Tragfähigkeit der öffentlichen Finanzen. Sachverständigenrat zur Begutachtung der gesamtwirtschaftlichen Entwicklung. Arbeitspapier 06/2016, Korrigierte Fassung vom 20. April 2017. o.O. Im Internet unter: https://www.sachverstaendigenrat-wirtschaft.de/fileadmin/dateiablage/gutachten/jg201617/arbeitspapiere/arbeitspapier_06_2016.pdf

Arnold, Daniel et al. (2016): Herausforderungen der Digitalisierung für die Zukunft der Arbeitswelt. Policy brief des Zentrum für Europäische Wirtschaftsforschung vom 08.11.2016, Mannheim.

Arntz, Melanie/Gregory, Terry/Ziehran, Ulrich (2016): The Risk of Automation for Jobs in OECD Countries: A Comparative Analysis, OECD Social, Employment and Migration Working Papers, No. 189. Paris: OECD.

Arntz, Melanie/Gregory, Terry/Ziehran, Ulrich (2018): Digitalisierung und die Zukunft der Arbeit: Makroökonomische Auswirkungen auf Beschäftigung, Arbeitslosigkeit und Löhne von morgen, Mannheim.

Auerbach, Walter et al. (1957): Sozialplan für Deutschland. Auf Anregung des Vorstandes der Sozialdemokratischen Partei Deutschlands vorgelegt. Berlin/Hannover: J.H.W. Dietz.

Autor, David H./Levy, Frank/Murnane, Frank J. (2003): The Skill Content of Recent Technological Change: An Empirical Exploration. In: Quarterly Journal of Economics, 118, S. 1279-1333.

Autor, David H./Katz, Lawrence F./Kearney, Melissa S. (2006): The Polarization of the U.S. Labor Market. In: American Economic Review, 96, 189-194.

Autor, David (2015): Why are there still so many jobs? The History and Future of Workplace Automation. In: Journal of Economic Perspectives, 29, 3-30.

Bahnsen, Lewe et al. (2018): Gone with the Windfall - Germany's Second LTC Strengthening Act and its Intergenerational Implications, WHU Working Paper 18/05. Vallendar. Im Internet unter: https://opus4.kobv.de/opus4-whu/files/702/WP-18-05.pdf

Bahnsen, Lewe/Manthei Gerrit/Raffelhüschen, Bernd (2018): Ehrbarer Staat? Die Generationenbilanz. Update 2018. Große Koalition, große Kosten. Argumente zu Marktwirtschaft und Politik 142. Berlin. Im Internet unter: https://www.stiftung-marktwirtschaft.de/fileadmin/user_upload/Argumente/Argument_142_Generationenbilanz_Update_2018_09.pdf

Bahnsen, Lewe/Raffelhüschen, Bernd (2019): Zur Reform der Pflegeversicherung: Eine Generationenbilanz. In: Ifo-Schnelldienst 72/1, S. 29-35. Im Internet unter: https://www.cesifo-group.de/DocDL/sd-2019-01-bahnsen-raffelhueschen-reform-pflegeversicherung-2019-01-10.pdf

ISÖ
Institut für
Sozialökologie

Beckert, Jens (2018): Imaginierte Zukunft. Fiktionale Erwartungen und die Dynamik des Kapitalismus. Berlin: Suhrkamp.

Benz, Tobias (2015): Ausgabenprojektion, Reformszenarien und Rücklagenbildung der Beamtenversorgung in der Bundesrepublik Deutschland. Frankfurt: Peter Lang. Im Internet unter: https://www.econstor.eu/bitstream/10419/178475/1/978-3-653-03922-1.pdf

Biewen, Martin et al. (2006): Beschäftigungseffekte ausgewählter Maßnahmen der beruflichen Weiterbildung in Deutschland: Eine Bestandsaufnahme, unveröffentlichtes Arbeitspapier. Frankfurt.

Biewen, Martin/Fitzenberger, Bernd/De Lazzer, Jakob (2017): Rising Wage Inequality in Germany: Increasing Heterogeneity and Changing Selection into Full-Time Work, ZEW Discussion Paper Nr. 17-048, Mannheim.

Boeri, Tito/Van Ours, Jan (2013): The Economics of Imperfect Labor Markets, 2. Auflage, Princeton/Oxford: Princeton University Press.

Börsch-Supan, Axel/Bucher-Koenen, Tabea/Rausch, Johannes (2016): Szenarien für eine nachhaltige Finanzierung der Gesetzlichen Rentenversicherung. In: Ifo-Schnelldienst 69/18, S. 31-40. Im Internet unter: https://www.cesifo-group.de/DocDL/sd-2016-18-boersch-supan-etal-rentendiskurs-2016-09-29.pdf

Börsch-Supan, Axel/Rausch, Johannes (2018): Die Kosten der doppelten Haltelinie. MEA Discussion Papers 03-2018. München. Im Internet unter: http://mea.mpisoc.mpg.de/uploads/user_mea_discussionpapers/1867_DP_03-2018.pdf

Bonin, Holger (2014): Der Beitrag von Ausländern und künftiger Zuwanderung zum deutschen Staatshaushalt, Studie des Zentrums für Europäische Wirtschaftsforschung für die Bertelsmann Stiftung. Gütersloh. Im Internet: https://www.bertelsmann-stiftung.de/fileadmin/files/user_upload/Bonin_Beitrag_Zuwanderung_zum_dt_Staatshaushalt_141204_nm.pdf.

Bonin, Holger (2015): Langfristige fiskalische Erträge künftiger Zuwanderung nach Deutschland. In: Wirtschaftsdienst 95/4, S. 262-268. Im Internet unter: https://archiv.wirtschaftsdienst.eu/downloads/getfile.php?id=3361.

Bonin, Holger/Gregory, Terry/Ziehran, Ulrich (2015): Übertragung der Studie von Frey/Osborne (2013) auf Deutschland. Berlin: Bundesministerium für Arbeit und Soziales.

Boston Consulting Group (2019): Advanced Robotics in the Factory of the Future, zitiert nach FAZ v. 23.3.2019.

Brenke, Karl/Beznoska, Martin (2016): Solo-Selbständige in Deutschland – Strukturen und Erwerbsverläufe, Kurz-Expertise im Auftrag des Bundesministeriums für Arbeit und Soziales, Berlin.

Brynjolfsson, Erik/McAfee, Andrew (2011): Race Against the Machine, Digital Frontier Press, Lexington.

Brynjolfsson, Erik/McAfee, Andrew (2014): The Second Machine Age: Work, Progress, and Prosperity in a Time of Brilliant Technologies, W.W. Norton, New York.

Buch, Tanja/Dengler, Katharina/Stöckmann, Andrea (2016): Digitalisierung der Arbeitswelt, Folgen für den Arbeitsmarkt in Schleswig-Holstein, IAB-Regional, Nr. 4/2016, Nürnberg.

Bundesagentur für Arbeit (2018): Jahresbericht 2018. Nürnberg.

Bundesagentur für Arbeit (2019): Merkblatt für Arbeitslose. Nürnberg.

Bundesministerium der Finanzen (2016): Vierter Bericht zur Tragfähigkeit der öffentlichen Finanzen. Berlin. Im Internet unter: https://www.bundesfinanzministerium.de/Content/DE/Downloads/Broschueren_Bestellservice/2016-02-17-vierter-tragfaehigkeitsbericht.pdf?__blob=publicationFile&v=7

Bundesministerium der Finanzen (2017): Monatsbericht des BMF, Oktober 2017, Berlin.

ISÖ
Institut für
Sozialökologie

Bundesministerium der Finanzen (2018): Vermögensrechnung des Bundes 2017. Berlin. https://www.bundesfinanzministerium.de/Content/DE/Downloads/Broschueren_Bestellservice/2 018-06-06-Vermoegensrechnung-des-Bundes-2017.pdf?__blob=publicationFile&v=4

Bundesministerium für Arbeit und Soziales (2016): Gesamtkonzept zur Alterssicherung. Berlin. Im Internet unter: http://www.portal-sozialpolitik.de/uploads/sopo/pdf/2016/2016-11-25_BMAS_ Gesamtkonzept_Alterssicherung.pdf

Bundesministerium für Arbeit und Soziales (2017): Weissbuch Arbeiten 4.0, Berlin.

Bundesministerium für Gesundheit (2018): Daten des Gesundheitswesens 2018, Oktober 2018, Berlin. Im Internet unter: https://www.bundesgesundheitsministerium.de/fileadmin/Dateien/ 5_Publikationen/Gesundheit/Broschueren/181101_BMG_DdGW_A4.pdf.

Bundesverband der Deutschen Industrie (2018): Innovationsindikator 2018, Berlin.

Bundesversicherungsamt (2018): GKV-Ausgabenprofile nach Alter, Geschlecht und Hauptleistungsbereichen, 1996-2017. Stand 7. November 2018. o.O. Im Internet unter: https://www.bundesversicherungsamt.de/fileadmin/redaktion/Risikostrukturausgleich/Info-Dateien%20und%20Auswertungen/20181108GKV_Altersausgabenprofile_1996-2017.xlsx

Buslei, Hermann (2017): Erhöhung der Regelaltersgrenze über 67 Jahre hinaus trägt spürbar zur Konsolidierung der Rentenfinanzen und Sicherung der Alterseinkommen bei. In: DIW-Wochenbericht 84/48, S. 1090-1097. Im Internet unter: https://www.diw.de/documents/ publikationen/73/diw_01.c.571863.de/17-48-3.pdf

Buslei, Hermann/Haan, Peter/Kemptner, Daniel (2017): Rente mit 67: Beitragssatz wird stabilisiert - egal, ob tatsächlich länger gearbeitet wird. In: DIW-Wochenbericht 84/3, S. 60-67. Im Internet unter: https://www.diw.de/documents/publikationen/73/diw_01.c.550529.de/17-3-3.pdf

CDU/CSU/SPD (2018): Koalitionsvertrag zwischen CDU, CSU und SPD. Berlin. Im Internet unter: https://www.cdu.de/system/tdf/media/dokumente/koalitionsvertrag_2018.pdf?file=1

Christensen, Björn et al. (2018): Fachkräfteprojektion 2035 für Schleswig-Holstein, Kiel.

Dauth, Wolfgang et al. (2018): Adjusting to Robots: Worker-Level Evidence. Working Paper, 18. August 2018. Im Internet unter: https://www.diw.de/documents/dokumentenarchiv/ 17/diw_01.c.606345.de/dauth_dams_nov-paper.pdf

Dengler, Katharina/Matthes, Britta (2015): Folgen der Digitalisierung für die Arbeitswelt: In kaum einem Beruf ist der Mensch vollständig ersetzbar, IAB-Kurzbericht Nr. 24/2015. Nürnberg.

Dengler, Katharina/Matthes, Britta (2018): Weniger Berufsbilder halten mit der Digitalisierung Schritt, IAB-Kurzbericht Nr. 4/2018. Nürnberg.

Deutsche Bundesbank (2016): Öffentliche Finanzen. In: Monatsbericht August 2016, S. 60-78. Im Internet : https://www.bundesbank.de/resource/blob/665022/ b590b4461ec2ee4573a4c62a853d6f25/mL/2016-08-oeffentliche-finanzen-data.pdf

Deutscher Bundestag (2015): Rentenversicherungsbericht 2015. Unterrichtung durch die Bundesregierung. In: Bundestagsdrucksache 18/6870. Berlin. Im Internet unter: http://dip21.bundestag.de/dip21/btd/18/068/1806870.pdf

Deutscher Bundestag (2016a): Rentenversicherungsbericht 2016. Unterrichtung durch die Bundesregierung. Bundestagsdrucksache 18/10570. Berlin.

Deutscher Bundestag (2016b): Alterssicherungsbericht 2016. Unterrichtung durch die Bundesregierung. Bundestagsdrucksache 18/10571. Berlin.

Deutscher Bundestag (2017a): Sechster Versorgungsbericht der Bundesregierung. Unterrichtung durch die Bundesregierung. Bundestagsdrucksache 18/11040. Berlin.

Deutscher Bundestag (2017b): Rentenversicherungsbericht 2017. Unterrichtung durch die Bundesregierung. Bundestagsdrucksache 19/140. Berlin.

Deutscher Bundestag (2018): Rentenversicherungsbericht 2018. Unterrichtung durch die Bundesregierung. Bundestagsdrucksache 19/6240. Berlin.

Deutsche Rentenversicherung Bund (2018): Rentenversicherung in Zeitreihen. Ausgabe 2018. DRV-Schriften 22. o.O. Im Internet unter: https://www.deutsche-rentenversicherung.de/ Allgemein/de/Inhalt/6_Wir_ueber_uns/03_fakten_und_zahlen/03_statistiken/02_statistikpublikatio nen/03_rv_in_zeitreihen.pdf?__blob=publicationFile&v=22

Deutscher Verein für öffentliche und private Fürsorge (2018): Existenzminimum oder Teilhabe? Weiterentwicklung des Sozialhilfesystems. Archiv für Wissenschaft und Praxis der sozialen Arbeit, Heft 4, 2018. Berlin: Deutscher Verein.

Druyen, Thomas (Hrsg.) (2018): Die ultimative Herausforderung. Über die Veränderungsfähigkeit der Deutschen. Wiesbaden: Springer VS.

Dustmann, Christian/Ludsteck, Johannes/Schönberg, Uta (2009): Revisiting the German Wage Structure. In: The Quarterly Journal of Economics, 124, S. 843–81.

Ehrentraut, Oliver/Huschik, Gwendolyn (2019): Perspektive Pflege. Finanzentwicklung der Sozialen Pflegeversicherung. Studie der Prognos AG für die Bertelsmann Stiftung. o.O.[91] Im Internet unter: https://www.bertelsmann-stiftung.de/fileadmin/files/BSt/Publikationen/GrauePublikationen/VV_ Studie_Perspektive_Pflege.pdf

Ehrentraut, Oliver/Huschik, Gwendolyn/Moog, Stefan (2018): Frauen und Altersvorsorge. Perspektiven und Auswirkungen einer höheren Erwerbsbeteiligung auf die eigenständige Alterssicherung. Studie im Auftrag des Gesamtverbands der Deutschen Versicherungswirtschaft e.V. Freiburg. Im Internet unter: https://www.gdv.de/resource/blob/32072/e70edfa9921264adad3fe1f819ec4153/prognos-studie---altersvorsorge-und-frauen---2018-data.pdf

Eichhorst, Werner/Spermann, Alexander (2016): Sharing Economy: Mehr Chancen als Risiken?, Wirtschaftsdienst, 96, 433-439.

Europäische Kommission (2014): The 2015 Ageing Report. Underlying Assumptions and Projection Methodologies. Luxemburg. Im Internet unter: http://ec.europa.eu/ economy_finance/publications/european_economy/2014/pdf/ee8_en.pdf

Europäische Kommission (2017): The 2018 Ageing Report. Underlying Assumptions & Projection Methodologies. Institutional Paper 065. Luxemburg. Im Internet unter: https://ec.europa.eu/info/sites/info/files/economy-finance/ip065_en.pdf

Europäische Kommission (2018): The 2018 Ageing Report. Economic & Budgetary Projections for the 28 EU Member States (2016-2070). Institutional Paper 079. Luxemburg. Im Internet unter: https://ec.europa.eu/info/sites/info/files/economy-finance/ip079_en.pdf

Eurostat (2017): Summary methodology of the 2015-based population projections. Luxemburg. Im Internet unter: https://ec.europa.eu/eurostat/cache/metadata/Annexes/proj_esms_an1.pdf

Expertenkommission Forschung und Innovation (2019): Gutachten zu Forschung, Innovation und Technologischer Leistungsfähigkeit Deutschlands, Berlin.

Fenge, Robert/Peglow, François (2017): Decomposition of Demographic Effects on the German Pension System. cesifo Working Papers 6834. München. Im Internet unter: http://www.cesifo-group.de/DocDL/cesifo1_wp6834.pdf

Fitzenberger, Bernd (2017): Anstieg der Lohnungleichheit in Deutschland: Fakten und Erklärungen, Vortrag am 16.3.2017 beim BMWI, Berlin.

---

[91] Die unvollständigen bibliografischen Angaben in der Studie wurden ergänzt durch Angaben der Prognos AG: https://www.prognos.com/publikationen/alle-publikationen/869/show/55abbf9d6973e26e7122715774e801b6/

Fitzenberger, Bernd/Völter, Robert (2007): Long-run effect of training programs for the unemployed in East Germany. In: Labour Economics, 14, S. 730-755.

Fohmann-Ritter, Angelika/Opielka, Michael/Schmollinger, Martin (Hrsg.) (1984): Die Zukunft des Sozialstaats. 3. Aufl. Stuttgart: Die Grünen.

Frey, Carl Benedikt/Osborne, Michael A. (2013): The Future of Employment: How Susceptible are Jobs to Computerization?, Working Paper, Oxford University.

Frey, Carl Benedikt/Osborne, Michael A. (2017): The Future of Employment: How Susceptible are Jobs to Computerization?, Technological Forecasting and Social Change, 114, 254-280.

Fuchs, Johann et al. (2017): Arbeitsvolumen so hoch wie nie, IAB-Kurzbericht Nr. 21/2017. Nürnberg.

Gasche, Martin/Rausch, Johannes (2016): Beitragssatzentwicklung in der Gesetzlichen Krankenversicherung und der Sozialen Pflegeversicherung - Projektionen und Determinanten. In: Zeitschrift für Wirtschaftspolitik 65/3, S. 195-238.

Goos, Maarten/Manning, Alan (2003): Lousy and Lovely Jobs: The Rising Polarization of Work in Britain, Center for Economic Performance Discussion Papers DP 0604, London.

Goos, Maarten/Manning, Alan/Salomons, Anna (2014): Explaining Job Polarization: Routine-Biased Technological Change and Offshoring. In: American Economic Review, 104, S. 2509-2526.

Grabka, Markus M./Goebel, Jan (2018): Einkommensverteilung in Deutschland: Realeinkommen sind seit 1991 gestiegen, aber mehr Menschen beziehen Niedrigeinkommen. In: DIW Wochenbericht, 85/21, S. 449-459.

Grabka, Markus M./Westermeier, Christian (2014): Anhaltend hohe Vermögensungleichheit in Deutschland, DIW Wochenbericht Nr. 9/2014, 151-164.

Gregory, Terry/Salomons, Anna/Zierahn, Ulrich (2019): Racing with or against the Machine? Evidence from Europe, IZA Discussion Paper Nr. 12063, Bonn.

Haan, Peter et al. (2017): Entwicklung der Altersarmut bis 2036. Trends, Risikogruppen und Politikszenarien. Erstellt vom Deutschen Institut für Wirtschaftsforschung (DIW) und dem Zentrum für Europäische Wirtschaftsforschung (ZEW) im Auftrag der Bertelsmann Stiftung. Gütersloh. Im Internet unter: https://www.bertelsmann-stiftung.de/fileadmin/files/BSt/Publikationen/GrauePublikationen/Entwicklung_der_Altersarmut_bis_2036.pdf

Haug, Thorsten (2018): Berechnung der Pensions- und Rentenanwartschaften in den Volkswirtschaftlichen Gesamtrechnungen. Berechnungsmethodik und Ergebnisse. In: Wirtschaft und Statistik, 2018/2, S. 77-90. Im Internet unter: https://www.destatis.de/DE/Publikationen/WirtschaftStatistik/2018/02/BerechnungPensionsRentenanwartschafte_02201 8.pdf?__blob=publicationFile

Heien, Thorsten/Krämer, Marvin (2018): Lebensverläufe und Altersvorsorge der Personen der Geburtsjahrgänge 1957 bis 1976 und ihrer Partner. Forschungsprojekt im Auftrag der Deutschen Rentenversicherung Bund und des Bundesministeriums für Arbeit und Soziales. DRV-Schriften 115 und BMAS-Forschungsbericht 519. Berlin.

Kaltenborn, Bruno (2019): Grundsicherung im Alter und bei Erwerbsminderung: Ein statistisches Kompendium. DRV-Schriften 118. Berlin (im Erscheinen).

Kaus, Wolfgang/Mundil-Schwarz, Rabea (2015): Die Ermittlung der Einwohnerzahlen und der demographischen Strukturen nach dem Zensus 2011. In: Wirtschaft und Statistik 2015/4, S. 18-38. Im Internet unter: https://www.destatis.de/DE/Publikationen/WirtschaftStatistik/2015/04/ErmittlungEinwohnerzahlen_042015.pdf?__blob=publicationFile

Keese, Christoph (2014): Silicon Valley. München: Knaus.

Koalitionsvertrag (2017): Das Ziel verbindet. Weltoffen – wirtschaftlich wie ökologisch stark – menschlich. Koalitionsvertrag für die 19. Wahlperiode des Schleswig-Holsteinischen Landtages (2017-2022) zwischen CDU, Bündnis90/Die Grünen, FDP. Kiel.

Kochskämper, Susanna (2017a): Alternde Bevölkerung. Herausforderung für die Gesetzliche Kranken- und für die soziale Pflegeversicherung. IW-Report 8/2017. Köln. Im Internet unter: https://www.iwkoeln.de/fileadmin/publikationen/2017/330668/IW-Report_8_2017_Kranken_Pflegeversicherung.pdf

Kochskämper, Susanna (2017b): Auswirkung einer längeren Lebensarbeitszeit auf die Rentenversicherung. Variationen in einem einfachen Simulationsmodell. IW-Report 25/2017, Köln. Im Internet unter: https://www.iwkoeln.de/fileadmin/publikationen/2017/357238/IW-Report_25_2017_Rente.pdf

Kosow, Hannah/Gaßner, Robert/Erdmann, Lorenz (2008): Methoden der Zukunfts- und Szenarioanalyse: Überblick, Bewertung und Auswahlkriterien. Berlin: IZT.

Krugman, Paul R./Obstfeld, Maurice/Melitz, Marc J. (2018): International Economics, 11. Auflage. Harlow: Pearson.

Lechner, Michael/Miquel, Ruth/Wunsch, Conny (2005): Long-run effects of public sector sponsored training in West Germany, IAB Discussion Paper Nr. 3/2005, Nürnberg.

Lorenz, M. et al. (2015): Man and Machine in Industry 4.0. How will Technology Transform the Industrial Workforce Through 2025? The Boston Consulting Group.

Luy, Marc/Pötzsch, Olga (2010): Schätzung der tempobereinigten Geburtenziffer für West- und Ostdeutschland, 1955-2008. In: Comparative Population Studies - Zeitschrift für Bevölkerungswissenschaft 35/3, S. 569-604. Im Internet unter: http://www.comparativepopulationstudies.de/index.php/CPoS/article/download/53/37

McAfee, Andrew/Brynjolfsson, Erik (2017): Machine|Platform|Crowd, W.W. Norton, New York.

McKinsey Global Institute (2017): A Future that works: Automation, Employment, and Productivity, keine Ortsangabe.

Meyer, John W. (2005): Weltkultur. Wie die westlichen Prinzipien die Welt durchdringen. Frankfurt: Suhrkamp.

Möller, Joachim (2016): Lohnungleichheit – gibt es eine Trendwende, IAB Discussion Paper Nr. 9/2016, Nürnberg.

OECD (2015): The future of productivity, Paris.

OECD (2016): OECD, Automation and Independent Work in a Digital Economy, Policy Brief on the Future of Work, OECD Publishing, Paris.

OECD (2019): Productivity growth in the Digital Age, Paris.

Opielka, Michael (Hrsg.) (1985): Die ökosoziale Frage. Alternativen zum Sozialstaat. Frankfurt: Fischer.

Opielka, Michael (2007): Kultur versus Religion. Soziologische Analysen zu modernen Wertkonflikten. Bielefeld: transcript.

Opielka, Michael (2008): Sozialpolitik. Grundlagen und vergleichende Perspektiven. 2. Aufl. Reinbek: Rowohlt.

Opielka, Michael (2017): Soziale Nachhaltigkeit. Auf dem Weg in die Internalisierungsgesellschaft. München: oekom.

Opielka, Michael/Ostner, Ilona (Hrsg.) (1986): Umbau des Sozialstaats. Essen: Klartext.

Opielka, Michael/Peter, Sophie (2017a): Zukunftsszenario Altenhilfe Schleswig-Holstein 2030/2045. Zwischenbericht. ISÖ-Text 2017-1. Norderstedt: BoD.

Opielka, Michael/Peter, Sophie (2017b): Zukunftsszenario Altenhilfe Schleswig-Holstein 2030/2045. Auswertung der Online-Beteiligung. ISÖ-Text 2017-2. Norderstedt: BoD.

Opielka, Michael/Peter, Sophie (2017c): Zukunftsszenario Altenhilfe Schleswig-Holstein 2030/2045. Auswertung der Zukunftswerkstätten. ISÖ-Text 2017-3. Norderstedt: BoD.

Opielka, Michael/Peter, Sophie (2018): Zukunftsszenario Altenhilfe Schleswig-Holstein 2030/2045. Ergebnisbericht. ISÖ-Text 2018-1. Norderstedt: BoD.

Pötzsch, Olga (2016a): (Un-)sicherheiten der Bevölkerungsvorausberechnungen. Rückblick auf die koordinierten Bevölkerungsvorausberechnungen für Deutschland zwischen 1998 und 2015. In: Wirtschaft und Statistik 2016/4, S. 36-53. Im Internet unter: https://www.destatis.de/DE/Publikationen/WirtschaftStatistik/2016/04/UnSicherheitenBevoelker ungsvorausberechnungen_042016.pdf?__blob=publicationFile

Pötzsch, Olga (2016b): Demographisches Bild der Fertilität in Deutschland vor und nach dem Zensus 2011: Noch keine Trendwende in Sicht. In: Comparative Population Studies 41, S. 67-100. Im Internet unter: http://www.comparativepopulationstudies.de/index.php/CPoS/article/viewFile/277/249

Pötzsch, Olga (2018): Aktueller Geburtenanstieg und seine Potenziale. In: Wirtschaft und Statistik 2018/3, S. 72-89. Im Internet unter: https://www.destatis.de/DE/Publikationen/WirtschaftStatistik/2018/03/AktuellerGeburtenanstieg_032018.pdf?__blob=publicationFile

Precht, Richard David (2018): Jäger, Hirten, Kritiker. Eine Utopie für die digitale Gesellschaft. München: Goldmann.

Probst, Maximilian/Pelletier, Daniel (2017): Der Krieg gegen die Wahrheit. In: Die Zeit, 51.

Rentmeister, Heinrich et al. (2017): Schöne neue Arbeitswelt 4.0?, The Boston Consulting Group.

Rifkin, Jeremy (1995): The End of Work. New York: Putnam.

Ritchey, Tom (1998): General morphological analysis. In 16th euro conference on operational analysis. Im Internet unter http://www.swemorph.com/pdf/gma.pdf

Ritchey, Tom (2003): Modelling Complex Socio-Technical Systems Using Morphological Analysis: Adapted from an address to the Swedish Parliamentary IT Commission, Stockholm, December 2002. Revised 2012. Im Internet unter http://www.swemorph.com/

Rödder, Andreas (2019): Konservativ 21.0. Eine Agenda für Deutschland. München: C.H. Beck.

Seefried, Elke (2015): Zukünfte. Aufstieg und Krise der Zukunftsforschung 1945–1980. Berlin: de Gruyter Oldenbourg.

Sommer, Maximilian (2016): A Feasible Basic Income Scheme for Germany. Effects on Labor Supply, Poverty, and Income Inequality. Heidelberg u.a.: Springer.

Sozialversicherung für Landwirtschaft, Forsten und Gartenbau (2018): Auf einen Blick. Daten und Zahlen 2017. Kassel. Im Internet unter: http://www.svlfg.de/11-wir/wir916_daten_zahlen/wir0203_aufeinenblick/00_99_auf_einen_blick_2017_web.pdf

Spermann, Alexander (2016): Industrie 4.0 = Mehr Roboter = das Ende von Routinejobs?, Wirtschaftspolitische Blätter, 63, 335-346.

Spermann, Alexander (2019a): Basisgeld und Steuergutschriften statt Hartz IV, Wirtschaftsdienst, 99, 181-188.

Spermann, Alexander (2019b): Hartz IV-Reform: Es braucht jetzt mutige und langfristige Experimente, nicht nur Mikrosimulationen, ifo Schnelldienst, 72, 15-17.

Spitz-Oener, Alexandra (2006): Technical change, job tasks, and rising educational demands: looking outside the wage structure, Journal of Labor Economics Nr. 2, S. 235-270.

Statistisches Bundesamt (2012): Periodensterbetafeln für Deutschland 1871/1881 bis 2008/2010. Allgemeine Sterbetafeln, abgekürzte Sterbetafeln und Sterbetafeln. Wiesbaden. Im Internet unter: http://www.famrb.de/media/PeriodensterbetafelnPDF_2008-2010.pdf

Statistisches Bundesamt (2013): Periodensterbetafeln für Deutschland 2009/2011. Früheres Bundesgebiet, neue Länder sowie die Bundesländer. Wiesbaden. Im Internet unter: https://www.famrb.de/media/PeriodensterbetafelnBundeslaender2009-2011.pdf

Statistisches Bundesamt (2015a): Allgemeine Sterbetafeln für Deutschland 2010/2012, das frühere Bundesgebiet, die neuen Länder sowie die Bundesländer. Wiesbaden. Im Internet unter: http://www.famrb.de/media/PeriodensterbetafelnBundeslaender2010-2012.pdf

Statistisches Bundesamt (2015b): Bevölkerung Deutschlands bis 2060. 13. koordinierte Bevölkerungsvorausberechnung. Wiesbaden. Im Internet unter: https://www.destatis.de/DE/Themen/Gesellschaft-Umwelt/Bevoelkerung/ Bevoelkerungsvorausberechnung/Publikationen/Downloads-Vorausberechnung/ bevoelkerung-deutschland-2060-presse-5124204159004.pdf?__blob=publicationFile&v=3

Statistisches Bundesamt (2015c): Bevölkerung Deutschlands bis 2060. Ergebnisse der 13. koordinierten Bevölkerungsvorausberechnung. Wiesbaden. Im Internet unter: https://www.destatis.de/DE/Themen/Gesellschaft-Umwelt/Bevoelkerung/ Bevoelkerungsvorausberechnung/Publikationen/Downloads-Vorausberechnung/ bevoelkerung-deutschland-2060-5124202159004.pdf?__blob=publicationFile&v=3

Statistisches Bundesamt (2016a): Sterbetafeln 2011/2013. Ergebnisse aus der laufenden Berechnung von Periodensterbetafeln für Deutschland und die Bundesländer. Wiesbaden.

Statistisches Bundesamt (2016b): Sterbetafeln 2012/2014. Ergebnisse aus der laufenden Berechnung von Periodensterbetafeln für Deutschland und die Bundesländer. Wiesbaden. Im Internet unter: https://docplayer.org/docview/62/47667337/#file=/storage/62/47667337/47667337.pdf

Statistisches Bundesamt (2016c): Sterbetafeln 2013/2015. Ergebnisse aus der laufenden Berechnung von Periodensterbetafeln für Deutschland und die Bundesländer. Wiesbaden. Im Internet unter: https://docplayer.org/docview/76/73632618/#file=/storage/76/73632618/73632618.pdf

Statistisches Bundesamt (2017): Bevölkerungsentwicklung bis 2060. Ergebnisse der 13. koordinierten Bevölkerungsvorausberechnung. Aktualisierte Rechnung auf Basis 2015. o.O. Im Internet unter: https://www.destatis.de/DE/Themen/Gesellschaft-Umwelt/Bevoelkerung/ Bevoelkerungsvorausberechnung/Publikationen/Downloads-Vorausberechnung/ bevoelkerung-bundeslaender-2060-aktualisiert-5124207179004.pdf?__blob=publicationFile&v=3

Statistisches Bundesamt (2018a): Wanderungsergebnisse - Übersichtstabellen 2016. Wiesbaden. Im Internet unter: https://www.destatis.de/DE/Themen/Gesellschaft-Umwelt/Bevoelkerung/Wanderungen/Publikationen/Downloads-Wanderungen/ wanderungen-zeitreihe-5127102169004.pdf?__blob=publicationFile&v=3

Statistisches Bundesamt (2018b): Sterbetafeln 2014/2016. Ergebnisse aus der laufenden Berechnung von Periodensterbetafeln für Deutschland und die Bundesländer. Wiesbaden. Im Internet unter: https://www.destatis.de/DE/Themen/Gesellschaft-Umwelt/Bevoelkerung/Sterbefaelle-Lebenserwartung/Publikationen/Downloads-Sterbefaelle/ periodensterbetafeln-bundeslaender-5126204167004.pdf?__blob=publicationFile&v=3

Statistisches Bundesamt (2018c): Migration 2017: 416 000 Personen mehr nach Deutschland zugezogen als abgewandert. Pressemitteilung 396/18. Wiesbaden. Im Internet unter: https://www.destatis.de/DE/Presse/Pressemitteilungen/2018/10/PD18_396_12411.html

Statistisches Bundesamt (2018d): Pflegestatistik. Pflege im Rahmen der Pflegeversicherung. Deutschlandergebnisse 2017. Korrigiert am 16. Januar 2019. o.O. Im Internet unter: https://www.destatis.de/DE/Themen/Gesellschaft-Umwelt/Gesundheit/Pflege/Publikationen/ Downloads-Pflege/pflege-deutschlandergebnisse-224001179004.pdf?__blob=publicationFile&v=5

Institut für
Sozialökologie

Statistisches Bundesamt (2019): Sterbetafeln 2015/2017. Ergebnisse aus der laufenden Berechnung von Periodensterbetafeln für Deutschland und die Bundesländer. Wiesbaden. Im Internet unter: https://www.destatis.de/DE/Themen/Gesellschaft-Umwelt/Bevoelkerung/Sterbefaelle-Lebenserwartung/Publikationen/Downloads-Sterbefaelle/periodensterbetafeln-bundeslaender-5126204177004.pdf?__blob=publicationFile&v=5

Thiel, Peter with Blake Masters (2014): Zero to One, Notes on Startups, or How to build the future. London: Virgin Books.

Türk, Erik et al. (2018): Den demographischen Wandel bewältigen: Die Schlüsselrolle des Arbeitsmarktes. IMK Report 137. Düsseldorf. Im Internet unter: https://www.boeckler.de/pdf/p_imk_report_137_2018.pdf

United Nations (2015). Transforming Our World: The 2030 Agenda for Sustainable Development. New York: UN Publishing.

Wambach, Achim/Müller, Hans-Christian (2018): Digitaler Wohlstand für alle. Frankfurt/New York: Campus.

Werding, Martin (2013): Modell für flexible Simulationen zu den Effekten des demographischen Wandels für die öffentlichen Finanzen in Deutschland bis 2060: Daten, Annahmen und Methoden. Expertise für die Bertelsmann Stiftung. Gütersloh. Im Internet unter: https://www.bertelsmann-stiftung.de/fileadmin/files/user_upload/Studie_NW_Modell_Simulationen_Demographischer_Wandel_2013.pdf

Werding, Martin (2016a): Modellrechnungen für den Vierten Tragfähigkeitsbericht. Universität zu Köln, Finanzwissenschaftliches Forschungsinstitut, FiFo-Bericht 20. Köln. Im Internet unter: http://www.fifo-koeln.org/images/stories/fifo-bericht%2020%20werding.pdf

Werding, Martin (2016b): Rentenfinanzierung im demographischen Wandel: Tragfähigkeitsprobleme und Handlungsoptionen. Sachverständigenrat zur Begutachtung der gesamtwirtschaftlichen Entwicklung. Arbeitspapier 05/2016. Internet: https://www.sachverstaendigenrat-wirtschaft.de/fileadmin/dateiablage/gutachten/jg201617/arbeitspapiere/arbeitspapier_05_2016.pdf

Werding, Martin (2018): Demographischer Wandel, soziale Sicherung und öffentliche Finanzen: Langfristige Auswirkungen und aktuelle Herausforderungen. Expertise für die Bertelsmann Stiftung. Gütersloh. Im Internet unter: https://www.bertelsmann-stiftung.de/fileadmin/files/BSt/Publikationen/GrauePublikationen/DemoWandel_Werding__2018_final3.pdf

Werding, Martin (2019): Wie haltbar sind die Haltelinien? Effekte der Rentenreform 2018. In: Ifo-Schnelldienst 72/2, S. 21-25. Im Internet unter: https://www.cesifo-group.de/DocDL/sd-2019-02-fenge-etal-rentenreform-2019-01-24.pdf

Werding, Martin/Läpple, Benjamin (2019): Wie variabel ist der demographische Alterungsprozess? Effekte von Geburten und Zuwanderung - Folgen für die soziale Sicherung. Kurzstudie für die Bertelsmann Stiftung. Gütersloh. Im Internet unter: https://www.bertelsmann-stiftung.de/fileadmin/files/BSt/Publikationen/GrauePublikationen/Kurzstudie_Wie_variabel_ist_der_demographische_Alterungsprozess_2019.pdf

Werner, Götz W. (2007), Einkommen für alle. Köln: Kiepenheuer & Witsch.

Wolter, Marc Ingo et al. (2015): Industrie 4.0 und die Folgen für Arbeitsmarkt und Wirtschaft. Szenario-Rechnungen im Rahmen der BIBB-IAB-Qualifikations- und Berufsfeldprojektionen. IAB-Forschungsbericht Nr. 8/2015. Nürnberg: IAB.

World Economic Forum (2016): The Future of Jobs: Employment, Skills and Workforce Strategy for the Forth Industrial Revolution. Davos.

Zwicky, Fritz (1989): Morphologische Forschung. Wesen und Wandel materieller und geistiger struktureller Zusammenhänge. 2. Aufl. Glarus: Baeschlin.

# 7 Autorinnen und Autoren

Kathrin Ehmann, M.Sc. (Junior Researcher, ISÖ – Institut für Sozialökologie)

Kathrin Ehmann arbeitet seit März 2019 am ISÖ – Institut für Sozialökologie als Junior-Wissenschaftlerin. Sie hat im August 2018 ihren Double Degree Master in Social Demography erfolgreich abgeschlossen.

Dr. Bruno Kaltenborn (Wirtschaftsforschung und Politikberatung, Potsdam)

Dr. Bruno Kaltenborn, Dipl.-Volksw., hat im Rahmen freiberuflicher Wirtschaftsforschung und Politikberatung seit 1996 zahlreiche Projekte durchgeführt. Schwerpunkte sind die arbeitsmarkt- und sozialpolitische, steuer- und familienpolitische Forschung und Beratung.

Prof. Dr. Michael Opielka (Wissenschaftlicher Leiter, ISÖ – Institut für Sozialökologie)

Prof. Opielka ist Wissenschaftlicher Leiter und Geschäftsführer des ISÖ – Institut für Sozialökologie in Siegburg und Professor für Sozialpolitik an der Ernst-Abbe-Hochschule Jena. 2012 bis 2016 leitete er zudem das IZT – Institut für Zukunftsstudien und Technologiebewertung in Berlin. 2015 Gastprofessor für Soziale Nachhaltigkeit an der Universität Leipzig. Visiting Scholar UC Berkeley (1990-1, 2005-6). Promotion (HU Berlin 1996) und Habilitation (Univ. Hamburg 2008) in Soziologie.

Sophie Peter, M.Sc. (Researcher, ISÖ – Institut für Sozialökologie)

Seit 2016 arbeitet Sophie Peter als Junior Researcher und seit Februar 2019 als Researcher im ISÖ – Institut für Sozialökologie. Seitdem ist sie in mehreren Projekten mit den Themenschwerpunkten Soziale Nachhaltigkeit und nachhaltige Entwicklung im gesellschaftlichen Mehrebenensystem beteiligt. Sie promoviert über „socio-cultural dynamics of Ecosystem Services" am Senckenberg BiK-F. Im Juni 2016 schloss sie erfolgreich ihren M.Sc. in Environmental Sciences, Policy and Management (MESPOM) ab.

Prof. Dr. Alexander Spermann (FOM Köln, Universität Freiburg)

Prof. Dr. Alexander Spermann ist habilitierter Wirtschaftswissenschaftler und lehrt Volkswirtschaftslehre, Mathematik, Statistik und Ökonometrie an der FOM Hochschule für Erwerbstätige in Köln und an der Universität Freiburg. Er hat als Arbeitsmarktexperte in Leitungsfunktionen am Zentrum für Europäische Wirtschaftsforschung (ZEW) und am Institut zur Zukunft der Arbeit (IZA) sowie in einem internationalen Konzern gearbeitet.

Impressum

ISÖ – Institut für Sozialökologie gemeinnützige GmbH

Tel.: +49 (0) 2241 1457073
Fax: +49 (0) 2241 1457039

Ringstraße 8
53721 Siegburg

Wissenschaftlicher Leiter und Geschäftsführer
Prof. Dr. habil. Michael Opielka

Förder- und Trägerverein
Sozialökologische Gesellschaft e.V. (gemeinnützig) - gegründet 1987

Mitgliedschaften
Mitglied der Arbeitsgemeinschaft Sozialwissenschaftlicher Institute e.V. (ASI)
Mitglied im Deutschen Verein für öffentliche und private Fürsorge e.V.

www.isoe.org